U0037900

楞伽經詳解

——第九輯

平實導師　著

ISBN 957-28743-0-1

自序

《楞伽阿跋多羅寶經》簡稱《楞伽經》，是大乘佛教中極重要之經典；既是法相唯識宗之根本經典，亦是中國禪宗開悟聖者自我印證及悟後起修之依據經典；故初祖菩提達摩大師以此經典連同佛缽祖衣一併交付二祖慧可大師，以為傳法印證。禪者可依此經建立正知正見，避免錯悟大師誤導參禪方向，未來證悟可期。

二者禪宗證悟之人，欲求上進而入初地，必讀此經。佛於此經詳述破參者應進修之知見，指示佛子依此升進初地，成眞佛子，是名實義菩薩，是故悟者必讀此經。

然此經典文辭古樸，艱深難會，證悟之人亦多不解，何況未悟錯悟之人？是故古今大師雖然多有註釋，皆類未悟錯悟諸師依文解義，難得佛旨。現代佛子古文造詣粗淺，又兼未曾證悟，不解佛意，以致發心印經之時，斷句錯誤之處極多，讀者轉更難解；有鑑於此，末學乃予重新斷句，依所悟證如來藏之體驗觸證而作白話闡釋。雖遵佛語，不得明說密意，然已巧用方便，隱於字裡行間，佛子若有緣者，或可依此契證。

此《楞伽經詳解》原於民國八十四年（一九九五）八月十一日起，對我正覺同修會之會衆演示，迄八十六年九月廿六日圓滿。講時手持經文直敘，不預繕講稿，亦不參酌他人註釋。後經譚錦生等同修多人，依錄音帶整理成文，歷時年餘方告竣工。然欲付梓時，發覺太過口語，有時兼有語病，不宜付印；乃由末學依諸同修之謄稿，親自重繕；雖稍有文章氣，而較具可讀性。

復次，此經講畢迄今，已歷二年；二年後之今時，因貫通三乘經論，及慧學增長迅速故，亦不能滿意二年前所說之內容，故作許多增刪，期望能對佛子有更大之利益。然亦因此，必須逐冊親自重繕，分期出版，無法一次出齊；又因增述故，雖於每冊增加篇幅，可能仍須增爲八至九冊，方能圓滿，合並敘明。

此《楞伽經詳解》，不作學術上之科判研究，亦不飾文，唯欲引導佛子大衆直入楞伽寶城，故依經文直解爲主，避免學術研究之繁文考據；亦盡量不引他經以釋此經，令諸佛子直接獲得此經之意趣。

又考慮讀此詳解者，多係年屆不惑之學佛者，視力較弱；爲免傷眼，乃捨棄花俏討喜之仿宋字體，改以平實易讀之明體字，並加大一級；編排上儘量避免擁擠，紙色亦避免太白太暗，以方便年長者長時間連續重複閱讀；此諸貼心之安排，期望對您有所助益。

此套詳解即將陸續出版，於此簡敘出版因緣，普願有緣佛子早見大乘道；見道已，復依此詳解，速入楞伽寶城，貫通三乘佛法；因之造序，述余私心，普願鑑燭。

娑婆菩薩戒子　蕭平實

時惟西元一九九九年早春序於頑嚚居

張序

民國八十四年夏，余師　平實先生承多位明心見性弟子之再三懇託，請師開示悟後起修之法及成就佛道之次第；余師爲利益廣大衆生及增益彼等見地計，乃假石牌某精舍及正覺講堂開講《楞伽經》，每週宣講二小時，合計八十七講，前後時間長達一年半。

師宣此經雖有錄音，僅供無暇聽課之同學自修使用。然講述未迄，忽聞師云：「譚錦生師兄已經整理好了十講。」每講約有一萬五千字，此是何等廣大之自動發心！整理講稿，必須逐字逐句反覆聽聞撰寫，工程十分艱鉅，有諸同修甚至必須整月時間方能謄寫一卷帶子。爾後，由於譚師兄之發心感動諸多同修，紛紛響應支援，投入整理行列者約有四、五十位；如此之善緣促成往後《楞伽經詳解》之誕生；亦印證了「菩薩發心，如影隨形；一念慈悲，成就廣大佛事。」

後因余師抬愛，令余先行過目已整理文稿，將講演時之口語去蕪存菁，順成文字稿，並分段落標點，以俟來日整理成册。

八十七年秋，所有稿件彙總，前後貫串，義理了然，深感佩余師因長年之弘法利生及無盡悲願，修證不斷向上提升，智慧深利，乃能廣演如此深妙之經典。若能成書發行流通於世，必將利益此時後世無量佛子。余師觀察因緣既熟，囑余將已順好之稿子付呈再作潤飾。不意時經二月，余師閱後竟謂余曰：「以前講得太淺了，我打算重寫！」余大驚訝，私心自謂：「阿彌陀佛！如此洋洋灑灑一百三十萬字，如何重寫呢？」內心驚疑：「如此浩大的工程，一人獨自重繕，何年何月方能竣工？」爾後數月，余於弘法之餘，常聞余師講述其重繕之進度。累牘長篇竟然改頭換面，一改口語講述之冗長繁複，轉化成精湛洗鍊之文字；不僅文詞更爲流暢明確，法義之陳述更是深入井然，令人歎爲觀止。不禁感歎：「需要何等的悲心與智慧？方能成就如此大事！」

《楞伽經》之主要宗旨，乃爲佛子詳述八識、五法、三自性、七種第一義、七種性自性、二種無我。細述阿賴耶識與七轉識間之關係及體性、明心後修道之原理與次第、以及如何以所證之如來藏爲根本，漸漸斷除現業流識，地地增上之道理。

佛法知見淺薄如余，詳閱余師重寫後之《楞伽經詳解》，對於一切有情生命之本體—如來藏阿賴耶識、異熟識、無垢識之體性有更深入之瞭解；對於七轉識之流注生滅也有更細膩之體驗，乃至對於可經由修行淨化染污之種子……以及如何邁向初地乃至佛地，在在具足信心與願力。際此末法，亂象叢生、眞僞莫辨之際，《楞伽經詳解》問世，必有力挽狂瀾之效，得以護持宗門正法日益光大，免於斷絕。

於整理文稿過程中，印象最深刻者，乃是其中二十八講全部都在講「妄想自性」，闡述凡愚衆生不明眞如體性，無法證得眞如，每每認空明靈知之意識心爲眞如，不知不見眞如之非一非異於空靈明覺之意識心，墮於一異斷常邊見；故爾反覆演述，鉅細靡遺，可謂老婆至極。

眞實之理，必須可以觸證、可以檢查論辯驗證；若非眞有修證，誰能如此詳實深入演述如來藏圓滿深妙之法義？若非眞有修證，誰能於定慧二門作如此條理分明、義理了然之剖析？佛法修證，決不可能單憑個人一生之意識思惟而得，必須多生累劫永無休止之聽聞熏習、努力修持方可得致。

於《楞伽經詳解》即將陸續出版之際，為護持余師弘揚正法故，乃不揣淺陋，提筆為文介紹緣起概略，供養諸方大德；尚祈十方善信大德皆具慧眼，普能揀擇解行並具之眞正善知識，同修第一義諦妙法，同證菩提，共成佛道。

菩薩戒子張正圜　敬序

公元一九九九年初夏於正覺講堂

楞伽經詳解第九輯：

爾時大慧菩薩復白佛言：「世尊！惟願為說一切菩薩、聲聞、緣覺滅正受次第相續。若善於滅正受次第相續相者，我及餘菩薩終不妄捨滅正受樂門，不墮一切聲聞緣覺外道愚癡。」佛告大慧：「諦聽！諦聽！善思念之，當為汝說。」大慧白佛言：「世尊！惟願為說。」

佛告大慧：「六地菩薩摩訶薩及聲聞緣覺，入滅正受。第七地菩薩摩訶薩念念正受，離一切性自性相正受，非聲聞緣覺。諸聲聞緣覺，墮有行覺，攝所攝相滅正受。是故七地非念正受，得一切法無差別相，非分得種種相性；覺一切法善不善性相正受，是故七地無善念正受。大慧！八地菩薩及聲聞緣覺，心、意、意識妄想相滅：初地乃至七地菩薩摩訶薩，觀三界心、意、意識量，離我我所。自妄想修，墮外性種種相愚夫，二種自心，攝所攝，向無知，不覺無始過惡，虛偽習氣所熏。」

疏：《爾時大慧菩薩又向佛稟白說：「世尊！惟願世尊為我等諸人宣示：一切菩薩、聲聞、緣覺所證滅盡定，他們三類人進入正受的次第相續。如果弟子等人善於證知這三種人滅盡定之進入正受之次第與相續相的話，我及其餘諸菩薩就不會再妄捨『滅正受樂』法門的修證，就不會墮於一切聲聞、緣覺、外道所墮的愚癡境界中。」佛告訴大慧菩薩：「諦聽！諦聽！善思念之，當爲汝說。」大慧菩薩向佛稟白說：「世尊！惟願世尊爲我等宣說之。」

佛告訴大慧菩薩：「六地菩薩摩訶薩及聲聞阿羅漢與緣覺辟支佛，都是次第而進入滅盡定的。但是第七地菩薩摩訶薩，則是念念皆住於滅盡定之正受境界，這是因爲第七地菩薩已經遠離一切法的自性相的正受的緣故，這不是聲聞羅漢與緣覺辟支佛所能作得到的。這是因爲那些聲聞與緣覺等聖人，墮於一切法的自性相的正受中，而不能遠離心行的緣故，所以他們是依於能取與所取之境界相的消滅，而入滅盡定之正受境界中。由此緣故，七地菩薩並不是如同聲聞緣覺一樣，以滅除覺知心及滅一切境界之覺想與憶念，而入滅盡定正受中；七地菩薩是因爲證得一切法皆無差別之實相，而不是分別證得聲聞緣覺所證得的種種相性滅除的正受境界；由於覺悟到二乘俱解脫聖人所證『一切法有善與不善等體性之法相的滅盡定正受』的本質其實只是自心現量，所以七地菩薩不依二乘俱解脫聖人的善念正受而入住滅盡定。

大慧！八地菩薩及聲聞緣覺等人，他們對於心、意、意識之妄想相已經消滅了：從初地開始乃至第七地的大菩薩們，他們同樣是觀察三界中的心、意、意識的事實狀況，所以遠離了三界眾生所誤認的常住不壞的我與我所等萬法。那些依照自己所想的虛妄想而修行的人，他們那些墮於種種自心如來之外的法相中的二乘愚癡聖人，以及凡夫外道等人，都墮於自心如來所現的能取與所取二種自心之法中，趣向無知凡夫所見的妄想中，不能覺察到自己已經墮於無始以來的過失與惡見之中，這都是因為過去無量世以來，常在虛偽的妄想中所熏習出來的習氣所造成的。」》

解：爾時大慧菩薩復白佛言：「世尊！惟願爲說一切菩薩、聲聞、緣覺滅正受次第相續。若善於滅正受次第相續相者，我及餘菩薩終不妄捨滅正受樂門，不墮一切聲聞緣覺外道愚癡。」佛告大慧：「諦聽！諦聽！善思念之，當爲汝說。」大慧白佛言：「世尊！惟願爲說。」

滅盡定乃是聲聞緣覺之俱解脫者所實證之境界，亦是菩薩至六地時，欲證滿心位之功德者，所必須修證之標的。滅盡定之寂滅正受法樂，乃是俱解脫之二乘人所執著者，以此爲解脫果之究極修證故，亦以此正受爲不住世間四禪八定境界之寂滅樂故。然諸菩薩於佛菩提之修證上，實以大乘無生法忍爲主要，不以取證俱解脫之正受爲主要，是故菩薩於六地之前，悉捨滅盡定之修證，不以正受滅盡定之寂滅樂爲其所求之標的，是故三地滿心位至六地未滿心之菩薩，悉捨滅盡定法樂之正受，悉皆能證滅盡定而不取證滅盡定。

菩薩於六地之前，努力修集六度波羅蜜功德，並分證初地至六地所應親證之無生法忍—唯識種智增上慧學；如是以無生法忍爲修證之標的，是故初地滿心位菩薩於捨壽時，有智能斷最後一分思惑而不斷之，有力能取中般涅槃乃至現般涅槃而不取證；三地滿心位至六地之菩薩，有力能證俱解脫果而不取證，皆以修證大乘之無生法忍爲重故。是故六地滿心位前，於聲聞緣覺之捨壽必取無餘涅槃者，悉皆不以爲然。

然至六地即將滿心時，若不取證滅盡定而成就俱解脫果者，則不能復進，則於上地之無生法忍不能增益，是故至此位已，必須取證滅盡定而成就俱解脫果，乃是不得不取證者。是故六地以前之菩薩固然不以修證滅盡定爲其主修，然不修證之時亦不應心中厭惡之；於修證之時節屆臨時，仍應修證之；唯是不須提早修證之爾，故亦不應作厭惡之想。由於此中有如是理，大慧菩薩欲免末法時之狂禪乾慧佛門學人於此產生偏差，是故作此請問，求　佛開示正理。

然而時至末法之季，往往有諸學人不知不證般若密旨，便假藉菩薩不急取證滅盡定之言，時時倡言：「菩薩不必取證滅盡定，所以我至今不證。」以此遮蓋其狂禪狂慧之本質。然若推究之，其實彼人猶未證得般若初見道之智慧功德，尚且未入第七住位，般若之初見道、眞見道智慧尚且未得，我見亦猶未斷，未入六住滿心位，距離初地所證無生法忍猶在遙遠，猶是具足凡夫，而奢言「菩薩不須修證滅盡定故所以我亦不證之」，以此暗示自身之修證果位，藉凡夫身之妄言，以邀他人之恭敬供養。凡此皆名方便大妄語也。是故菩薩仍應修證滅盡定，非不必修；唯因時節未至，依於大乘佛菩提道之修證次第，尚未到達修證滅盡定之時節，故不修證之爾，非是永遠皆不須修證也。

佛告大慧：「六地菩薩摩訶薩及聲聞緣覺，入滅正受。第七地菩薩摩訶薩念念正受，離一切性自性相正受，非聲聞緣覺。諸聲聞緣覺，墮有行覺，攝所攝相滅正受。是故七地非念正受，得一切法無差別相，非分得種種相性；覺一切法善不善性相正受，是故七地無善念正受。」

六地菩薩摩訶薩及聲聞阿羅漢與緣覺辟支佛，皆須依四禪八定次第而進入滅盡定：首由初禪而之二禪，復由二禪而之三禪，……乃至由無所有處定而之非想非非想定，由非想非非想定以入滅盡定，此乃六地菩薩滿心時所證之滅盡定（三地滿心位已能如是取證滅盡定而不取證）；聲聞阿羅漢及緣覺辟支佛，欲入滅盡定時，亦須如是依序而進，乃入滅盡定正受。

滅盡定之正受者謂：於滅盡定中，由意根實受滅盡定之正定覺受。初禪之正受者，謂入住初禪中一心不亂，而由意識正受身中自生之樂觸及五支功德，如是正住而不緣於言語文字（然初禪定境中仍能以言語文字而作諸事，不妨初禪地之境界正受），是名初禪地之正受。密宗古今諸師不知禪定境界，亦不知禪定與禪宗之禪有何異處，乃至有法師不知不解正受之意，作諸妄解。

有初出道之法師於有線電視上對大眾開示云：「**正受就是在五欲境界上的正確享受。**」渾如三歲孩兒念三字經已，不解其意而妄作解說；彼法師亦復如是，完全誤會佛法中「正受」二字之意而公開於電視上宣講，已成為佛門老修行人茶餘笑譚之資。正受者，謂於佛法修證上之禪定境界或般若智慧有所修證，證已，安住其中，名為正受，非以世間五欲等法之享受而可謂為正受也；四禪八定之一一定皆離欲界法之觸受故，正受者實以世間禪定境界為其觸受之境界故；般若智慧等金剛三昧，則以出世間慧之證得而安住，為其正受境界故。

如是法師「五欲正受」之言，同於西藏密宗諸師所說：「於男女行淫之性愛淫樂境界中正確的享受，即是正受；一心不亂而行淫，男女同時住於性高潮中保持一心不亂，即是住於等至，即是禪定正受，即是佛教禪定。」非唯紅白花教如是言，黃教之宗喀巴，於其所造之《密宗道次第廣論》中，亦復廣作是言（編案：詳見蕭老師《狂密與眞密》四輯書中舉證）。如是宣說佛法者，實非佛法，乃是冠以佛法名相之外道法也。豈唯誤會佛法？亦乃誤會通於外道之世間禪定正修行也；如是而修者，非唯不能證得三乘菩提之初見道功德，亦必完全不能證得世間禪定所攝四禪八定之定境正受也。

時至末法之今日，台灣印順、昭慧、傳道、及四大山頭諸大和尚，竟無一人能證世間禪定之最粗淺境界——初禪。彼等雖然常常自炫禪宗之顯赫傳承，雖然常弘禪法，實則皆是以定為禪者；皆以修證世間禪定之法，作為禪宗般若慧之正修行法門者；完全不知中國禪宗之禪乃是般若，不知禪宗所證悟之三昧乃是金剛三昧，乃是以金剛體如來藏為修證之標的；倡言禪宗臨濟法脈之傳承，卻實傳外道所修之世間禪定。若復細加探究之，則彼等四大山頭之堂頭和尚，及印順、昭慧、傳道……等人，皆猶未能證得世間禪定之最粗淺境界，皆猶未能證得初禪—皆未發起初禪地之五支功德。如是，以世間禪定之法作爲禪宗之正法而弘傳之，卻又未能親證世間禪定中最粗淺之初禪境界；於禪宗正法亦復錯會至極嚴重之地步，悉墮於以定爲禪之邪見中；由是緣故，不免感嘆今時末法衆生之福薄及道法之日衰也。

復有台南縣某長老級之法師「弘法」時，未指名道姓而影射余，輕嫌余所說法：「只不過是在打坐時得到一些禪定境界，便推翻所有法師的悟境。」如是之人，雖然薄有名聲，亦有設於美國之道場，然如是人，乃是將禪定認作禪悟者也，唯可謂爲不懂佛法之人也，身披佛教法衣何用？只是身著佛教僧衣之世俗人爾。此謂余此世之發起初禪定境者，乃是悟後數年以後之事，非是發起禪定境界之後方證悟禪宗之般若慧也。

一切學人與諸方大師悉應知之：禪宗之證悟標的，乃是出世間之般若智慧，不論是破初參之明心，抑或破重關之眼見佛性，乃至破牢關之親證無餘涅槃境界，皆是一念相應而親證之，皆非以世間禪定之制心一處，經由長時間之一心不亂所得之境界也。般若者乃是慧學，非是定學，攝屬第六度般若，非是第五度禪定也。禪宗之開悟者，乃是經由參禪而覓得自心如來藏，乃依正知正見及修足開悟之福德而悟，非依禪定境界而可謂之爲悟也。若如聖嚴、惟覺、西密諸多法王上師書中所說者，及彼台南縣某法師在有線電視上所說者，則是以一念不生而了了分明之欲界定中境界正受，作爲證悟般若，實皆悖佛所說，去道遠矣。斯等大法師及大法王等人，既未證悟佛法般若智慧，復未證得世間禪定之最淺境界——初禪，實與彼諸外道凡夫衆生無異，與般若智慧及禪定，二俱未曾相應也。

禪定之修行，縱使眞得非想非非想定者，亦復不能了知禪宗開悟者所證知之般若實相密意也；乃至聲聞阿羅漢證得滅盡定而成爲俱解脫之大阿羅漢，若不迴心大乘而參禪尋覓眞心，或迴心大乘參禪而未證得自心如來藏者，終究仍是大乘別教中之凡夫菩薩爾；雖有四禪八定及滅盡定之俱解脫果，亦無所用，亦不能發起禪宗眞悟祖師所證之實相般若智慧也。是故諸多定性聲聞大阿羅漢，於初聞佛說《楞嚴經》，及聞維摩詰大士開示般若別相智等法義時，莫不目瞪口呆，不知所云。

今時南洋，**假設**果眞有證得俱解脫果之大阿羅漢者，若見平實，亦復無彼置喙之處；唯除證得自心如來藏已，復又進修一切種智，否則仍將不得與平實言語也；仍將聞余言已，目瞪口呆也；空有四禪八定及滅盡定之證量，亦復無可依憑；何況今時南洋諸多大師所說者，仍皆墮於意識境界中，未斷我見，亦未曾證得初禪境界。是知禪宗之悟乃是大乘佛法般若智慧之見道（牢關則屬於無餘涅槃實際之證量），於一切種智中，說爲佛菩提之眞見道，非干禪定境界之修證也。

我會中人之證悟者，不論係聞熏會中親教師所傳授之正知見後自參自悟者，或於禪三精進共修時由余引導而證悟者，悟時皆猶未證禪定境界；若有發起初禪者，皆是因於後時之修除部份思惑與性障已，方由制心一處之故而發起初禪，云何彼台南縣長老級法師可以妄責吾等爲依禪定境界而悟？故說彼人由於不懂佛法而又好爲人師，便有如是誤導衆生之廣說常見外道法等事相現行，便有以定爲禪之愚癡言語現行，便有起瞋而妄評余法之愚行出現。

是故，禪宗之禪悟般若智慧正受，與世間禪定之境界正受，二者迴異；前者無有任何境界，唯是般若實相之金剛三昧智慧現前爾，完全無有任何境界，乃是無所得法；世間禪定雖然有諸境界正受，然終不得發起般若實相智慧，不能了知禪宗破初參時所證悟之金剛三昧也，如是應知。余所說者是誠實語故，余此世所經歷者，非由禪定而悟故，乃由悟後進修方始證得禪定境界故。

如是，現今台灣四大法師，及彼謗余之台南縣某法師，於此正理悉皆未曉；復於四禪八定境界悉皆未曾有所修證，乃至最粗淺之初禪境界亦猶未得，乃敢口出惡言以謗正法及弘正法人，臘月三十到來時，一世謗法及謗賢聖口業一總清算，須不好受；隨後而來者，則是未來無量世之極苦異熟果報，非可輕忽也。若不信余言，恣意於口舌之快，非唯障自道業，亦障來世多劫道業，難過。是故學人務須明鑑，不可受惑而隨人言語轉作嫌謗，以免同受彼免來世多劫之尤重純苦觸受也。既是學佛弘法之人，何須為逞一時口舌之快，以造未來多劫尤重純苦之無量世地獄罪耶？修學智慧之人豈應造此愚癡之事行與業因耶？

如是大法師等人，於世間禪定之最淺境界—初禪境界正受，尚且無知無證，何況俱解脫之大阿羅漢所不能知不能證之大乘甚深般若智慧，彼等大法師諸人云何能知？不知不證之人，而敢妄評已知已證之人，而敢妄評悟者所弘世尊正法，眞可謂大有愚勇之人也。平實雖於破邪顯正之事相上頗爲大膽，並且筆鋒犀利，然於誹謗親證三乘菩提之賢聖等人，於誹謗下地初悟之人，則一向膽小如鼠，乃至不敢以暗示之方式而妄謗一句。非唯平實一人如是，一切地上菩薩悉皆如是，無人敢生一念瞋心而妄謗三乘賢聖；說法時固亦評論三乘法義及三乘菩提親證者之菩提差別，唯作法義之辨正，然於三乘菩提之親證者，不敢妄作人身攻擊與是非之論也。是故一切末法學人，莫效法彼諸大師受困於名聞利養之愚行，寧可如余上一世之沒沒無聞，於江浙地區獨自眞修佛法，莫緣於名利及名師崇拜而生瞋於一切眞善知識。

如上諸言，乃爲辨明禪定之正受與般若智慧之正受分際，若於禪定與禪宗之禪，已了知其分際，則能免被今時之表相大師所誤，後日庶能眞入佛道。如是，菩薩至第六地，修學六地所應修證之無生法忍已，當入證滅盡定，不得再如以往之迴避入證滅盡定，亦不得再如以往之能取證滅盡定而不取證；此謂菩薩至六地初心，修證六地所應親證之無生法忍智慧已，若不證此，則不能繼續前進七八等地也。然六地滿心菩薩證得滅盡定已，後日欲入滅盡定時，仍與俱解脫之聲聞緣覺入滅盡定之相續次第相同，皆須從初禪二禪而次第轉進入於滅盡定中。入此定之理，且置不述，容後宣講枯木禪（四禪八定等）時述之。

七地滿心菩薩摩訶薩，由有七地中所修之方便波羅蜜多故，不復如是次第而入滅盡定，乃是念念皆住於滅盡定之正受境界。此種不可思議之解脫正受，乃因七地菩薩已經遠離一切法自性相之正受故；如是境界，絕非聲聞羅漢與緣覺辟支佛所能證得，亦非六地滿心菩薩所能證得。聲聞緣覺諸聖，墮於一切法之自性相正受中，故不能遠離三界心行而入滅盡定。二乘俱解脫之聖人，須依能取所取境界相之消滅，方能入住於滅盡定之正受境界中；而四禪八定之修證境界，悉皆不離能取之意識覺知心，亦不離所取之四禪八定境界法塵相，故說二乘俱解脫之無學聖人，皆依諸法之自性相而取證滅盡定，非如七地滿心菩薩之不墮諸法自性相中。

此謂二乘無學之俱解脫者，須於初禪五塵境界起始，令覺知心轉細、遠離色界三塵而入二禪等至位中，唯餘二禪等至位之定境法塵；復須次第轉細其覺知心，乃至令覺知心成爲三界最細之意識細心，住於非想非非想定中；

於此定境中，意識極細心雖不了知自己—不起證自證分而似無覺知，似若無想（定境法塵中之知覺性仍是想陰）；然既仍有意識之極細覺知心行，存在於非非想定之法塵境界中，則其實並非眞實無想陰也，有覺有知即是想陰故，有極細之覺知心住於非非想定之定境法塵中故；由不了知自己存在此定中，故名非想；由非眞實滅卻想陰，故名「非非想」，合此非想與非非想，故名非想非非想定。如是則知：此意識極細心—非非想定中不返觀自己、不覺知自己之極細覺知心—絕非是能出三界者。若人欲證滅盡定，證實自己確可出離三界生死者，則當捨棄覺知心自己，不住於非想非非想定中；亦當捨棄意根對滅盡定境界之受與想（捨棄意根對滅盡定之境界受與極微細之定境法塵了知），如是以住滅盡定中。

聲聞緣覺如是入住滅盡定者，同於六地滿心菩薩之證入滅盡定。同皆依於能取定境之覺知心，及依於所取四禪八定之境界，次第轉進與棄捨，乃至棄捨意識極細心，最後方得進入滅盡定中。此謂六地菩薩及聲聞緣覺等人，不能忽然頓捨一切法自性相之正受，故不能直接住入於滅盡定正受中。七地菩薩則不然，非同聲聞緣覺一般之次第滅除四禪八定境界，滅除意識覺知心、滅一切境界之覺知想陰、滅一切法之憶持，方入滅盡定正受中；七地菩薩所住之滅盡定正受境界，乃是念念皆住於滅盡定中，而無妨意識覺知心住於想陰境界中繼續運作。

不知不證滅盡定者，不知不證般若正智者，聞此所未聞法已，每生瞋恚心而作誹謗之言；已得地上菩薩之道種智者，則不敢作絲毫之懷疑與誹謗也。如是境界，同似七住賢位菩薩之親證涅槃本際，而不入住無餘涅槃（此唯眞正明心之人方能知余此言之意），修證之理論無有差別。不知者便謂爲妄說，乃謗云：「滅盡定境界既是滅除意識覺知心之境界，然於現實生活中，意識必定現行而有想陰，焉得超越非想非非想定？」便如不知不證本來自性清淨涅槃之凡夫一般，於余所說「七住位至六地以下之菩薩，尙未斷盡思惑，便已親證無餘涅槃之實際。」聞之悉皆不信，更作誹謗之言。然於我會中諸已明心之人觀之，則是現成之證量，絕無一絲一毫之差錯。七地菩薩滿心時，證入念念滅盡定之正受，亦復同此一理，皆是未得道種智之大乘凡夫人所不能知者，乃至鈍根之二三四地菩薩亦不能知此道理。

此乃由於七地菩薩修學七地無生法忍之方便波羅蜜多故，因此證得一切法皆無差別之萬法實相，是故念念住於滅盡定正受中，可由意識覺知心而現觀自己隨時隨地住於滅盡定境界中。非如聲聞緣覺及六地菩薩，必須依於粗念、細念、極微細念之次第消除，而漸次轉入非想非非想定，然後方滅三界最細之非非想定中意識細心，始能入於滅盡定境界中安住；如是而入滅盡定者，不離覺知心之心行覺受，墮於覺知心之心行中，亦復不離能取定境之意識覺知心，不離意識所取之定境法塵，墮於能攝相與所攝相消除之過程，方能證入滅盡定；意識覺知心乃是三界有，意識心之心行即是「有」行故，對意識心之心行有所覺悟而了知其妄、而漸次行捨，即是「有行覺」，是故佛說：「六地菩薩與聲聞緣覺墮有行覺，攝、所攝相滅正受。」

七地菩薩不然，乃是念念皆住滅盡定中，不須依於如是三界有之覺知心行而入滅盡定，不須依於漸次滅除能取之意識與所取之定境法塵而入滅盡定，隨時隨地皆住於滅盡定中，而無妨能取與所取之覺知心及種種六塵與法塵同時存在；亦可隨時隨地在剎那間滅除六識心及種種法塵而正受滅盡定，非如六地菩薩及聲聞緣覺之依於正念而漸次轉入滅盡定之正受；如是證量之證得者，乃是從其所證之「一切法無差別相」之道種智而得，故能直接隨入滅盡定，非如二乘與六地菩薩之次第證入種種定境法塵相而轉進滅盡定；亦非如聲聞緣覺與六地菩薩之一一現觀定境法塵之過失而漸次轉進乃入滅盡定，乃是確實覺知一切法之善與不善等體性及其法相，於一切法皆得正受，是故七地菩薩之住於滅盡定正受者，非如二乘及六地菩薩之以出世善念而漸次滅除能取與所取方入滅盡定。由是正理，佛說：「是故七地非『念正受』，得一切法無差別相，非分得種種相性；覺一切善不善相正受，是故七地『無善念』正受。」意在此也。

「大慧！八地菩薩及聲聞緣覺，心、意、意識妄想相滅：初地乃至七地菩薩摩訶薩，觀三界心、意、意識量，離我我所。自妄想修，墮外性種種相愚夫，二種自心，攝所攝，向無知，不覺無始過惡，虛僞習氣所熏。」

八地菩薩及聲聞緣覺等人，對於心、意、意識之妄想相已經消滅，但是八地菩薩異於聲聞緣覺之處者：始從初地，乃至第七地之大菩薩衆，同皆觀察三界中之第八識如來藏、第七識意根、第六意識覺知心之事實狀況，是故遠離三界衆生所誤認、所執著之常住不壞我及我所等萬法；然皆了知心意識及萬法皆是自心所現，不必執著滅盡定之取證，也不必一定進入無餘涅槃。

彼諸依於自意妄想而修佛法者，及彼墮於種種自心如來所現之法相中，而誤認彼諸法相實有之二乘愚癡聖人，及諸凡夫外道等人，悉皆不了自心如來，悉皆墮於自心如來所現之能取與所取二種自心之法中，不知不見自心如來之所在，亦悉不能了知自心如來之能生萬法體性與金剛性，或者趣向無知凡夫所見之無數異異妄想中，或者趣向涅槃以逃避蘊等能取與所取諸事相，所以不能善知方便，不能念念恒入滅盡定。凡夫由不知不證自心如來故，不能覺察自己從來不離無始即有之過失與惡見；如是墮於無始妄想及惡見中，翻謗所未曾聞之甚深微妙法為異端邪說，翻謗弘正法者為邪魔外道。如今部份法師之私下妄謗余法，及私下謗余為邪魔外道者，正是此段佛語之寫照也。彼等諸人之所以墮此過失中者，皆肇因於過去世常在虛偽妄想中熏習種種邪見，無量世之熏習累積而成習氣，是故今世仍將不能捨離如是邪見，累劫所熏習氣難於一世之中改易故。

若人聞說常見等法為謬，復聞如是所未曾聞之深妙法已，當自檢點：「究竟自身所隨從修學之善知識所教導於我者，其知見與法義是否正確？今所見聞之善知識所說、從來未曾耳聞之知見與法義，與聖教量及事實是否相符？」

如是細心思惟與觀察，細心比對三乘諸經中之聖言量，然後方作抉擇，棄諸常所見聞而不符聖教量之平常言說等法義，深入所未曾聞之符合三乘諸經聖教量之深妙法義，如說修行，方能於因緣成熟時，親證大乘菩提之般若智慧，一世即入大乘別教第七住位中；如是繼續進修者，於此一世欲求初地無生法忍成就者，非是難事也。若不爾者，繼續熏習常所聽聞之常見外道見，繼續熏習世俗化之佛法知見者，豈唯此世不得脫離常見見？來世更將難以轉易邪見，世世熏習已，此世復又不斷增熏故。

佛門凡夫、外道、聲聞與緣覺，皆於心、意、識等三法，生諸妄想猜測而作種種言說：佛門凡夫與諸常見外道，皆執意識心之變相，作為自心如來、自性彌陀、如來藏、眞如，大異 佛說眞旨。世尊所開示之自心如來者，乃是第八識心，其體性為「自無始以來一向恆而不審：本離三界六塵之見聞覺知、本來已無分別取捨、從無始以來即不了知六塵萬法、從來皆與六識見聞覺知同在、與第七識意根同在。」彼諸佛門凡夫及諸常見外道輩，不知尋覓本已存在之第八識如來藏心，卻依大名聲之大法師等人所說妄想邪見，欲將第六識覺知心修行轉變成第八識如來藏；如是等人，皆是對於自心眞如及意根意識生起妄想者，由是妄想故，不肯接受眞悟者所說法故，不肯放棄已有之名聞利養與眷屬故，堅執先前所說邪見邪法爲眞，不捨原有之虛妄想，故說彼等諸人皆是「於心、意、意識生妄想者。」

識—意識—謂能了知萬法之覺知心、思惟心、分別心、觀察心、了了分明之覺知心；舉凡六塵中一切法，意識皆能分別及了知，乃至細如非非想定中之極微細定境之法塵，亦能了知。此識能入定出定，第七識意根與第八識如來藏則從來不入定、不出定，是故凡能一心不亂之覺知心，皆屬意識；凡能一心不亂而了了分明之覺知心，皆是意識；是故離念靈知與有念靈知皆是意識心，悉皆於欲界中之五塵與定境法塵了了分別故，能制心一處故，與別境之慧心所及定心所等五法完全相應故。

意謂意根，攝屬五蘊之識蘊，識蘊含攝前六識與意根故，意根乃是心法故，非是色法故，是意識覺知心生起之所依根故。意根亦是十八界法所攝，歸屬六根之中；六根之前五根乃是有色眼耳鼻舌身根，唯獨意根是無色根、是心，於阿含諸經中說之爲意，於第三轉法輪諸經中說之爲意、爲末那識、遍計執識。此識自無始劫來不曾暫斷，非如覺知心之於眠熟、悶絕、正死、入無想定（生無想天）、入滅盡定而斷滅消失，於一切時中恆時不斷的審度一切法塵而處處作主、時時作主——不斷指揮六識造作種種善惡事，故說此心「恆審思量」一切法。

此意根雖然無始劫來常恆不斷，然是可以滅除者，譬如定性聲聞之捨壽而入無餘涅槃，是故此心亦非永遠恆常不壞之心，不應誤認此心爲自心眞如，否則必將墮於遍計執性中。即使修行人之覺知心及作主心，常不欲貪求欲界五塵錢財⋯⋯等法，自認已離遍計執性，其實仍然墮於遍計執性中；此意根常欲離於惡法故，時時作主而欲離於惡法故，時時認定思量心之自己爲常住不壞法故，不願承認處處作主之自己爲虛妄法故，不能了知處處作主之體性正是輪迴生死之根源故。是故佛子於意根之體性，當細加了知、觀察、思惟，而後可免假善知識之誤導，而後欲求證悟自心如來而得解脫者，方有希望。

心謂自己之眞實心——第八識自心如來；因地說之爲阿賴耶識、異熟識、庵摩羅識、所知依⋯⋯等無量名，於中國禪宗則方便說爲眞如。此心非如見聞覺知心之具有極強烈之知覺性，其微細之知覺性，非是三界六塵中相應之法。

三界中之知覺性，乃是對六塵之了知，是故於色聲香味觸等塵能分明了知，亦於五塵上所顯之法塵能細了知，乃至定境中之遠離五塵微細定境法塵，細至非想非非想定中之定境法塵亦能了知，此乃意識心之體性。眞實心第八識，則自無始以來遠離六塵中之見聞知覺性，然此心終非無情之石塊木頭，終究有其心之體用—能了知眾生七識心之心行，能了知眾生身色之種種運行，能記存眾生之業因，能了知如何令眾生依所造業因種子而受其善惡種種果報，皆無差池；能知如何攝取四大以成眾生身，能……。由如是等不墮三界六塵覺知之體性，而有其不墮三界知覺性之法性存在而運行不斷，是故此眞實心實仍有其類似覺知心之體性存在而運作不斷，無始劫來法爾如是，然一切眾生終不能了知。

由有如是心性而非如無情故，說此心爲微細心，非如無情之完全無知故，有其自具之不墮三界六塵之知覺性故，是故佛說此心爲「微心」，菩薩有時說之爲細心。然此微心、細心，非是印順等人所妄解妄說之意識細心也；彼等所說者本末倒置故，意識心之一切粗心與細心皆由此心而藉緣出生故，乃至意識細心之所依根—末那識—亦由此知覺性極微細之眞實心而出生故。

八地菩薩云何已於心、意、識妄想消滅？謂八地菩薩已如是親證而現前觀察了知心意識之異同所在故。聲聞緣覺云何了知心意識？謂聲聞緣覺已曾從佛聞法，了知意根與意識心之體性，並已現前證知此二心，現前觀察此二心，了知其爲生死之根源，了知其爲虛妄法，故知意與識之心性及虛妄不實；復因曾從佛之開示中了知自心第八識性，雖猶未能證得，而已了知其性恆住，不斷亦永不滅，不墮斷滅見中；加上原有所現觀之意根與意識心性，則於心意識不生混淆困惑，故說聲聞緣覺於心意識之妄想亦已滅除，非如今時印順師徒與四大法師之處處錯解心意識之眞正佛旨，故說八地菩薩與聲聞緣覺三人對於心意識之妄想相已經滅除。

如是滅除對於心意識之虛妄想者，於大乘中，非唯八地菩薩已滅除之，八地菩薩唯是代表之說爾。若究其實，一切初地菩薩，上至七地，皆已經現前觀察三界中之自心如來、意根、意識心等三心之同異所在，皆是現前觀察而證知之現量境界，非如聲聞緣覺唯能現觀意根與意識，不能現觀自心如來之種種運作。聲聞緣覺現觀意根與意識故，遠離我與我所等常見見，初地至七地菩薩非唯如是現觀意根與意識，乃至更作種種細相觀，非諸聲聞緣覺所能知之，故能進斷我與我所之執著習氣，非如聲聞緣覺之唯斷我與我所之執著現行。

初地至七地菩薩，更於自心如來而作種種現觀、微細現觀，非諸聲聞緣覺之所能知，是故聲聞緣覺對於自心如來之虛妄想雖因聞 佛說法而斷，然不能現觀，不能證得自心如來之現量境界。初地至七地菩薩皆能現觀，故已證得自心如來之現量境界，是故遠離我與我所。乃至第七住位菩薩，亦能少分現觀自心如來之現量境界，見地已生而未具足爾，執著尚未斷除故仍有我所之執著爾。由是正理，說初地至七地菩薩，皆能現觀三界之自心如來、意根、意識等心之現量境界，皆已遠離我與我所。

如是大乘菩薩之修證，迥異二乘無學與諸佛門凡夫及一切外道。一切外道及今台灣佛門四大法師與印順師徒等人，悉依自意妄想而修，墮於自心如來以外之法性中，以二種自心作為眞實不壞之常住法性—誤認能取（了知即是攝取）六塵之意識覺知心，及誤認執著清淨法塵之作主心意根，以為即是法界常住不壞之眞實體，悉墮能取心與所取六塵法中；如是諸人，趣向無知—進向對於法界實相無所了知之邪見中；皆因不能覺察無始以來所有常見、斷見等過失與邪惡，被外道及種種凡夫所說邪法之虛僞體性等習氣所熏染，故於今世初聞正法時，亦不能信受，而反謗之。

「大慧！八地菩薩摩訶薩、聲聞、緣覺涅槃：菩薩者，三昧覺所持，是故三昧門樂，不般涅槃；若不持者，如來地不滿足，棄捨一切爲衆生事，佛種則斷；諸佛世尊爲示如來不可思議無量功德。聲聞、緣覺三昧門，得樂所牽故，作涅槃想。大慧！我分部七地，善修心、意、意識相，善修我我所，攝受人法無我生滅自共相，善四無礙，決定力三昧門，地次第相續，入道品法；不令菩薩摩訶薩不覺自共相，不善七地，墮外道邪徑，故立地次第。大慧！彼實無有若生若滅，除自心現量。所謂地次第相續及三界種種行，愚夫所不覺；愚夫所不覺者，謂我及諸佛說地次第相續，及說三界種種行。」

疏：《「大慧！八地菩薩摩訶薩與聲聞緣覺的涅槃修證，是這樣的：八地菩薩所證得的涅槃，由於金剛三昧之覺悟所執持，所以常住於金剛三昧法門之法樂中，捨壽時不取證無餘涅槃；如果不是由於金剛三昧之覺悟所攝持的話，那麼他對於如來地所應獲得的功德，就不能具足證得，也將會棄捨爲利樂衆生所應作之一切事相，如此一來，佛種就斷了。爲了消除這種過失，所以諸佛世尊便爲菩薩示現如來地的不可思議無量功德。聲聞、緣覺所證得的滅盡定三昧法門，由於證得涅槃寂滅解脫之樂所牽引的緣故，他們在心中產生了證得涅槃之想法。

大慧！我將大乘佛法加以分部而說初地至七地境界，目的是要諸地菩薩善於修證心、意、意識之法相，善於修除我與我所的執著習氣，要他們攝取與受持人無我與法無我的種種生滅自相與共相，要他們再向上進，善修四無礙辯，決定獲得第九地的力波羅蜜多的金剛三昧法門；經由這樣的諸地次第而相續進修，終能證入大乘佛道的種種法中。我不要讓這些大菩薩們不能覺察心意識之自相與共相，不讓他們不善於了知七地境界，而不小心墮入外道的偏邪修行道路中，所以我建立菩薩摩訶薩初地至十地的修行次第。大慧！這十地的境界中，其實並沒有所謂的出生與消滅的事相，唯除自心如來所顯現的萬法生滅之事實。我所說的十地修證次第與相續進修的內容，以及三界中的心意識的種種心行，乃至二乘愚夫亦所不覺；愚夫所不覺的意思，是說我及諸佛所說的十地的次第與相續銜接的修行內容，以及我所宣說的三界衆生所有的種種心、意、意識的心行。」》

解：「大慧！八地菩薩摩訶薩、聲聞、緣覺涅槃：菩薩者，三昧覺所持，是故三昧門樂，不般涅槃；若不持者，如來地不滿足，棄捨一切爲衆生事，佛種則斷；諸佛世尊爲示如來不可思議無量功德。聲聞、緣覺三昧門，得樂所牽故，作涅槃想」：八地菩薩摩訶薩之涅槃修證，與聲聞緣覺之涅槃修證有所不同，謂同中有異故。

同者謂：同皆證得有餘依涅槃，同皆可以取證無餘依涅槃之絕對寂滅境界。聲聞緣覺捨壽時滅盡十八界，能入無餘依涅槃中，識陰中之意識與意（意根末那識）悉皆滅盡，無有我與我所，無有見聞覺知，究竟寂滅，此乃三乘無學所證涅槃境界之完全相同部份，同是涅槃寂靜之法印所印。異者謂：聲聞緣覺雖然能入無餘涅槃而滅盡十八界、滅盡識陰等七識心，然聲聞與緣覺由未證得第八識自心如來故，雖知此第八識自心如來即是無餘涅槃之實際，然於無餘涅槃之實際境界，悉皆茫無所知，尚未進入無餘涅槃之境界故，進入無餘涅槃乃是滅除識陰自己故，滅除後則無能知無餘涅槃實際之我故。

初地（含第七住位真見道菩薩）至八地菩薩雖然尚未進入無餘涅槃界，然已先證知無餘涅槃界之無相境界，已經實證無餘涅槃之實際——已證第八識自心如來故，第八識自住境界即是無餘涅槃之實際故。是謂同證涅槃，而智慧有別；聲聞緣覺由不能了知無餘涅槃之實際故，不能發起般若智慧，雖於凡夫及外道中名爲聖人，然於大乘別教以觀，則是愚人，不入別教聖位。乃至第七住位賢人，初悟自心如來，雖猶未能取證無餘涅槃，然從善知識受學種智已，未超十住位，已能現觀及了知無餘涅槃之實際，非二乘無學聖人之所能知也，是名爲異。

尚有異者，謂七地滿心菩薩及一切八地以上菩薩，由方便波羅蜜多故，念念住滅盡定，隨時隨地得以如是善巧，於刹那間取證無餘涅槃，非如六地滿心菩薩及聲聞緣覺聖人，必須由初禪等至位次第轉進非想非非想定，然後滅除自己而取證無餘涅槃。尚有異者，謂大乘別教七住乃至八地菩薩，悉皆親證無餘涅槃之實際—自心如來，然聲聞緣覺雖已有力能入無餘涅槃，而悉不知無餘涅槃之實際境界，是故余於《邪見與佛法》書中曾謂：「大乘別教七住菩薩未能取證無餘涅槃，而已親證無餘涅槃實際；二乘無學聖人永未能證無餘涅槃之實際。」實由如是緣故而言其異，意在此也；是名爲異。

八地菩薩所證涅槃，由於金剛三昧之覺悟所執持，是故常住金剛三昧之法樂中，捨壽時悉不取證無餘涅槃；初地至六地菩薩亦復如是，能斷思惑而不急斷之，乃至六地滿心菩薩已證滅盡定而不斷之，故意保留一分思惑不斷，以潤未來世之重新受生種子，非唯八地菩薩能之也。金剛三昧者，謂證得金剛心而生起般若智慧，以致心得決定、永不退轉，故名金剛三昧也。金剛心者，唯是依於第八識自心如來不可壞、不可斷之體性故言；其餘一切心皆是每夜常常斷滅之法，或是可滅之法，故非金剛心也。

由於證得金剛心故，般若慧漸次出生，乃至能於日後出生一切種智等深妙般若慧，非諸初悟自心如來者所能知之。如是之人，即是親入佛家之人，方是眞實佛子，能紹繼佛種故，能荷擔如來家業故，能廣破一切外道故，能救護一切衆生皆離衆生相故。一切聲聞緣覺聖人，於初地以上菩薩面前，皆無能言說，唯有聽受菩薩宣說無生法忍之智慧，而不能稍置一語。地上菩薩由是緣故，在三界中，爲一切衆生導首，爲人天之師，樂說佛法而利衆生，故於金剛三昧之覺悟智慧中，生起無窮法樂，是故由此法樂所持而不取證無餘涅槃。如是正理，非諸凡夫所能知之。彼諸佛門內之未悟凡夫，於此般若種智，若不作自意思惟之妄解言說者，則無過失；若未知之，爲求名聞利養而作妄解者，則有大過。譬如印順法師作是言曰：《依教說，涅槃是三乘共通的，法空性是大乘不共的。如約理說，涅槃與一切法空性，是相同的，如上引經說外，『大方廣佛華嚴經』（十地品）卷二六（大正九．564中～下）說：「菩薩得無生法忍，入第八地，入不動地。……住不動地，一切心意識不現在前，乃至佛心、菩提心、涅槃心尚不現前，何況當生諸世間心！佛子！是菩薩隨順是地，以本願力故，又諸佛爲現其身，……皆作是言：善哉！善哉！善男子！……一切法性，一切法相，有佛無佛常住不異，一切如來不以得此法故說名爲佛，聲聞、辟支佛亦得此寂滅無分別法。……若諸佛不與菩薩起智慧門者，是菩薩畢竟取於涅槃。」八地菩薩就是不退轉地菩薩。八地得無生法忍，悟入寂滅無分別法，這是二乘也能得到的。如菩薩的本願力不足，沒有諸佛的勸發，那是要證入涅槃，退落而與二乘一樣的。經佛的勸發，菩薩這才（從般若起方便）起如幻三昧，作利益眾生的大業，莊嚴功德圓滿而成佛。……》（正聞出版社《空之探究》頁146）

然印順法師其實不知不解涅槃也。涅槃具足空性與空相二法，空相者謂五陰十二處十八界法悉皆緣起性空，雖有陰處界等法，然因是眾緣所起之法，其性非眞，故說爲空相，《心經》所說諸法空相者，即是此意也。空性者，謂諸法空相之根源—第八識自心如來，諸法之所以能顯現運作，以及現已念念變異，終歸壞空，皆由此自心如來而生、而現、而變異、而壞空，是故諸法空相之根源謂此第八識自心如來也。如是自心如來又名空性，是故一切法空中之空性者，謂此自心如來也。無餘涅槃乃依自心如來之滅除五陰十二處十八界等法，不復生起陰處界等法，故名涅槃，是故涅槃實依自心如來立名，而自心如來能生能滅萬法，故說自心如來具有一切法空相與一切法空性也。

然亦不得因此而如印順之言「涅槃與一切法空性是相同的」，若是相同的，則不應有凡夫衆生自心如來之常住本來自性清淨涅槃中；亦不應言「涅槃與一切法空性不相同」，於一切法空之體性中，恆有自心如來之顯現本來自性清淨涅槃故，無餘涅槃亦是依此大乘涅槃而方便分說故，依此大乘涅槃之滅除煩惱障而不復生起來世五陰而名無餘涅槃故。

復次，印順所言：「依教說，涅槃是三乘共通的，法空性是大乘不共的。」此說有大謬焉。謂涅槃有四：有餘涅槃、無餘涅槃、本來自性清淨涅槃、無住處涅槃。前二通大乘，三乘共通；後二唯大乘，不共二乘，是故不得謂所有涅槃皆是三乘共通者。復次，前二不通大乘別教地前菩薩，第三不通二乘，第四不通一切凡聖，唯佛地有，云何印順可言「涅槃是三乘共通的」？

復次，法空之性，實是二乘所不共者，非是大乘所不共者，二乘唯證人空以及人空所顯法空，而不證大乘法空故，是故法空性是二乘不共的，非如印順所言之大乘不共也。

華嚴所說「聲聞、辟支佛亦得此寂滅無分別法」者，唯是前二涅槃之寂靜也，非謂後二也，八地亦能具足有餘無餘涅槃故，唯是大願與金剛三昧門樂所持而不取故，非不能取也；由是故說聲聞緣覺亦得此八地所證之寂滅無分別法。八地菩薩由七地滿心位所證之念念住滅盡定，其心寂靜極寂靜，遠超聲聞緣覺所證之寂滅境界，非聲聞緣覺所能知之。然聲聞緣覺亦證寂滅無分別法，謂已證得有餘涅槃故，將來捨壽時必取無餘涅槃境界故，已了知其中無有我與我所故，故知其境界完全寂靜故。然於念念住滅盡定之極寂靜境界，亦唯能思惟妄想而不能了知其故也。由是極寂靜之緣故，八地入地心諸菩薩，諸佛必須授與「引發如來無量妙智三昧」，起其智慧門，而受更爲勝妙之金剛三昧門樂，若不爾者，八地入地心中，必由所證極寂靜境界故，而取無餘涅槃，則不復能利益衆生也，則佛種便斷也，則不能成佛而廣利衆生也。華嚴之意在此，然印順依於自意妄想而墮文字表相之中，作是違於三乘佛法之說，不應正理。

復次，八地爲不退轉地菩薩，亦有商権之餘地。不退轉者，有：信不退、位不退、行不退、念不退、究竟不退。信心退者，謂甫聞佛法而修行者，未起正信故退，故於佛法僧生疑，退回常見斷見等外道見中；信不退者，謂十信位未滿足前，若至十信位，已得滿足十信行，則入位不退中；位不退者，謂初住位至十迴向位，有時尚有行退、念退等事；行不退者，謂初地至七地滿心前，一切行皆爲佛法，無退失時，然有時尚有念退情事；念不退者，謂八地至等覺位，念念精進而修大乘菩提，永無有退，然於佛地無生法忍智，有時不免生起極微細邪解，假名爲退，是名念退；究竟不退者，謂諸佛自住境界，於一切法實相皆無疑闇故，究竟圓滿故。

如是不退轉者，乃依正常情況而說；然亦偶有例外，並非絕對。譬如有人因於修福之緣，偶遇大善知識，令其得入七住乃至十住位中；然因性障深重故，於善知識處有不當之所求而不得遂時，便生無根誹謗等身口意行；此等人，此世於般若實相藏識心體所在之見地雖仍不退，然因誹謗阿賴耶識，說為非是如來藏之後，捨壽之後便墮地獄，十地三賢一切皆失，此後仍須從頭再修起；此事具載於律經中，故亦有例外者。如是，八地菩薩究係何種不退轉地菩薩？印順應當有所說明，不應如是籠統而說也。

復次，如上所說，八地之無生法忍，迥異二乘無學之寂滅無分別法，絕非印順所說之「二乘也能得到的」，二乘所得之寂滅無分別法，唯是斷除我見與我執後，於世間六塵及意識心我、思量心我，不起思量分別爾，雖亦屬於寂滅無分別法，其法卻迥異於八地菩薩也，唯證解脫道而未證佛菩提故，解脫道之修證亦與八地菩薩相差懸殊故；是故二乘與菩薩在解脫道上之修證，同中有異，異中有同，印順法師竟完全不能了知。凡此過失者，咎在不知二乘所證唯是解脫道，咎在未斷意識心我見，咎在不知大乘菩薩所證者，兼具二乘之解脫道，亦復修證法界實相之無生法忍，不共二乘無學聖人也。

假使八地初心未獲 佛之加持，故而取證無餘涅槃，其原本所證者，亦異二乘無學聖人也；謂如是進入涅槃前之八地初心菩薩，所證本來自性清淨涅槃、有餘涅槃、無餘涅槃及大乘無生法忍等，皆非二乘無學聖人所能知之也，故不應如印順之言：「沒有諸佛勸發，那是要證入涅槃，退落而與二乘一樣的。」唯是起心欲入涅槃時之有餘涅槃，與入涅槃後之無餘涅槃境界同於二乘無學爾，而此菩薩對於二乘涅槃所知所證而不共二乘涅槃之智慧，則非二乘無學聖人所能知悉也。

推究印順之所以產生種種邪見者，除因未曾證悟般若以外，最大之過咎，在於否定第八識自心如來，誣蔑自心如來同於外道常我、神我、梵我；由是緣故，便於大乘菩提之二種主要道，不能認同；不能認同故，便謂三乘佛法同皆唯有解脫之法，便謂般若即是一切法空，則與二乘菩提無異，是故便將大乘般若實相之法，判定為「性空唯名」之學，成為虛相法。虛相法焉得說為般若耶？般若乃是實相法，實相乃是一切法界根源之眞實體性故，非是一切法空之虛相故。佛子若欲親證佛法正理者，當速摒棄印順師徒等人所說邪知邪見，當速探究大乘實相眞實正理，然後方能通達三乘菩提正理也。

一切八地初心菩薩，若非由於 佛之加持，而於金剛三昧生起迥異於前地之覺悟，而由如是覺悟所生之超勝於諸地之金剛三昧法樂所攝持者，則於如來地所應獲得之功德，不能具足證得，亦將頓時棄捨一切為利樂眾生所應作之事相，如是則佛種隨斷，不得成佛，捨壽時必取無餘涅槃故。亦將因此而影響見聞彼入涅槃之衆生，於未來時亦修證二乘涅槃，捨壽時亦入無餘涅槃；亦無未來一大阿僧祇劫之廣利衆生等事。爲消除如是過失，諸佛世尊必爲八地之初入心菩薩，示現如來地之不可思議無量功德，必爲此第八地之入地心菩薩傳授「引發如來無量妙智三昧」，令其依之進修，於未來一大阿僧祇劫中，啓其如來地之無量功德。

聲聞、緣覺所證得之三昧法門，則純是解脫之道，由決定斷除覺知心我與作主心我之執著故，心得決定時，說之爲二乘菩提之三昧門樂，純是二乘涅槃寂靜之道，非是大乘般若智慧之修證，非是佛菩提之正修；彼等二乘無學聖人，由於證得涅槃寂滅解脫之樂所牽引故，於自心中生起邪解，謂自己已經證得涅槃，作如是證涅槃想。然實二乘無學諸聖，未曾證得涅槃境界；眞實親證涅槃境界者—親證涅槃本際之如來藏自住境界，乃是大乘七住菩薩及諸上位菩薩也。此理已具說於拙著《邪見與佛法》書中，欲知其詳，請逕行請閱之，此處容略。

「大慧！我分部七地，善修心、意、意識相，善修我我所，攝受人法無我生滅自共相，善四無礙，決定力三昧門，地次第相續，入道品法；不令菩薩摩訶薩不覺自共相，不善七地，墮外道邪徑，故立地次第」：

世尊將大乘佛法加以分部，而說初地至七地之境界差異，目的無非欲令諸地菩薩善於修證心、意、意識之種種法相；若善於修證心、意、意識之種種法相者，則能爲諸衆生善說心、意、意識等法相，如是而令衆生證得大乘無生忍，乃至證得無生法忍，如是而令衆生證得般若實相之深妙智慧，因此而得解脫與般若智慧。亦是欲令諸地菩薩善於修除我與我所之執著習氣，修已，則能遠離衆生所墮之我與我所執著現行，亦能遠離二乘聖人所墮之我與我所執著習氣。

世尊作如是七地分部者，復是欲令諸地菩薩現前觀察二乘聖人所證之人我空，進而現前觀察法我空，了知諸法無我，了知諸法生滅之自共相，則於心、意、意識等法悉無所著；由是緣故而成善得心、意、意識秘密善巧之菩薩摩訶薩，乃得進修而成四無礙辯之九地菩薩；九地菩薩由具足證得四無礙辯，故於十方世界得大自在，是故成就力波羅蜜多；復由如是決定無礙之力三昧門，依十地次第而進修十地無生法忍，則於諸地上上進修之次第與相續進修之理，得能無礙而入大乘一切道品諸法中。若諸菩薩明心已，不能善修初地至七地諸法者，則必長時住於三賢位中，不能入地成聖；乃至有時墮於外道邪徑之中，不能成佛，由是緣故而建立十地之修行次第。

「大慧！彼實無有若生若滅，除自心現量。所謂地次第相續及三界種種行，愚夫所不覺；愚夫所不覺者，謂我及諸佛說地次第相續，及說三界種種行」：十地之境界中，實無所謂諸法之出生與消滅等事相，一切諸法之出生與消滅等事相，皆是從各人之第八識自心如來而生、而顯現；自心如來出生或顯現萬法，而令萬法有生有滅，乃是一切地上菩薩親自現前觀察所見之事實。

如是正理，今時仍然多有法師不肯信受。譬如某法師於電視弘法節目中開示云：「意識是五陰中的識陰所含攝的，但是『意』卻是五陰以外之法，意不在五陰所含攝之範圍中。先有意，然後才有五陰。」

如是說法，迥異 佛說，亦異於世界中之現實境界現量。 佛說意者謂意根也，意根是意識之所依根，必須依此意根之觸法塵境，然後意識方得現起，方得了知五塵及法塵之種種細相。 佛於四阿含諸經中說：意是無色根，不可見、無對。亦說意是六根所攝，攝在十八界法中；十八界法則是五陰所攝，其中五色根歸屬色陰，意根則與六識心同皆歸屬識陰。由有色陰及識陰七識心故，和合運作而後始有受想行陰。如是正理，於四阿含諸經中散說而具載之，今猶可稽也。

若意根屬於五陰所不攝者，則意根應屬能出三界之法；若是能出三界之法，則亦應是實相心，亦應是金剛心，是永遠不斷不壞之法故。然而衡於 佛說諸經意旨，皆言此『意』不能出離三界，皆言出三界時應滅卻此『意』，故此法師之說法不應正理也。此外復有他過，篇幅所限故，今不辨正之。

佛子當知：意及意識等心，以及六塵諸種法相，悉是自心如來之所示現；生現已，則必變異而後壞空，種子仍歸自心如來所攝藏。一切萬法之生住異滅，皆是自心如來之所生顯，皆是自心如來所現之事實，除此別無他法也。是故 佛說：「彼實無有若生若滅，除自心現量。」

世尊所言十地修證之次第，及其地地相續進修之內涵，以及眾生於三界中之心意識等三法配合之後，所生所顯之種種心行，莫道佛門凡夫所不能知，外道更不能知，乃至二乘無學聖人亦所不覺，故名愚夫。愚夫所不覺之意思，乃言釋迦世尊及諸 佛，同皆如是宣說之十地修行次第，及與地地相續銜接之修行內容，以及佛所宣說之三界衆生所有之一切心、意、意識等心行，皆非二乘無學等愚人所能了知。

心、意、意識等心行，皆是可以現前親證而觀察者，絕非如印順、昭慧、傳道等人所說之「第八識及第七識是施設法，唯名無實」，絕非如印順、昭慧、傳道所言之「第七識是由後來之部派佛教發展而從第六意識細分而出者」，絕非如印順、昭慧、傳道所言之「第八識是因為細分出第七識之說，才由第七識再細分而出者」，完全違背四阿含諸經 佛說之聖教量故，亦完全違背一切大乘證悟賢聖之現實體驗故，亦復違背現實醫學常識故。由是種種顛倒邪見，故說印順、昭慧、傳道師徒等人乃是愚癡凡夫，墮於外道邪見之中，今猶未入大乘與二乘佛法正理之門也。

「復次大慧！聲聞、緣覺、第八菩薩地：滅三昧門樂醉所醉，不善自心現量，自共相習氣所障；墮人法無我法攝受見，妄想涅槃想，非寂滅智慧覺。大慧！菩薩者，見滅三昧門樂，本願哀愍，大悲成就，知分別十無盡句，不妄想涅槃想。彼已涅槃妄想不生故，離攝所攝妄想；覺了自心現量，一切諸法妄想不生，不墮心、意、意識，外性自性相計著妄想；非佛法因不生，隨智慧生，得如來自覺地。如人夢中方便度水，未度而覺；覺已思惟：『為正為邪？』非正非邪。餘無始見聞覺識因想，種種習氣，種種形處，墮有無想，心、意、意識夢現。大慧！如是菩薩摩訶薩，於第八菩薩地，見妄想生——從初地轉進至第七地，見一切法如幻等，方便度攝所攝心妄想；行已，作佛法方便，未得者令得。大慧！此是菩薩涅槃方便不壞，離心、意、意識，得無生法忍。大慧！於第一義，無『次第、相續』，說無所有、妄想寂滅法。」

疏：《「復次大慧！聲聞、緣覺、第八地菩薩，這三種人對於涅槃寂滅境界的修證是有所不同的：二乘人由於被寂滅三昧法門之解脫樂所醉的緣故，不善於證知涅槃寂滅境界亦是自心如來所顯現之事實，所以被自相與共相等種種法熏習的習氣所遮障；因此緣故而墮於人無我、及蘊處界所衍生諸法無我等見解之攝受中，執之不捨，不知涅槃亦是自心如來之現量，而作妄想，以為實有涅槃，這些二乘無學聖人，不是能於寂滅三昧眞正出生覺悟之智慧的人。

大慧！八地菩薩則是已經親見眞正之寂滅三昧法門之解脫樂以後，由於初地入地心所發起之十無盡本願所攝持，及因哀愍衆生之大悲心成就的緣故，亦因了知十無盡句之種種意旨分別，所以對涅槃之修證不起虛妄之分別想。彼八地菩薩對於涅槃之虛妄想已經不再出生了的緣故，遠離能取與所取之妄想，覺察及了達一切法皆是自心所現之事實，所以對一切法之虛妄想也不再生起了，不再墮於凡愚對心、意、意識之臆測而生之妄想中，也不對自心如來以外之一切法之自性相，產生誤計與執著而生種種虛妄想：『非佛法之因』不再出生了，凡所有因，皆是隨於智慧而出生者，這樣進求如來自覺之境界。

譬如有人夢中廣設方便，欲度大河，於尙未度過夢中大河時就已經覺悟是夢，因而覺醒了；覺醒之後便作思惟：『於夢中求度大河水，這個作法究竟是正？是邪？』思惟之後，便知其實非正亦非邪，都只是由於無始來，以能見、能聞、能覺、能識知等虛妄熏習爲因，而產生了種種的了知、種種的習氣，所以夢中顯現種種形色顯色與處所，因此在夢中墮入諸法有無等妄想中，這些其實都是由我們的自心如來、意根、意識心等合作而在夢中出現。

大慧！同樣的道理，大菩薩們於第八地中，看見妄想之出生—始從初地轉進至第七地，親見一切法皆如幻夢等——因此生起方便智慧，度過能取與所取之種種心意識妄想；自己如是作已，已經得度，返身更作種種佛法上之方便行，令諸衆生未證得者亦能證得如是超度之境界。

大慧！這是菩薩對於涅槃之修證，能以方便善巧而令衆生了知「不是以一切法之滅壞爲涅槃」，這樣遠離心、意、意識之執著，而證得第八地之無生法忍。大慧！於第一義諦而言，其實並沒有次第可說，也沒有相續進修可說也，像這樣遠離一切境界之虛妄分別，說一切法皆無所有，才是眞正之妄想寂滅之正法。」》

解：「復次大慧！聲聞、緣覺、第八菩薩地：滅三昧門樂醉所醉，不善自心現量，自共相習氣所障；墮人法無我法攝受見，妄想涅槃想，非寂滅智慧覺。」

聲聞緣覺所證涅槃寂滅境界，與八地菩薩所證涅槃寂滅境界雖同，然而見解及受用上則大異其趣。先敘聲聞緣覺之涅槃：聲聞與緣覺所證涅槃寂滅境界，乃依滅除五陰十八界法之自我執著，唯求滅除陰界入自我，不復有來世之陰界入自我出現於三界中，如是成就涅槃。聲聞緣覺由此寂滅三昧門之迷醉所醉故，不善於了知一切法乃至涅槃皆是自心如來所現之事實，墮於陰界入等自相與共相中，被此陰界入自共相熏習之氣分所遮障；由是遮障故，墮於人無我與法無我之種種知見執取中，於涅槃之實際作諸妄想，以之為眞實涅槃實際之境界；如是二乘無學聖人，於涅槃寂滅三昧而言，皆未眞正出生覺悟之智慧。

所以者何？謂四種涅槃，皆依自心如來而立名故。譬如經言：「一切眾生本來常住涅槃」，意謂一切眾生身中皆有自心如來，而此自心如來自無始以來，常住於離見聞覺知、離了了分明、離思量觀察、離生死之境界中，於眾生現起六識見聞知覺性，而貪著六塵五欲時，自心如來依然如是常住，不於六塵萬法動心。如是常離見聞知覺性、離思量性之境界，本已如是，非從修得；如是清淨性，本已如是，非從修得；如是離生死、不生不死之涅槃境界，本已如是，非從修得；如是涅槃寂滅性，本已如是，非從修得；由是種種緣故，說之為**本來**自性清淨涅槃。如是，本來自性清淨涅槃，乃依自心如來本來所住境界而立名，非可外於自心如來第八識心別行建立，否則即成想像構建之虛妄涅槃也。

二乘所證之無餘涅槃者，實依捨壽時滅除五陰十八界等法，令不復生來世之五陰十八界等法，不復有來世之見聞知覺性我，不復有來世之思量性我出生，眞實無我，是名涅槃。然此涅槃者，實即本來自性清淨涅槃也，乃是滅除十八界我之後，唯餘自心如來之本來自性清淨涅槃也，更無其他涅槃之可言、可修、可證也。

有餘涅槃則依滅除我見我執煩惱之現行，而令壽盡時得以取證無餘涅槃，不再復生來世之五陰十八界等我，故名有餘涅槃；如是涅槃仍依第八識自心如來之本來常住自性清淨涅槃而立名，更無別法可謂之爲有餘涅槃也。菩薩證得自心如來已，則能現觀如來藏之本來自性清淨涅槃；現觀本來自性清淨涅槃已，則能了知聲聞緣覺所證之有餘及無餘涅槃之實際，了知二乘涅槃之實際本是大乘菩薩所證之本來自性清淨涅槃，永遠不能外於大乘菩薩所證之本來自性清淨涅槃而別有涅槃之可證也。

菩薩如是證悟及現觀已，依佛聖言而進修增上心學、增上慧學、增上戒學，則能了知進修佛道之次第。了知佛道進修次第已，則漸次斷除煩惱障之現行與習氣種子隨眠，亦漸次斷除所知障之無始無明上煩惱隨眠；二俱盡已，則自心如來中永無種子之變異生滅，由是斷除變易生死，非唯斷除分段生死也；是名菩薩斷盡二種生死，自心如來所含藏一切種子，悉皆無漏，永無變易，名爲成就究竟佛地功德，是名究竟佛。由如是斷盡二乘所斷分段生死現行，及斷盡二乘所不能斷之分段生死習氣種子隨眠，及斷盡二乘所完全不知不斷之所知障中過恆河沙數上煩惱隨眠，從此永離分段生死及變易生死，永遠不住生死，亦不住涅槃，故說已證無住處涅槃。然此無住處涅槃，實亦依於自心如來而立名，外於自心如來之本來自性清淨涅槃時，則無此涅槃之可修證、之可顯示。

如是，明示四種涅槃皆依自心如來而立其名，不外自心如來，故說涅槃寂滅境界，本是自心如來之現量境界，本是自心如來所顯之事實，故名自心現量。然諸二乘無學聖人，悉皆不知不證此一現量，依其斷除自我執著後之自意所想，而言涅槃，而迷醉於涅槃之寂滅樂中，不知涅槃實依自心如來自住境界而立其名，是故一心欲取無餘涅槃，不復發起受生願，不肯保留最後一分思惑以潤未來世生，不肯轉入來世繼續利益衆生，捨壽時必取無餘涅槃。如是緣故，說二乘定性聖人「滅三昧門樂醉所醉，不善自心現量，於涅槃作諸妄想。」

云何而言二乘聖人「自共相習氣所障」？及言二乘聖人「墮人法無我法攝受見，妄想涅槃想」？

此謂二乘聖人所證二種涅槃，皆依自身五陰十八界法相之虛妄自相而作觀察，及依衆生五陰十八界法相之虛妄共相而作觀察，始終不能外於如是自共相之習氣，是故不能證得自心如來，不能了知法界之眞實相，故說二乘聖人爲「自共相習氣所障」。

亦謂二乘聖人依於五陰十八界法相，觀察衆生之人無我相；復依如是人無我相，觀察陰界入等法及衍生之萬法，亦實無我，如是而觀法無我相。如是所觀人無我及法無我相，皆未能現觀人法中我及二乘人無我、法無我等自共相中，實有本際存在，未能現觀如是有漏法及無漏法悉以自心如來爲實際，未能現觀一切法界之實際故，外於自心如來實際而墮於人法無我之見地中，攝受不捨，如是妄想涅槃，不知涅槃實際之境界，由是緣故，佛說二乘聖人「墮人法無我法攝受見，妄想涅槃想」，非是實證涅槃正理者也。

依二乘法所證之涅槃，實非眞實親證涅槃，而二乘聖人依陰界入等自共相之滅度，而入無餘涅槃，以爲實有涅槃可以證入。然證入無餘涅槃者，實乃滅除覺知心、思量心後，無一切境界之境界；如是滅除意識與意根已，乃是衆生五陰我之滅除，不復出生來世之五陰我，是故永無生死輪迴，是名無餘涅槃；如是，五陰我滅除之後，尚無我之存在，何況有我能證涅槃？是故實無涅槃之可修可證。是故二乘涅槃實無可修可證者，唯是滅除五陰自我爾，而諸二乘聖人不知此理，妄作涅槃之修證想，是故 佛說二乘聖人「妄想涅槃想」。

「大慧！菩薩者，見滅三昧門樂，本願哀愍，大悲成就，知分別十無盡句，不妄想涅槃想。彼已涅槃妄想不生故，離攝所攝妄想；覺了自心現量，一切諸法妄想不生，不墮心、意、意識，外性自性相計著妄想；非佛法因不生，隨智慧生，得如來自覺地」：

八地菩薩則不如是，於如是四種涅槃已知已解，而於如是四種涅槃，願具足修證，是故非如二乘無學聖人之捨壽必取無餘涅槃而入滅度。如是次第進修無生法忍，及斷二障，乃至究竟佛地而不住生死亦不住涅槃。是故八地菩薩雖已於多世前之初地滿心位，能證慧解脫果而不取證，雖於三地滿心位能證滅盡定俱解脱果而不取證，雖於六地滿心位中親證滅盡定，成俱解脱，仍不取證無餘涅槃；雖於七地滿心位念念住滅盡定，然亦不取證無餘涅槃；今已證得八地無生法忍，念念之中皆能入無餘涅槃，非諸二乘聖人所能知之，然亦不取證無餘涅槃，故皆是親見滅度寂靜三昧門之安樂者。此諸菩薩如是作爲者，皆因十無盡願之本願所攝持故，及因哀愍衆生之輪轉生死故，成就大悲之心；復因至八地已，能多分了知、多分解了十無盡願之句意，及因了知涅槃之本際，於涅槃不復如二乘聖人之作妄想，故能如此。

二乘無學聖人未曾親證涅槃，故於涅槃作涅槃妄想；菩薩不然，實有涅槃可證，證已則知涅槃本有，非從修得，非不修而能得。所以者何？謂：涅槃既是滅除自我，滅除自我之後，尚無二乘聖人之我能證涅槃，何曾有涅槃之可修證者？然菩薩親證涅槃之實際，證知無餘涅槃之中實是自心如來——第八識異熟心，是故證得第八識心者，即是親證涅槃實際者；而此第八識涅槃實際，從無始以來即不生不死，未曾有生死之可言者，是故涅槃非從修得，本已存在。然若不曾修學大乘法、不參禪而究明自心如來，則亦不能證知無餘涅槃之實際，是故非不修證而能得，故說非修非不修。菩薩如是親證涅槃之實際已，當知即是親證涅槃者，未入無餘涅槃之前，尚有五陰之時，已經確實了知無餘涅槃之實際，故說菩薩方是親證涅槃者；二乘聖人未曾證知無餘涅槃之實際，故說二乘聖人捨壽時雖然能入無餘涅槃，然非是親證涅槃者。

菩薩了知涅槃之本質與實際，故於本來自性清淨涅槃、有餘依涅槃、無餘依涅槃，悉無妄想；如是證已，了知無餘涅槃中之絕對寂滅清淨，心不動搖，是故由此親證而了知「滅度三昧門」之法樂。由如是親證故，菩薩於涅槃正理不墮二乘所墮之涅槃妄想中，是故佛說菩薩「不妄想涅槃想」，意在此也！十無盡句即是十無盡願，乃是地上菩薩於初入地時所發起之增上意樂；學人欲知者，請逕閱《華嚴經》即知，文長故，不於此處解釋。

由於菩薩已於涅槃實際確實證知故，不於涅槃生諸虛妄想；由不生涅槃之妄想故，遠離能取與所取之種種妄想：了知無有涅槃可取，了知能取涅槃之覺知心與思量心皆是虛妄法，了知取無餘涅槃時唯是自我滅除爾，實無無餘涅槃之境界可取也；菩薩如是現觀故，遠離二乘聖人所墮能取之心與所取之涅槃等妄想，現前覺察了知涅槃亦是自心現量；由此緣故，於一切法中，不復出生虛妄之想，亦不墮於凡夫及外道所墮之心意識妄想中。

凡夫及諸外道，由於未能親證涅槃之實際，故於心意識等三法生諸臆想，不了實際，悉皆墮於自心如來以外之種種法性中，墮於心外諸法之自性相上，作種種誤計與執著之妄想。菩薩已經遠離如是妄想，「非佛法因」不復出生，不再隨諸衆生之輪轉於能取所取境界中，而亦不取無餘涅槃。捨壽後重受來世生者，乃是隨於般若智慧而發願受生人間，繼續自度度他；如是世世轉生，乃至最後證得如來自覺之地位。

「如人夢中方便度水，未度而覺；覺已思惟：『為正為邪？』非正非邪，餘無始見聞覺識因想，種種習氣，種種形處，墮有無想，心、意、意識夢現。大慧！如是菩薩摩訶薩，於第八菩薩地，見妄想生──從初地轉進至第七地，見一切法如幻等，方便度攝所攝心妄想；行已，作佛法方便，未得者令得」：

譬如有人在夢中欲渡過大河而不能渡，正在廣設方便之時，忽然醒覺而知是夢；醒覺已，便作如是思惟：「方才夢中所見境界，以及夢中所作欲度大河之種種方便事務，究竟是眞實事？是虛妄事？」詳審思惟已，便知此等夢中所作諸事，既非虛妄事，亦非眞實事，唯是因為見聞覺知而識知種種世間之事務，如是無始以來無量世中不斷熏習而成為習氣，以如是習氣為因，所以有此世夢中之種種覺察了知；因為往世無始熏習之故，今生夢中便有種種習氣、種種身形與色法之種種形色顯色，以及自身所處種種夢中世界處所，因此而在夢中墮入諸法有無等覺察與了知之中；其實此等皆屬非正非邪、非眞非假，皆是從自心如來、意根、意識之配合運作，所以會在夢中出現。

夢境非正非邪，不可謂為純妄，不可謂為純眞。夢境本是內相分，與外相分無涉；然若從長遠時間而言，則是外相分之延展。此謂夢境中所顯現之境界，固亦有此世所未曾經歷者，然是無始世來所曾熏習之事，於緣熟時，在此世夢中忽然出現，故不可說為純是虛妄夢境，依往世現實世界中之熏習而在此世夢境中出現故。然若說為純眞之正法，則亦有過，謂夢境中事，非是現實世界中之眞實法故。設使現實世界中之一切法現前，尚且不得說之為眞實法，何況夢中諸事？由是緣故，說夢中事件非正非邪，皆是往世之無始熏習所成種子，故於夢中有種種形處與習氣等現前，而於夢中產生了諸法有無等想，妄受夢中境界之苦樂，其實皆是依於意根之遍計執性及意識之覺想，而從自心如來中顯現夢中種種內相分之境界。

如是，第八地之菩薩，於世間法中親見如是種種境界、種種事務、種種苦樂、種種世間與出世間法，皆與如是夢境之非正非邪無異，如是親見虛妄想之如何出生。由親見虛妄想出生之緣由故，便得完全了知諸地之法道：了知如何從初地轉進至第七地之法道。由如是緣故，親見一切法悉皆如夢如幻，成就如幻三昧，是故於一切法起平等見，不作眞實與虛假之見解。如是自己處於非眞非妄之境界中，心生慈悲而廣設方便，爲諸衆生宣說諸法之虛妄，令離妄法執著；衆生由是宣示正理故，終能證得常住不壞之自心如來，了知眞實常住之法性，般若智慧則漸出生；般若出生已，便能漸漸遠離能取心與所取境之執著。

如是八地菩薩由於自身親從初地轉進而至八地，能度化衆生同得如是修證境界；彼諸衆生，如是依之修證已，亦將同作如是種種佛法修證上之方便事，轉度餘諸衆生，同證如是解脫與般若境界，令諸未度者得度、未得者令得。苟能如是，則佛種不斷，世尊之法舍利因此住世不斷，必可預期也。

「大慧！此是菩薩涅槃方便不壞，離心、意、意識，得無生法忍。大慧！於第一義，無『次第、相續』，說無所有、妄想寂滅法」：

如是修證涅槃者，方名菩薩所證涅槃，迥異聲聞緣覺所修證之涅槃也。

如是菩薩所修證之涅槃，具足證得無餘涅槃之本際，確實證知涅槃唯是自心如來之境界，了知若離自心如來則無涅槃之可修證、之可證得；如是證、如是知，方可謂爲具足方便法者，方可謂之爲不壞滅之涅槃也。非如聲聞緣覺之知涅槃非是斷滅，而不能證知涅槃之實際，故不能確認涅槃非是斷滅法，唯是信佛語故，知涅槃非是斷滅法。八地菩薩如是證得涅槃實際者，了知一切法如幻等，名爲證得如幻三昧；如是八地菩薩，從此永離執著自心如來之習氣，永離意根自我執著之習氣，永離意識自我執著之習氣，了知一切法從自心如來而生而顯，從此不墮涅槃寂滅境界之執著，亦不墮於世間法一切境界之執著，如是而得八地無生法忍。

初地滿心位起，悉皆如是分分修證此一無生法忍，至於八地而得具足成就如幻三昧。是故，於第一義諦而言，諸地其實並無次第可言，亦無下地至上地之相續相可言，皆是依於自心如來、意根、意識三法上，續作自心現量之微細觀察實證爾；自身實證確知已，亦爲衆生宣說如是無所有法、宣說如是世間妄想等知見、宣說如是涅槃寂滅之法。

爾時世尊欲重宣此義而說偈言：

心量無所有，此住及佛地；去來及現在，三世諸佛說。
心量地第七，無所有第八，二地名爲住，佛地名最勝。
自覺智及淨，此則是我地；自在最勝處，清淨妙莊嚴；
照曜如盛火，光明悉遍至；熾燄不壞目，周輪化三有。
化現在三有，或有先時化，於彼演說乘，皆是如來地。
十地則爲初，初則爲八地，第九則爲七，七亦復爲八。
第二爲第三，第四爲第五，第三爲第六，無所有何次？

疏：《爾時世尊爲欲重新宣示如是眞實義理，故說如是偈：

一切法皆是自心如來所顯現之事實，除此以外就沒有一切法可說了；
如是修行而安住於諸地境界及佛地境界，
乃是過去未來諸佛所說的法，
也是現在十方世界一切諸佛所宣說的佛法。
自心現量的境界是第七地菩薩所住的境界，
一切法無所有，皆是唯心所現的境界，是第八地菩薩所住的境界；

第二地菩薩名爲開始住在此境界中的人，
究竟佛地則是住於此自心現量境界的最殊勝者。
如是內心自覺之智慧以及究竟清淨，
這就是我釋迦牟尼所住的境界；
就好像世間最殊勝快樂的大自在天王所住的境地，
諸佛住在最清淨、最微妙的種種莊嚴境界中；
光明照耀猶如最盛大之火焰，光明遍至一切世界普照衆生，
如是光明雖然熾盛猶如烈焰，卻不會損壞衆生的眼目，
如此普周一切世界而度化三界有之一切衆生。
諸佛化現在三界有之中，或有先時化現而度衆生者，
諸佛於彼所化現之處，各各演說三乘菩提諸法，
這都是如來地所化現之功德妙用。
在第一義之眞實理中，十地即是初地，
初地則是第八地，第九地則是第七地，第七地亦復是第八地；
第二地即是第三地，第四地即是第五地，第三地即是第六地，

其實諸地並沒有任何世間境界可說，何來十地之次第相呢？》

解：「爾時世尊欲重宣此義而說偈言：心量無所有，此住及佛地；去來及現在，三世諸佛說」：一切有爲法，皆從自心如來直接或間接出生，復依自心如來而漸次壞滅；一切無爲法，皆藉自心如來而間接顯現，依自心如來而示現於三界有之中。若如不迴心之定性聲聞捨壽而入無餘涅槃時，則一切無爲法亦隨之不能顯現於三界有之中；由是緣故，說一切法皆無恆住不壞之體性，說自心如來出生及顯現一切法者，乃是現量之事實，名爲自心現量。除此以外，根本無有一切法可言，故我 釋迦牟尼佛開示言：心量無所有。

復次，自心如來生顯一切法時，自體卻於六塵萬法始終不動於心，從不分別六塵萬法，從來不了知六塵萬法，從來不貪厭六塵萬法；乃至學佛者於修習佛法之過程中，於三十七道品法專注修習時，陰界入…等萬法現前運行不輟，而自心如來於如是境界中，常住本來自性清淨涅槃之「無境界」境界中。於自心如來之自住境界而言，既無五陰、十二處、十八界，亦無六塵萬法，亦無佛法世間法，亦無三十七道品法；一切六塵萬法皆空，皆不與自心如來相應。是故《心經》中說「是諸法空相」，謂於自心如來之自住境界而言，實無如是等法可言。依自心如來而言，實無如是諸法可言，故言「心量無所有」，如是境界即是自心如來所住之現量境界。

諸地菩薩證悟般若種智者，悉皆如是修行、如是安住。諸地菩薩所安住之如是境界，諸佛所安住之如是境界，乃是過去諸佛、未來諸佛所同樣宣說之正法；今時之他方世界中，諸佛亦宣說如是正法，所說諸法悉皆如是無異，皆與 釋迦世尊所說者無異。

「心量地第七，無所有第八，二地名為住，佛地名最勝」：現前觀察自心如來出生及顯示一切法之現量境界，乃是第七地菩薩所住之無生法忍境界；第八地菩薩則是現前觀察一切法如夢如幻，皆無所有，皆是唯心所現之境界，是故其心安住於自心現量，不動轉於一切法，如是名為第八地菩薩所住之無生法忍境界。

初地滿心而轉入二地之菩薩，即是開始住於此境界中者，此乃由於初地滿心位中，能現前觀察一切六塵萬法，悉皆由自心如來所現，而證得「猶如鏡像」之現觀，是故轉入第二地中，開始入住如是諸地所住親證自心現量之境界。由於歷經諸地之現觀自心現量，其慧轉細轉深，故無生法忍慧益加勝妙，最後至於究竟佛地，於自心現量無所不知，無生法忍究竟圓滿，一切種智圓滿成就，則是住於此自心現量境界之最殊勝者（諸地現觀境界之略要，詳見拙著結緣書《大乘無我觀、燈影》二書）。

「自覺智及淨，此則是我地；自在最勝處，清淨妙莊嚴；照曜如盛火，光明悉遍至；熾燄不壞目，周輪化三有」：等覺菩薩修集無量福德圓滿，因此而成爲最後身菩薩；此最後身菩薩爲度衆生，令生信心故，示現入胎而有人身，隱藏其智慧與威德神力，示同衆生之爲無始無明所蓋，遍學當時諸外道善知識所傳涅槃…等智慧；一一證已，復一一爲彼外道說明其謬誤之所在。最後身菩薩在人間證悟成佛時，皆是自覺自悟，不依他人而悟。如是自覺聖智，必須具備兩種條件：一者煩惱障習氣種子已經究竟清淨，二者無始無明隨眠已經斷盡，由是二緣，斷盡分段生死與變易生死，究竟二種無我智，於自心現量境界具足修證，四智圓明，方名爲佛。具足如是境界者，皆必示現於人間而自覺自證，不依於他，故說「自覺智及淨，此則是我（佛）地」。

如是內心自覺之智慧以及究竟清淨，即是 釋迦牟尼佛所住之境界。猶如世間最殊勝快樂之大自在天王所住境地，諸佛住於最清淨、最微妙之種種莊嚴境界，爲聲聞緣覺及諸菩薩之所不及。諸 佛世尊光明照耀，猶如三界中最盛大之火焰，其所散發之光明，遍至一切世界普照衆生；如是光明雖然熾盛猶如烈焰，然非物質熱惱之光；其光雖強，絕不損壞衆生肉質眼目，如是普周一切世界而度化三界中之一切衆生。

「化現在三有，或有先時化，於彼演說乘，皆是如來地」：諸佛境界不可思議，常常化現於三界中；亦有先於衆生得度之緣未熟時，先行化現爲天神天人……等形像，唯說如來名義而不解釋之，而以宣說人天善法爲主，如是以度衆生者。俟衆生得度之因緣成熟時，諸佛方於後時化現爲佛身、出家菩薩身、在家菩薩身等形像，於所化現之處，各各演說三乘菩提諸法；如是化現者，皆是如來地所化現之功德妙用。

「十地則爲初，初則爲八地，第九則爲七，七亦復爲八；第二爲第三，第四爲第五，第三爲第六，無所有何次？」

如是，諸佛將修道位之菩薩地分布爲十地，乃是爲令諸菩薩悉皆了知修行成佛之道次第，得以次第進修轉進，最後終得成就佛地功德。若不如是分布者，則菩薩於修道位中，即難以迅速轉進、難以迅速成滿無生法忍功德，是故諸佛將菩薩修道位分布爲十地。若究其實，於第一義諦之眞實理中，初地住心所修者與十地住心所修者，同是自心現量；初地住心修習無生法忍而至滿心位所得之鏡像現觀，與八地所修得之如幻三昧，同是自心現量；如是，九地同於七地，七地同於八地，二地同於三地，四地同於五地，三地同於六地，皆是自心現量之境界，皆是於自心現量上作更深細之觀行，因此而證知前所未知之八識心王更微細之運作爾；於諸地轉進之過程中，其實皆無任何世間境界可說，皆同是自心如來之現量境界而已，非如世間相之有所差異可言；如是以觀，何有十地之次第相？是故 佛說「無所有何次？」

爾時大慧菩薩復白佛言：「世尊！如來應供等正覺，爲常？爲無常？」佛告大慧：「如來應供等正覺，非常非無常，謂二俱有過。常者，有作主過。常者，一切外道說作者。無所作，是故如來常非常，『非作、常』有過故。若如來無常者，有『作、無常』過，陰所相，相無性，陰壞則應斷，而如來不斷。大慧！一切所作皆無常，如瓶衣等，一切皆無常過；一切智、衆具方便應無義，以所作故。一切所作皆應是如來，無差別因性故，是故大慧！如來非常非無常。復次大慧！如來非如虛空常；如虛空常者，自覺聖智衆，具無義過。大慧！譬如虛空，非常非無常。離常無常、一異、俱不俱、常無常過，故不可說，是故如來非常。復次大慧！若如來無生常者，如兔馬等角，以無生常故，方便無義；以無生常過故，如來非常。復次大慧！更有餘事知如來常，所以者何？謂無間所得智常，故如來常。大慧！若如來出世，若不出世，法畢定住。聲聞、緣覺、諸佛如來，無間住；不住虛空，亦非愚夫之所覺知。大慧！如來所得智，是般若所熏；如來非心、意、意識，彼諸陰界入處所熏。大慧！一切三有，皆是不實妄想所生；如來不從不實虛妄想生。大慧！以二法故，有常無常，非不二。不二者寂靜，一切法無二生相故。是故如來應供等正覺，非常非無常。大慧！乃至言說分別生，則有常無常過；分別覺滅者，則離愚夫常無常見、不寂靜。慧者永離『常無常、非常無常』熏。」爾時世尊欲重宣此義而說偈言：

衆具無義者，生常無常過；若無分別覺，永離常無常。
從其所立宗，則有衆雜義，等觀自心量，言說不可得。

疏：《爾時大慧菩薩復白佛言：「世尊！如來應供等正覺，是常？還是無常？」佛告訴大慧菩薩：「如來應供等正覺，非是常，亦非是無常，我這樣說的意思是：說如來常，或者說如來非常，都是有過失的。如果如來是常的話，就有作主的過失。主張爲常的說法，就成爲一切外道所說的能作世間萬法的造物主了。然而如來並沒有外道等人所說的憑自己就能創造世間的事相，所以如來的常，非如外道所說的常，如來無所作，而說之爲外道所說的常，那是有過失的。如果反過來說如來是無常的話，那又有能作及無常的過失了，那就落入五陰能所的法相中了。然而五陰的能所相並沒有常住不壞的自體性，這樣一來，五陰壞滅的時候，應該如來也會成爲斷滅的法了，然而如來卻是不斷壞的法。

大慧！一切所作的法都是無常的，猶如瓦瓶與衣服等物，一切皆有無常滅壞的過失；如果如來是所作的法，那麼一切智的修證，以及種種具足方便而利衆生的功德事相等，便都應該沒有意義了，因爲都是所作法的緣故。也應該一切所作的法都是如來，因爲並沒有差別因的體性的緣故，所以大慧啊！如來不是常，也不是無常。

復次大慧！如來不是猶如虛空一樣的常；如果是像虛空一樣的常，那麼如來所證得的自覺聖智的種種功德，便都會有『無意義』的過失。大慧！譬如虛空，是非常亦非無常的，遠離常與無常、一與異、俱與不俱、常無常等過失，所以不可說虛空常或無常，由此緣故而說如來非是常。

復次大慧！如果如來是因為『無生所以無法』的常，那就像是兔子或者馬等動物頭上的角一般，因為都是沒有法出生的常，而有過失的緣故，則如來示現在人間利樂眾生所作的種種方便，就成為沒有意義了。所以說：如來不是像兔角和馬角的無生之常，而說如來非是常。

復次大慧！更有其餘別的事相上可以了知如來是常，為什麼呢？這是說：如來是依於從來不曾剎那間斷的法而修證的緣故，所證得智慧是常住不斷的法，所以如來是常。大慧！不論如來有出現於世間宣說這個常住法，或者如來不出現於世間宣說這個常住法，這種從來不曾剎那間斷的法，都是畢定常住於三界世間中的。聲聞、緣覺、諸佛如來，都是無間而住的，不是住於虛空的，也不是愚癡的凡夫所能覺察與了知的。

大慧！如來所證得的智慧，是般若智慧所熏習出來的：如來並不是世間凡夫所知的心、意、意識；凡夫所知的具足阿賴耶識性的心、以及意與意識，是在五陰十八界六入十二處等有爲法上熏習而成就的。大慧！一切的三界有，都是不眞實的虛妄想所出生的法；如來卻不是從這種不眞實的虛妄想的熏習而出生的。

大慧！因爲二取法這兩種法的緣故，所以才有常與無常的看法，這種常與無常的看法並不是絕待的不二法。不二的法一定是寂靜的，而三界中的一切法都不是能出生二取法的緣故。所以說如來應供等正覺，不是常，也不是無常。大慧！乃至言說分別出現的時候，就已經有常與無常的過失了；如果分別常與無常的覺觀消滅的時候，就離開了愚癡凡夫的常與無常的世論見解，也離開了不寂靜的境界了。證得般若智慧的人永遠離開常與無常的熏習。」

爾時世尊欲重宣此義而說偈言：

所說諸法會使得種種修行功德變成沒有意義的人，
他們所說的法會產生了常與無常的過失，
如果離開了分別諸法的覺觀，就永遠離開常與無常的戲論。
如果跟隨他們那些主張常或無常的人而建立宗旨的話，
就會有種種雜亂的義理出現；

如果能夠平等觀察自心出生顯現一切法的事實，就會知道：從實相上來說，其實所有的言說都不可得。》

解：爾時大慧菩薩復白佛言：「世尊！如來應供等正覺，為常？為無常？」

自古至今，佛門弟子於 佛所教授之般若慧，一向多所誤會；彼諸誤會者所常舉說者，即是佛陀為常？為無常？如是言論乃至成為佛弟子間之諍論，歷經二千餘年，至今仍有戲論不斷，載於書中流傳。此乃古今必然之事，今時乎實縱或盡情盡理而述之，後時仍將有人於如來之「常與無常」而作戲論諍辯也。然而今時何妨藉大慧菩薩古時之請益於 佛等經文，而作論述；未來之世，此詳解若能繼續流通不斷者，或可除此戲論，亦未可知。

如來究竟為常？為無常？於此不明，而作種種辨正，即是古今皆有之「空有之諍」也。譬如印順、昭慧、傳道法師等人，每依印順之邪見而認同之，同作是說：**釋迦佛滅度已，實無報身佛常在色究竟天宮中宣說種智妙法。**認為釋迦佛入無餘涅槃而滅度已，並無本際或實際之第八識眞如存在，猶如灰飛煙滅，並無一法實存，皆是緣起性空故，一切法空故。由是邪見，不認為 釋迦佛應化身滅度後，留有圓滿報身之解脫色，繼續度化眾生。彼等諸人墮於陰界入諸法性相之中，墮於世俗法而不能證得二乘菩提之世俗諦，仍執意識細心爲常住不壞法故；是故彼等諸人皆不能跳脫於三界有法，皆依如是誤會之世俗諦而演說「佛法」—依三界有法之緣起性空而說佛法，致令本來中道性之三乘佛法，成爲斷滅本質之一切法空說，故令非斷非常之如來，成爲死後斷滅之空無。

於如來藏系諸經已有修證者，爲破如是斷滅見者，乃出而宣示：如來滅度之後，絕非斷滅，尚有三大無數劫所修集而得之解脫身、自性法身，住持於三界中之色究竟天，常說一切種智妙法，以利往生色究竟天之地上菩薩。西藏密宗應成派中觀見之印順、昭慧、傳道法師等人，聞之不解其意，便謂如來藏系經典之修證者所說法義爲「墮於三界有之中」，將此諸證悟聖者之法義辨正，作諸錯誤之定位，說諸地菩薩主張阿羅漢入滅後尚有自心如來藏不滅之說，乃「是主張滅後尚有三界有者」，完全不知阿羅漢滅後尚餘之第八識之體性，謂第八識同於外道常見之有，謂第八識同於三界之有；如是誤會已，便說如是墮於斷滅空者與證悟聖者之法義辨正等事相爲「空有之諍」，完全不解「空與有」之正義也。

空者，如前所言：有空相與空性二法，空相謂世俗諦所言之陰界入萬法緣起性空，空性謂勝義諦所言之陰界入萬法之實相心，請詳前文所說，茲不復舉。有者則是意識心及意根心，皆是三界中之有法故；如來藏則非三界有，是第八識心故，是出三界之無餘涅槃之實際故，不得誣謂為有也。若人了知空與有之定義，則無空有之爭可言也，則見唯是未悟空性之人，不服證悟者親證般若之後所說如來藏正法，出而誣之為墮於有中者。諸佛於人間滅度後，轉入色究竟天之圓滿莊嚴報身與自性法身等事則且置，單說決定性之不迴心聲聞阿羅漢入無餘涅槃一事以論，則知印順等人所謂之「空有之諍」者，乃是彼等諸人錯會證悟聖者之意已，然後再作妄解而指說「證悟如來藏者墮於有中」也：

決定性之阿羅漢滅度已，尚有實際不滅；實際者，謂第八識也。第八識不得謂之為有，非是三界有之法故，不在三界有之中故，非是五陰十八界所攝之世間有故，是五陰十八界等法出生之根源故，是阿羅漢滅盡「十八界有、三界有」而入無餘涅槃後之實際故。

如是第八識，於四阿含諸經中，佛已處處隱覆密意而說，聲聞人聞之不解，亦不能證之；諸不迴心大乘之阿羅漢，雖曾從 佛聞知，知有此心，而未能證，故於般若正理不能了知其意趣，然皆不墮印順、昭慧、傳道等人所墮之斷滅空中，信 佛語而知必有此實際第八識故，由聞 佛語而知入無餘涅槃後非是斷滅空故。菩薩則不然，聞 佛語已，能親自覓求此如來藏，有智能證自心如來之所在，證知自心如來之運作粗相乃至細相、極細相等，故能發起般若之總相智、別相智，乃至次第進修而得佛地之一切種智，因此成佛。

是故阿羅漢聞佛語而信受故，知無餘涅槃非是斷滅空，如是事實仍載於《阿含經》中，印順、昭慧、傳道等人渾然無知，不曉此理，墮於一切法空之斷滅見中。由如是誤會之故，更來否定大乘賢聖證悟後所言之無餘涅槃實際為三界有之法。然此涅槃實際，乃是滅除一切三界有之後，所餘不住三界之法，超脫於三界有之外者，焉得謂之為三界有之法？既非是三界有之法，則不應說之為執著三界有者，則不應說之為墮於有者。

既然大乘賢聖所證之自心如來非是三界有之法，印順、昭慧、傳道等人則不應說此等證悟者所說自心如來之正法為三界有之法也，則不應贓誣如是賢聖為護持真正佛法教義所作之辨正為「有宗與空宗之諍」也，親證如來藏者不墮於有宗之中故，所證非是三界中有故。應說之爲弘傳正法者所作，對錯悟者之法義辨正也，絕非是與印順、昭慧、傳道墮於斷滅空者互相間之諍論也，本質是宣說了義正法之故，非是宣說三界有之法故，本質非是與印順、昭慧、傳道等墮於斷滅空之人而作論諍故，乃是指正印順、昭慧、傳道等人所墮之斷滅外道見故。

眞悟者所說法義辨正之言，既合　佛旨，則是弘傳正法，則是指正下地凡夫衆生之正語、之開示，不得謂爲諍論也；印順、昭慧、傳道等人錯會法義而墮於斷滅空者，對於宣示正法者所說之言論不能信受，不肯重檢諸經佛語而虛心探究，起而爭執，誣說爲有宗對空宗之諍論；如是言語方是諍論也。是故研究佛教史之印順、昭慧、傳道等學者，所謂之「空有之諍」者，唯是彼等諸人依於凡夫知見所作之言語戲論，唯墮佛教法義弘傳事相之表相中，而說「空有之諍」也，佛教眞實法義之弘傳史上，其實無有彼等所謂之「空有之諍」也，唯是證悟者對彼等墮於斷滅空者之指正爾，唯是彼等墮於斷滅空之錯會者，不服眞悟者所說言語而作之諍論爾。唯有彼諸未悟錯悟而不服證悟者所說法義時，所作之言語狡辯，方可說是「空有之諍」也；是故空有之爭，只存在於彼諸墮於斷滅空者之間，不存在於眞悟如來藏者之間；眞悟者所說諸法不墮於斷滅空無故，亦不墮於三界有故。

錯會者所說，則墮於三界有及斷滅空故，悉依三界有而說一切法空故；所說緣起性空等理，不能外於三界有法而獨存故。大慧菩薩有鑑於此，知未來世必有如是墮於一切法空之斷滅見者破壞佛教正法；爲令正法久住，故於佛前而爲衆生請益，令當時及未來世衆生得以聆知佛意；今日平實方得據此寶經眞理而宣示大乘佛法正義，滅除印順、昭慧、傳道等人所弘傳之斷滅空法，滅除彼等所弘傳之藏密應成派中觀邪見，以利今時及後世行人。

佛告大慧：「如來應供等正覺，非常非無常，謂二俱有過。常者，有作主過。常者，一切外道說作者。無所作，是故如來常非常，『非作、常』有過故。若如來無常者，有『作、無常』過，陰所相，相無性，陰壞則應斷，而如來不斷」：

如來應供等正覺，非常亦非無常，世尊如是言者，意謂：言常者有過，言無常者，亦有過故。若言如來常，常則應不變易，不變易者則不應爲一切法之作者；然而一切人證悟已，於此自心如來久作觀行後，皆悉現見一切法由自心如來所作，乃至今時之證悟者亦可比量而見世尊之五陰實由世尊之自心如來所作，非可離於自心如來而有當時之世尊五陰身心也。是故，若言如來是常，常則自體內外皆不變易，不變易則無能作之功；無能作之功，則不能出生一切法，則同頑石無情一般無二，尚無世尊與我人之五陰身心，何況能有三乘佛法可言耶？如是，自心如來若是常者，則自心如來不應是一切法之能作者，則非能作之主體，故有「造作萬法之主」之過失。

然若因此「如來非常」之故，便言如來是有變易、是無常者，亦有過失。此謂自心如來若是有變易者，則自心如來必是生滅之法；若是生滅之法，則如是有滅之法，於其滅已乃是無法，無法則不復能生諸法，則應一切有情死已，意識滅已，成為斷滅，不應尚有來世五陰現起，不應尚有三世因果可言也，意識不能去至後世故，意根不能執持種子故，意根乃依涅槃之實際而存在故，非是自己本來已在之法故。由是緣故，自心如來亦非是有變易之法也。故說自心如來乃是「非常亦非無常」之法也，非常者謂所藏一切種子非無流注生滅也，故能出生三界萬法；非無常者謂體恆常住不壞不斷也，亦謂自心如來自體之運作功德不變易也，亦謂自心如來自體之本來自性清淨涅槃之性，恆常不變也，是故自心如來非是無常之法。

云何自心如來非是有變易之法？亦非是無變易之法？謂自心如來體恆，無變無壞無斷，常住不絕，無始劫以來恆如是性，至今亦無絲毫改易其性，至今仍賡續其性而無改易，是故如來體非有變易，是故其體恆常；於無變易之整體中，含藏無量無數種子，如是種子涵攝有漏法種與無漏法種，涵攝無為法種與有為法種，世出世間一切法種悉皆涵攝無餘；如是法種經由隨順世間出世間法之熏習，世世轉易改變。由有如是可變易之法種，及體恆常住不斷不壞故，自心如來可藉常恆之體所含藏之可變易種子而變生一切法，故無違背「自心如來是能創作萬法之主體」之過失。若言自心如來無常者，則違「自心如來能創作萬法、是萬法之主」之事實，則與萬法「作之主」相違，則有「作之主」之過。

然而上述自心如來之作萬法之主者，迥異外道所主張之「常」法，迥異印順、昭慧、傳道等人所說三界有法之創作主，絕非印順法師所誣蔑之外道神我、梵我之法。一神教外道言「造物主常，作一切世間萬法之造物主常，一切衆生與萬物無常」，彼所言常，乃謂虛妄想所施設之能作世間萬法之造物主，非同自心如來之體恆常住而有種種功德也，而彼造物主之體性亦墮三界有中，不外於神我、梵我之屬，其體非是能出離於三界有者，乃是三界有之法也，迥異於自心如來之「體非三界有」而能生三界有也。

印順、昭慧、傳道等人渾不知此，而誣蔑自心如來、自性彌陀爲外道神我梵我，誤會至鉅。由是正理，故說彼等諸人方是「空有之爭」之主角；彼印順、昭慧、傳道等人墮於一切法空者，即是空宗之基本教義派信徒故；爲恐他人譏其墮於斷滅空故，別行建立意識細心爲不滅之法，而復墮於三界有中，又成爲有宗之基本教義派信徒。如斯等人所言如來藏是三界有，是外道神我梵我者，即是墮於空宗所墮之偏見中者；如是而對親證如來藏之不墮空有中者，作諸破斥，誣蔑爲墮於有中者，正是今時「空有之爭」之主角也。

證悟如來藏之一切賢聖諸人，皆不墮於一切法空之斷滅空中，亦不墮於三界有中，故其所作之破邪顯正之說，皆與「空有之爭」無關，純是護持正法而作之法義辨正爾。故說今時台灣佛教界仍有「空有之爭」之戲碼尚在演出，然只是印順、昭慧、傳道等人在獨自演出，平實則站在「空有之爭」之舞台外，而指正印順、昭慧、傳道等人之錯誤邪見，不與其同演「空有之爭」

也，早已出脫於空有二邊故。

自心如來，非如彼等外道所言之「唯憑自己之意而創造世間及所有人物動植物等事相」，非是由一自心如來而創造三界世間及諸有情者，乃是說各各有情之身心，皆由各自唯我獨尊之自心如來而創造，非由唯一之造物主而創造全部之有情身心；乃是說器世界由共業有情之自心如來所含共業種，而共同感應生成，其中並無欲造世界之意志，與外道造物主具有創造世界意志之說迴異。亦非是由一事相上之如來，創造世界及所有衆生身心，故無外道「創作萬物之主」之過失。故說如來之常，非如外道神我梵我所說之常。

印順法師等人不知此義，妄說大乘諸經所言如來、藏、我、眞如…等名所說之自性彌陀（自心如來），是外道所言之神我梵我。更誣蔑說：大乘諸經是後來之佛弟子長期結集創造者，是與外道之神我、梵我合流。如是邪見，嚴重誤會 世尊正法義理。外道如是創造世間及有情身心之神我與梵我，乃是由唯一之神我，生起欲造世間與萬物之意志，而後創作萬物；佛所說之自心如來，則是有情各各皆有、而各自獨立之第八識心——如來藏。於感應生成器世界時，亦無欲造世界之意志可言，不曾一念生起欲造世界之意志，故無「造物主」之過失；印順、昭慧、傳道等人所說外道之神我梵我者，則是一切有情共屬唯一之造物主，則是能生起欲造世界之意志者；佛所說者則是各各有情皆有各自能作之主者，然非是作主之心，從來不起一念欲造世界、欲造衆生身心之意志故。

印順、昭慧、傳道等人所說之外道神我梵我者，爲三界中具有有情五陰色身及六識心之天神—造物主，爲具有事相上三界有之能作者；佛所說之自心如來者，爲非屬三界內、而且非是天界有情五陰色身七識心之天神天主，非是具有事相上三界有之能作者。能創作世間之外道神我，乃是五陰身心之天主；自心如來則是純說第八識自心，迥異五陰相；外道神我之造物主，具有五陰相，而其五陰相則是由彼造物主之自心如來所出生者。

如是，佛所說之自心如來、自性彌陀，乃是外道神我之五陰身心中亦有之根源—自心如來，乃是第八識心，與外道神我之爲五陰身心，其差別極爲明顯，體性迥異，而印順法師竟可以說之爲同於外道神我、梵我。如是差別，於中文譯本之大乘經中，處處明說，絕非未說；然印順、昭慧、傳道等人，久讀、遍讀中文譯本已，竟未之知，不禁令人懷疑：印順等人究竟懂不懂中國字？究竟懂不懂中國語言之文法？竟然嚴重誤會至此地步！

復次，自心如來無所作，無有覺知心作主心之意志，若說之為外道所說之常，則有過失。自心如來雖生各人之萬法，然自心如來於其所生萬法，離能作所作之心法：不於六塵萬法而生分別與執著，不於六塵萬法而起貪厭心行，不於六塵萬法生起造作善惡業之心行，不於六塵萬法生起欲加創造、或欲加消滅之心行，迥異外道之神我與梵我，焉得妄說「如來藏富有外道神我梵我色彩」？

復次，自心如來唯是心，既無欲界身亦無色界身，亦非是無色法之意識意根心，從來不墮六塵萬法之中，是故自心如來非是能作與所作之法。一神教之神我梵我，則是三界身及六識心具足和合之有情眾生──名為天神、唯一之神、造物主。如是「唯一」之神，由於具有身心五陰故，出生意志力，起意而造天地萬物及諸有情，起意寵愛符合其意志之有情，令生天堂受樂；起意而厭惡違其意志之有情，死後將之審判而罰入地獄永受極苦，永遠不得出離。

如是外道神我梵我者，乃是於六塵萬法生起心行而有所作、有能作之三界中身心有爲法；外道雖然說之爲常，其實非常，乃是有爲變易生滅之法。如是「作主」之常，既有三界身心，迥異 佛所說自心如來之唯心而無三界身心：一者爲有作之法，一者爲無作之法，兩者差異豈只天壤之別？然印順爲弘揚其繼承於西藏密宗黃教之應成派中觀邪見，竟將如是明顯之差別，故意視而不見，爲否定自己所不能親證之第八識故，強言第八識自心如來即是外道之神我或梵我，其乃居心叵測之人也。是故如來於六塵之無所作、之無爲，與外道所言之常、而在六塵法中能作種種貪厭之神我梵我者，完全不同，故不可說自心如來之常、同於外道神我之常也，外道神我非是眞實常故。由是自心如來非常非無常之正理、之事實故，若有人說言自心如來是常者，則有過。

反之，若因此而言如來是無常，則有能作及無常之過，即墮五陰能所之法相中。世尊所說之如來，實言自心如來也；自心如來非是五陰相，一向離於六塵萬法之能作與所作；舉凡六塵萬法之能作與所作，皆是五陰身心之事相，自心如來不於其中生諸善惡心行故，不於其中稍起貪厭之心行故。若言自心如來是能作六塵法中之善惡行者，則自心如來即同五陰；然五陰之能所相，絕無常住不壞之自體性，如是，無常之自心如來既有能作與所作，而墮於五陰體性中，則同於五陰等法；則五陰將來壞滅時，自心如來亦將成爲斷滅之空無法，然而一切自心如來卻是不斷壞之法。如上所言者，乃是我正覺同修會中已經證悟者，皆所親證及現前觀見者，非唯平實一人之所能見能證也。

「大慧！一切所作皆無常，如瓶衣等，一切皆無常過；一切智、衆具方便應無義，以所作故。一切所作皆應是如來，無差別因性故，是故大慧！如來非常非無常」：一切所作之法皆是有爲無常，猶如瓦瓶與衣服等物，一切皆有無常終必滅壞之過失；此謂外道所言常而不壞之神，同於世人之我，乃是具有意志、具有善惡性、具有瞋恚歡喜性之法，如是「常」而不壞之神，同於世人之我，故名外道神我。或如婆羅門外道所言離欲離瞋之大梵，而有能思之心，亦有能作萬物有情之身心功德，一切有情皆由此唯一之大梵天而創造出生；是等大梵天，亦復不離三界我之身心，皆非是自心如來，皆是色界身及七識心所組成之假我、無常我，非是常住不壞之第八識；既非常住不壞之第八識，當知不得假名爲我。

如是外道所言之造物主—萬能之上帝或大梵天—既然同皆具有五陰身心，復又非以彼等各各自有之自心如來爲常住不壞之法，而以五陰身心爲常住不壞之法；然而欲界及色界之五陰身心，必屬所造之法，同是三界有之有爲法故，則彼外道所言之上帝或大梵天，仍是有衆生我者。彼外道所言之上帝與大梵天既皆是衆生我—有色陰身與六識心，復是有意志而能思能作一切有情之有爲有作之法，則必同於色界無色界有情之世俗衆生我也，故當名爲神我、梵我。如是神我、梵我者，既是攝屬三界我之法，當知即是所造之法；所造之法則非常住不壞之法，非常住不壞之法者，必不能創造自他一切有情身心，必不能創造一切世間，必如瓶與衣等所造諸法之將壞也，則有無常之過失。

佛所言之自心如來則異是：非色陰、非七識心、離一切思量性、離一切思惟分別性、離一切覺觀、從來不起欲造別別有情之意志，亦復不自作主，不起貪瞋，不思量自我；如是無我之性，渾然如是本來自住，非是從修而成者，非是因修而後改變爲如是體性者；乃是無始劫以來本住、常住如是無我之性，是故迥異外道所言常而不壞不死之上帝神我、梵天神我之五陰我性；

非是五陰身心故，五陰身心是所造之法故。

如是等上帝神我或梵天大我之身心中，本亦皆具如是自心如來，而彼號稱造物主之上帝與梵天，悉皆不知不證各自之自心如來，不能宣示與諸徒眾了知。彼諸外道神我梵我之「唯一偉大之神」，不能了知如是正理，任由其信仰隨從之凡夫俗人，作諸邪說以惑眾生，謂其為常住不壞之法，謂其為能生一切有情身心之萬能之神。此等外道所言萬能之神，既是以五陰身心為其主體，非以彼神五陰所俱之自心如來第八識心為主體，則其五陰身心乃是所造，則是生滅有為之法，則有無常之過失，彼等雖然口稱常而不壞，實無眞義。

彼諸外道後來雖然從佛法義理中，攝取正知見，而建立三位一體之說，言其上帝之本體靈性非是身心等有為法，表相之說同於佛法之自心如來，然而眞實自心如來何在？則非所知。於法界之眞實相，則亦不能置一語，故說外道雖然後來發明三位一體之說，然而其實只是仿效佛教正法之表相爾，絕無實義可說也。由是緣故，至今仍不能捨棄「上帝是造物主」之邪說，仍墮神我、梵天大我之邪見中。是故自心如來自體，與外道神我、梵我迥異，不可同日而語；印順、昭慧、傳道等人不知其義，妄作朋比攀緣附會之說，妄謂第三轉法輪諸經所說如來藏心爲同於外道神我梵我，誣謂　佛所說之如來藏心爲「與外道神我合流」，如是否定第二三轉法輪諸經，說爲非是佛口親說者，如是打壓如來藏深妙正法。對於佛教正法誤會之大，實難以三言兩語辨正完畢。

彼等諸人對大乘如來藏法，所作如是從根本否定之行爲，令三乘法義悉墮戲論之中，皆成爲不能實證之戲論行門，致令佛教之淺化、世俗化，致令佛教今日弘法之時皆同以意識心境界爲修證之標的，漸漸同於外道之神我、梵我等論，此即今日佛光山、法鼓山、中台山皆以意識心之一念不生作爲證悟之原因所在；如是否定七八識已，亦導致今日台灣佛教所傳之阿含（南傳）佛法，漸漸同於斷見外道法。如是破壞佛教正法，印順、昭慧、傳道等人之過失，不可謂小也！

復次，**自心如來**若是所作之法，則所作之法即是有爲法；如是，則依自心如來而修一切智、而修證一切種智、以及諸佛菩薩以五陰身心在三界中種種具足方便而利衆生之功德事相等，應皆完全無義；何以故？謂能作如是等功德事業之**自心如來**，及所作之無量世種種善法與般若智慧、解脫智慧之修證，悉成無義，悉將壞滅，皆是所作法故，皆非是能集存一切善惡業種之常住不壞法故。否定眞實可證之第八識自心如來以後，印順、昭慧、傳道等人復又建立子虛烏有之意識細心，作爲不墮斷滅見之三世因果聯繫者，則成戲論；意識細心子虛烏有故，不可知不可證故，依佛所說意識一切粗細心皆不能攝存業種而去至後世故。是故，自心如來非是所作法，亦非能作之法；非是能作之法，亦非不能作之法；體恆常住不變而所含種子可以變生有情各自之身心萬法故。

復次，自心如來若是所作之法，亦應一切所作之法皆是自心如來，則應吾人色身亦是常住不壞之自心如來，則應吾人所造之一切事物皆同是自心如來，則自心如來亦應是必壞之法，同以所造爲「緣因」故，一切所造萬物之「緣因」之體性悉皆無別故，皆屬同一「緣因」故，由是正理，佛作結語云：「是故大慧！如來非常非無常。」此謂示現於人間之事相上之如來，亦有衆生五陰之無常相，而理上之自心如來，非常非無常。

「復次大慧！如來非如虛空常；如虛空常者，自覺聖智衆，具無義過。大慧！譬如虛空，非常非無常。離常無常、一異、俱不俱、常無常過，故不可說，是故如來非常」：自心如來之體恆常，不生不滅不斷不壞，猶如虛空之不生不滅不斷不壞；然不可因爲此一假藉虛空形容之語，便謂自心如來同於虛空之常，如來若是同於虛空常，若與虛空完全無異，則果地如來所證得之自覺聖智之種種功德，將墮於『無意義』之過失中。

舉例言之，譬如印順、昭慧、傳道法師等人倡言般若爲一切法空，倡言　釋迦世尊滅度之後即成斷滅，一切法空，不具任何實體法存在，是故不承認釋迦應身在人間滅度後，轉入（依長阿含《大本經》七佛之方便說，姑認釋迦爲最後身菩薩在此世界初成佛道，因此而言轉入）色究竟天宮中之報身仍在宣說種智妙法，是故印順認爲　釋迦滅後即成一切法空之空無斷滅，亦不許有第八識自心如來常住不斷。其書中每作如是示意：「一切法緣起性空即是全部佛法，滅相不滅即是眞如。」如是所言者，同於虛空無二，虛空是無法故，唯是名詞施設故；是故印順、昭慧、傳道等人如是之言，令　佛所說之因緣果報悉皆錯亂，並且無義。由是緣故，印順、昭慧、傳道等人認爲四阿含諸經地獄之說，只是聖人施設教化衆生之方便說，實無地獄可報謗法毀法之重業；是故不信有天界可受來世可愛異熟果報，不信　釋迦佛滅度已、轉入莊嚴報身而住色界天中廣說種智妙法，亦不信有地獄可受來世純苦異熟果報，如是除去天道與地獄道已，則六道唯餘四道；彼等心中既不信有地獄道及天道等衆生，說之爲勸善之言，說之爲聖人施設而教善，則知彼心中亦將不信有鬼神道衆生，不信有修羅道衆生，則六道唯餘二道：人道與畜牲道。

如是，印順、昭慧、傳道法師心中，唯信一切世間只有人間之人道與畜牲道，是故印順、昭慧、傳道等人，主張人間佛教而排斥天界之佛教，鼓吹人間佛教思想，以其所誤會之二乘解脫道，而排斥眞正之二乘解脫道；以其所誤會之大乘般若，而排斥禪宗眞正之大乘佛菩提之見道；以其所誤會之唯識法義，而排斥眞正之唯識宗義，誣指爲虛妄唯識法，卻不知自己所說者正是虛妄唯識法，與眞實唯識門完全不相應。如是不信天界亦有佛教，不信他方無盡虛空中亦有佛世界、亦有諸佛弘傳佛法，是故大膽否定西方極樂世界阿彌陀佛，大膽否定東方琉璃世界藥師佛之存在，乃是必然之事。

故說印順之人間佛教思想，其發生與弘傳之原因，皆有其脈絡可尋，非是無緣無因忽然發生妄想者也。如是邪見，亦導致印順、昭慧、傳道等人之誣蔑禪宗求悟、求見道之正當求法精神，將求悟大乘法義之見道心行，誣蔑爲「小乘急證精神之復活」，故意教導眾生唯學人間行善之法，教眾生不可求悟大乘佛菩提，亦不可求證二乘解脫道，如是一心一意於人間行善而修學其密宗應成派中觀邪見，永遠輪迴於人間，永受天魔波旬之掌控，則是印順諸書中法義之根本目的所在也，昭慧、傳道、星雲、證嚴等人極力追隨而廣傳之，如是極力淺化佛教，如是極力否定佛教三乘菩提之根本所依法—如來藏。

然而，菩薩若不能親證佛菩提之見道功德而發起般若智慧，如何能度眾生同證般若智慧？若不能親證二乘菩提之解脫功德而發起解脫知見，如何能度眾生同證解脫？證悟大乘佛菩提，及證悟二乘解脫智慧，乃是進入大乘佛法修道位所必經之過程，乃是修證佛菩提道及解脫道所必經之過程；如是證悟之智慧，乃是度化眾生時所必要之智慧。若以凡夫之知見而度眾生者，則必猶如印順、昭慧、傳道等人之以外道斷滅本質之密宗中觀邪見作爲佛法，一生誤導眾生入於外道邪見中；則必猶如台灣今時四大道場四大法師之以常見外道見而度眾生，其過不可謂小也！是故追求三乘菩提之證悟，乃是一切眞正學佛者皆應努力以求之正途，乃是絕對正當之心行，印順、昭慧、傳道等人，云何可以誣蔑求證佛菩提之禪宗求悟者爲「小乘急證精神之復活」？

復次，小乘人（南傳佛法行者）唯證解脫道，豈知大乘佛菩提？禪宗所悟者乃是大乘佛菩提，絕非南傳佛法之唯是小乘解脫道，印順、昭慧、傳道等人云何將禪宗學人之求悟，與小乘急證之解脫道相混淆？而作如是不實之誣蔑？禪宗證悟者悟後不入涅槃，與南傳佛法證悟解脫道後必入涅槃之小乘法迥異，印順、昭慧、傳道等人，云何可以誣蔑禪宗之求悟大乘道者為「小乘急證精神之復活」？

如是，昭慧、傳道等不知不證佛菩提者，必將猶如印順一般而墮於外道無因論邪見中，或如聖嚴、證嚴、星雲與惟覺之墮於外道常見中，或如證嚴法師之不懂佛法三乘菩提而墮於世俗法中，如是四大法師與印順、昭慧、傳道等人，將導佛教步入外道邪見中，皆因未獲得小乘解脫道見道智慧，皆因未獲得大乘般若見道之智慧，是故有此等大過失。正理如是，云何印順、昭慧、傳道法師可以阻人求證小乘解脫道與大乘佛菩提道之見道功德？乃竟將學人求證大乘見道功德之正當尋求之心行，說之為不正當之心行？誣蔑為「小乘急證精神之復活」？顛倒至此！

印順、昭慧、傳道等人，復又不信有第八識自心如來可以住持一切業種，認為衆生所造之業種可以不須收存於自心第八識中，而可獨自存在於虛空無法之中，或者存在於妄想施設而事實上並不存在之意識細心中，來世再由自己受報；如是之言，違教悖理殊甚，余諸書中已多所破斥及闡釋。印順、昭慧、傳道等人如是主張，已令因緣果報之正理不復存在，違背因緣果報之法界事實眞相。若彼等所說正確者，則三世之因緣果報即不能確實相符，將成一切人皆是妄受果報者，則令因果正理歸於妄想之屬。

非唯因果之理不得正確實現，亦將令諸菩薩所修證之一切智慧與解脫果報俱成虛妄，此世所修智慧與解脫果報，來世都將於他人身中發起正受，而非於自己身上發起正受也；自己此世修證之智慧與解脫正受，來世在自己身上現行受報之可能，微乎其微故；他人所修之藏密雙身法邪淫心行及諸惡行因果，在來世之自己身上受報之機會極大故。則吾人此世修證佛法之智慧，及行善之善因，於來世之自己悉將無益也，則吾人勤修印順、昭慧、傳道等人所傳之戒定慧等法，悉成無義，必有如是過失故。

是故，不可如印順、昭慧、傳道等人之說：**一切法緣起性空即是般若、即是佛法**；不可如印順、昭慧、傳道等人之令人不求三乘佛法之證悟也。此是印順、昭慧、傳道、星雲、證嚴法師所傳人間佛教思想，必定導致佛教四衆弟子永遠淪墮人間，而不能得證解脫與般若智慧之必然性所在。是故一切人學佛時，皆應依止眞善知識所說正法，莫依止印順……等人所說之「如來同於外道神我，自心如來唯是名相而無實法」等外道見；當正確了知：自心如來非同於虛空之常，自心如來有其眞實體性故，非如虛空之無法故。

若如印順、昭慧、傳道等人所見，則謂自心如來是言語施設之名相法，非是確有實體之法，則成唯名無實之名相，無怪乎印順會將般若經宣說自心如來體性之種種佛語實義，定位爲「性空唯名」之虛相法，完全違遠般若實相之正義。學人讀此辨正之言已，當可確立正知正見，此後可免印順、昭慧、傳道等人種種邪見之誤導也。回歸正知見已，則於二乘解脫道之修證，則於大乘佛菩提道之修證，俱可期也！

譬如虛空，乃是非常非無常之法，云何非常？謂虛空非是現象上實有之法，虛空唯是名相故，虛空無法故，虛空是依物之邊際無物之處，而施設無物之處名爲虛空故，是故虛空無法，唯是名相；唯是名相故，則非是常，名相非常故。云何虛空非無常？謂虛空無法，其無性始終如是，不曾改易其無性故，是故虛空非無常。虛空如是非常非無常，是故遠離常與無常、一與異、俱與不俱等過失，是故一切人不可說虛空常或無常。自心如來體恆而具有運行不斷之自體性，然亦具有如是離二邊之體性，由此而藉用虛空名相以譬喻之，故名虛空無爲；而此自心如來方是一切三世佛之本體，由是緣故而說如來非是常，亦非是無常。

「復次大慧！若如來無生常者，如兔馬等角，以無生常故，方便無義；以無生常過故，如來非常」：末法時之大師與學人，聞說一切法緣起性空、自心如來無生，往往便如印順、昭慧、傳道等人，以爲眞如、如來是空無之法，便謂：「原始佛教中，如來一名乃是施設言說，非有實法可證。」後來菩薩見世人誤會佛意，便出面宣說自心如來非是虛相法，確有自心如來實相法可證，印順、昭慧、傳道等一類人聞已，便作是說：「這是後期大乘佛教與外道神我梵我合流。」渾然不知原始佛法四阿含諸經中早已密意簡略而說自心如來之實相也。此一事實，將於後時著作《阿含正義—唯識學探源》時，加以解說，此處暫表不述。

自心如來確有實法，此自心如來乃是一切法之根源，一切法皆從此自心如來一法而直接或輾轉生起；此一事實，非唯平實一人親證，今我會中已有甚多人依平實所授而親自證實之，非是空言也。自心如來若如印順、昭慧、傳道所言之為『無生所以無法』之常，則如兔角或馬狗等動物頭上之角一般，皆成為無有實法存在之無生常。若屬無有實法存在而說為無生者，則如是無生即是虛相法，純是名言，性空唯名；如是無生即是戲論，無實義故。以如是兔馬狗角等從來無生，而言無生者，皆有過失之緣故，是故 佛說：「如來非如兔角馬角之無生而說為常，如來非是兔角馬角之無生常，故說如來非是常。」

若如來同於兔角馬角之無生而說之為常，則 世尊教授諸弟子修證三乘菩提之種種方便施設與四十九年之辛苦奔波說法，皆成為無意義之事，自心如來是兔角馬角無法故，唯是虛相戲論之言說故，是故自心如來非是兔角馬角無生之常。由是無生之常有過失之緣故，說如來非常。是故自心如來確有實法恆常存在而運作不輟，然此法從來本已有之，非是無法，非如兔角馬角之無法而唯是名言。由自心如來之恆時存在而從來無生之故，說如來為常；以從來無生故後永不滅，故非是無常。

「復次大慧！更有餘事知如來常，所以者何？謂無間所得智常，故如來常。大慧！若如來出世，若不出世，法畢定住。聲聞、緣覺、諸佛如來，無間住；不住虛空，亦非愚夫之所覺知」：復次，更有餘諸事相，可以了知自心如來是常，何以故？此謂：一切如來皆是依於從來不曾刹那間斷之第八識實相法—第八識自心如來—方得修證成就，因此緣故，一切如來所證得之智慧，皆是常住不斷之實相法，故說如來是常。若如印順、昭慧、傳道等人所說，否定如來藏之後仍有緣起性空等法，則彼等所說緣起性空之法乃是無常之法，一切法皆無常住不壞之因，而是唯憑種種緣便得生起之緣起法故；緣起法皆是有生之法故，有生之法後必有滅故；有生有滅之法則是無常之法，無常之法則是有爲虛相之法，不得說爲般若實相法也，般若實相法絕非唯是有爲生滅之法故。

若言「滅相不滅，所以是實相」者，則滅相亦因「有爲法之滅」，而說爲滅，如是滅相既是有爲法滅已之相，則成無法之虛相，虛相焉得說爲佛法般若之實相？如是證知虛相之智慧，不可說爲大乘般若實相之智慧也。復次，「滅相不滅」一法，唯是名言，唯是觀念，乃是依於緣起法而有之；在意識心中出生已，必因意識之夜夜斷滅而隨之夜夜斷滅；如是隨於斷滅法之意識心而有之名言與觀念，不得謂爲常住不壞之法也，則非是實相法也。以蘊處界之滅相，作爲眞如者，則此眞如唯是名言、觀念；名言、觀念等緣起法之滅相，皆是虛相法，俱是依於有爲法之生已後滅，方能有之，則知滅相一法亦是虛妄，焉得說爲實相？是故印順所說「滅相不滅名爲實相」者，乃是彼印順一己之虛妄想也。

舉凡依於有間有斷之法而修證之「佛法」，皆是有間法；有間之法皆非常法，皆是有生有滅之法，則非眞正之佛法；有生有滅之法，絕非如來也，非常故。唯有依於第八識自心如來之證知，而現觀自心如來之常恆不壞、常住而不曾刹那間斷，現觀此自心如來從本以來悉皆如是遍一切時常住，不曾刹那間斷。由親證第八識自心如來之後，能作如是現觀，方是證得無間智慧者；如是所得智慧，乃是常恆而無間斷之智慧，所證之法爲常住不斷之法故。由於確實了知自心如來之常恆，而且遍一切時不曾刹那間斷，故說如來是常。

不論往昔曾有如來出現於世間，宣說如是常恆不滅之如來藏法；或者不曾有如來出現於世間，宣說此一常恆常住之如來藏實法，如是從來不曾刹那間斷之自心如來深妙法義，皆是畢定常住於三界世間之中。聲聞、緣覺雖然唯依緣起生滅之法，而證得緣起性空之陰界入空相觀，所證之解脫果非是無間之法，悉依陰界入之有間斷法而修證故，其所證得之解脫慧亦是陰界入等有間法故，是故不能證知如是無間法之正義；然而聲聞緣覺聖人證得解脫果時，其第八識自心如來仍舊常住而恆不斷絕，常住而恆不刹那間斷，故說聲聞緣覺所證智慧雖是有間之法，然而聲聞緣覺根本之自體性，仍是無間之如來藏法，唯是聲聞緣覺不能證知爾。

諸佛如來亦復如是，自心本體常恆不曾間斷，而依佛菩提智慧之修證，證知此一事實，現前觀察如是事實，了知如來自心現量，是故諸佛自體與智慧皆是無間住。七住以上菩薩悉皆如是證知無間智慧，其自心如來本體亦皆如是無間而住；乃至一切凡夫、四大法師與印順、昭慧、傳道師徒等人，亦皆各有自心本體如是無間而住，皆非猶如陰界入等有爲法之有間而住也。如是，一切聲聞、緣覺、菩薩、如來，皆是依於自心如來而無間住，不住於虛空。今時末法之人去聖日遙，不解佛意，故有說爲住於虛空中者，皆是外道見，外於自己之眞實心而求佛法故。如是無間住之深妙法義，唯有諸佛與證悟之菩薩方能知之，絕非二乘阿羅漢與緣覺等愚人之所能知，更非凡夫之印順、昭慧、傳道、聖嚴、星雲、證嚴、惟覺…等人所能知之也，是故 佛說：「聲聞、緣覺、諸佛如來，無間住。不住虛空，亦非愚夫之所覺知。」意即此也。

「大慧！如來所得智，是般若所熏：如來非心、意、意識，彼諸陰界入處所熏。大慧！一切三有，皆是不實妄想所生；如來不從不實虛妄想生」：如來所證得之智慧，乃是經由般若智慧之熏習而出生者，此謂：如來之修證，絕非從心、意、意識，及五陰十八界六入十二處等有爲法上熏習而成就者，乃是從自心如來之無漏無爲法上熏習成就者。

云何謂如來非從阿賴耶識性之心及意根、意識之熏習而成就者？此謂衆生一向墮於自己第八識心所執藏之阿賴耶性而出現之有漏有爲法上，而於第八識心體所顯現之無漏有爲法上產生執著，不能一時捨棄如是自心如來之無漏有爲法上之功能差別，故說如來非是從自心熏習而成就。此語之眞義，唯有眞正證悟者方能知其少分，久悟而能追隨眞善知識熏習，繼續深入觀行者，能多分知，唯有佛地方能具足了知。自心如來第八識心，出生陰界入等十二處之後，有其眞實體性在於其中運作不輟，衆生心中對此皆有極深細之執著不捨，而不能知爲何事。乃至已證解脫果之定性二乘聖者，亦不能知之。

無智學人，每於陰界入等六塵法中用心，追求有境界法，追求三界有爲法，作爲佛法之修證行門，此如西藏密宗之氣功、甘露、四種灌頂、雙身法第四喜淫樂之追求等等，悉在世間欲漏之有爲法上用心，修之越久，則離佛道越遠，故名無智學人。復有無智學人，迷信世俗名聲，追隨世間有名之大法師、大居士，雖能不求西密低賤之欲界貪著法門，而仍不能遠離六塵相，執取離念靈知心作爲眞實心。彼等所追隨之大法師⋯等人以爲：只要能保持一念不生境界至五分鐘、十分鐘者，即名開悟；以爲只須保持一小時、一天之中，皆能不起妄念妄想者，即是大悟徹底。聖嚴、惟覺⋯⋯等大法師即是此類人也。

如是師徒諸人，皆已墮於陰界入等法之識陰界，墮於識陰之意識界中，而竟不能自知其謬；余以諸書，多年來隱其姓名而宣示破斥，乃竟悉皆置之不理，繼續誤導衆生；余不得已，更以種種方便善巧，於後出之書中指名道姓而廣作法義辨正，流通天下已，彼等諸人至今猶自執著離念靈知之意識心作爲眞如心，今猶不捨，是名陰界入處之所熏者。然彼等諸大法師之意根末那識，其實隨時隨地悉皆執著自心如來在陰界入中之無漏有爲法，而不能一時暫捨，苦於不自知有此無漏有爲法爾，苦於不自知有此執著爾。如是執著，於唯識一切種智之大乘增上慧學之中，說之爲「恆內執我」；今者平實雖復如是點出，彼等大法師大居士，必將依舊不解平實所舉此句意旨所在也，未悟（未親證第八識自心如來）者，皆不能眞知平實此語之眞實義故。

菩薩證悟已，經由現觀而漸遠離恆內執我之煩惱；諸 佛究竟遠離如是恆內執我，故說煩惱障之習氣種子已經究竟斷盡。由是緣故，說諸 佛所得智慧，乃是般若智慧所熏而成就者，非是因於世間法上尚有阿賴耶性之第八識心及意與意識，及陰界入等有爲法所熏習而成就者。

意、意識、陰界入等法，乃是第八識「心」所生之法；心出生如是意、意識、陰界入等法已，復因累劫修習之氣分故，第八識心復於陰界入萬法中，不斷配合意與意識而造作種種有記業、無記業；如是造業已，轉受意與意識之熏習，自出生以來如是不斷受熏，復又轉成習氣種子，致令鈍根聲聞初果人捨壽時，雖不欲重新受生，而不得不受生天上，七次往返人間天上已，方得取證無餘涅槃。如是後世重新再生之三界有，皆是不實妄想之熏習所生者。如來出現於人間者，皆非因爲如是不實虛妄想而出生於人間，乃是願力及無盡願之大悲心所持，故以悲願而受生於人間。菩薩亦復如是，明知五濁惡世衆生之貴古賤今、崇遠賤近，根本無智辨正眞假善知識，卻仍願受命而來人間受生，住持 佛正法於受生時代之人間，度化愚癡無智之衆生，此亦是大悲心及無盡願所持之故。

一切三界有，皆因不實之虛妄想所出生者，如來絕非由彼同於衆生之虛妄想而出生於人間；此謂如來過往三大無數劫中，已經斷盡一切煩惱障習氣種子，已經完全無有煩惱障之習氣種子隨眠，故非猶如衆生之從不實虛妄想之熏習而出生者；一切受命而來之地上菩薩亦復如是，非是由三界有等世間有爲法之熏習而出生於人間。

「大慧！以二法故，有常無常，非不二。不二者寂靜，一切法無二生相故。是故如來應供等正覺，非常非無常。大慧！乃至言說分別生，則有常無常過；分別覺滅者，則離愚夫常無常見、不寂靜。慧者永離『常無常、非常無常』熏」：

學習佛法之人，以及一切探索法界實相之人，皆是由於二法之故，致有常與無常之想；然而常與無常之見，皆非絕待、不二之法，故非實相。云何二法？謂能取與所取也。云何言「有能取與所取二法故有常與無常之見」？此謂能取之法及所取之法悉皆無常故，由此無常之能取與所取二法故，方有欲知欲證常住法之心意故，若無能取諸法之意識覺知心，則所謂有爲法與無爲法者悉皆不存，云何尚有常與無常二法之可言耶？云何絕待？謂自心如來能處於不與六塵相應之境界中，能獨住於無六根、六塵、六識、萬法之無餘涅槃境界中，方是絕待者；有念或無念之覺知心，永遠住於與六塵及定境法塵相應之境界中，永遠不離能取與所取境界，故非絕待之法。絕待之法方能離於常與無常等見，方能離於二法之境界。

是故若人欲知大乘佛法、欲證大乘佛法者，不可成日裡打坐一念不生，如此坐在澄澄湛湛之黑山鬼窟中，般若智慧將永遠不能生起也！必須以能取萬法之意識覺知心，經由聞熏正法正理，而後加以如實之觀行，親證萬法之體——本離見聞覺知故無能取性之第八識自心如來，然後方可不離能取與所取，而有從來遠離能取與所取之自心如來常時同在之證知；因此證知故，生起世間與出世間之智慧，從此不妨覺知心之語言妄想不斷，而有從來本斷語言妄想之自心如來同在；而有「本自言語道斷之自心如來，與言語法道不斷之意識覺知心，同在而並行運作」之現觀，因此現觀故智慧勃發，能破一切邪師說法，能破一切似是而非之大師所說法，能依此智慧而廣利衆生。

由有自心如來常恆不斷故，方有能證常住之自心如來之意識覺知心；意識覺知心有證自證分故，有五種別境心所法之性用故，方能證得同時同處之自心如來第八識。若無能取六塵法之意識心，則自心如來因爲從來不審六塵中一切法故，於六塵中從來無有自證分與證自證分，故不了知六塵萬法，則無常與無常二見可言也；由是緣故，《心經》依自心如來所住之本來自性清淨涅槃境界，而說「無六根、無六塵、無六識、無一切有爲法、無一切無爲法、無一切佛法」。是故，唯有能取六塵萬法之意識覺知心現前，受取六塵萬法，故能證取常恆而不審萬法之自心如來；若無能取萬法之意識覺知心，尚無自己存在，云何能有證知常住不斷之自心如來者？若無能證常住不斷自心如來之覺知心、之能取心，則常與無常俱皆泯除，云何復有常與無常二法之可言者？是故若依自心如來所住境界而言，或依自心如來尚未出生能取之意識心與所取之六塵法之境界而言，則無一切法可說也；要因能取萬法之意識覺知心，與覺知心所取之萬法，已經從自心如來中出生已，故有所證自心如來之「常」可言也。故說因爲能取與所取二法緣故，始有常與無常之可言也！

今時多有大法師、大居士，未曾證得第八識自心如來之常，而對大衆倡言：「**覺知心制服妄想，令住一念不生之境界中，離一切語言文字，故離常與無常等想，即是證得言語道斷眞如境界之人。**」如是之言，即是錯會佛法者也。坐在一念不生之境界中，亦能出生眞如常住不壞之想故，則墮常與無常之想中故，此想非必以語言文字而現前故。譬如有人未得眞悟般若正理，當其靜坐之際，吾人在旁廣言常住法之眞實理，其人聞之，雖仍坐在一念不生之境界中，然必仍有彼自己所認知之常住法念頭生起，仍因所見不同故而生不認同之想，而生起自己所以爲之常住法之想；雖然此想並無語言文字，然已確實了知「自己之常想與他人之常想，二者之間有其迥異之所在」也。是故，覺知心絕非從來遠離常與無常想者，覺知心必定能到常與無常之法中，必能相應於常與無常之想。

自心如來則是溯自無始劫以來，恆離一切常與無常之想，永遠不與常與無常之見相到，恆常不與常與無常之見相應。佛子證得自心如來已，了知自心如來本離常與無常之見，亦了知覺知心自己永遠可以與常與無常之見相到、相應。如是證知已，則能爲人宣說常住法等常性言語等法；當其宣說常與無常等法時，無妨別有第八識心恆離常與無常等想，而與了知常與無常等法之意識覺知心同在。如是具足「遠離常與無常之自心如來」與「能知常與無常之意識自心」二法者，復能由自心如來之常，而爲衆生說陰界入等萬法無常，方是眞實證悟中國禪宗般若禪法之人也。

若人誤以爲意識覺知心坐在一念不生之境界中，即是證悟佛法般若智慧者，則是錯悟凡夫對於佛法般若之邪見妄想也。如是之證悟，乃是變易有爲之悟故；變易有爲之悟者，不得言是佛法般若之證悟故，佛法之證悟標的非是變易有爲之悟故。譬如自以爲悟之大師，坐入一念不生之「證悟、遠離常與無常」境界中，如是自以爲悟之後，出定便向大衆自言爲悟，便向大衆宣說如是證悟之法。然而當其宣說如是「證悟」之法時，意識覺知心已非離語言文字者，已非離「常與無常」知見之人。如是，須待重新坐入一念不生境界中時，方得又是遠離語言文字者，方得又是住於證悟之境界中者；如是則成有時住於「悟境」，有時不住「悟境」者，則成變易法也。

眞悟之人則不如是，自從證知自心如來本離語言文字，自從證知自心如來本離常與無常等見，現前觀照自心如來恆如是住：過去如是，現在如是，未來亦將永遠如是，現前觀照能取語言文字、能取常與無常等見之意識覺知心，一向皆與自心如來同時同處，是故於發起大願而爲衆生說法時，無妨意識覺知之自心住於語言文字境界中而利衆生，無妨覺知心住於非常非無常等智慧境界中而爲衆生說深妙法，卻同時有一不住語言文字、不住常與無常等見地之自心如來同在，永遠不會有「說法時因有語言故不住悟境，不說法而打坐一念不生時方住悟境中」之過失，方能遠離常與無常之過失。如是而爲衆生說法，不墮變易無常之「悟境」中，如是證、如是現觀、如是爲人說法者，方是大乘禪宗般若禪之眞實證悟者。

若人誤以覺知心住於離語言文字境界中，自以爲如是境界之證得，即是證悟般若者，名爲錯悟之人，錯悟者即非是悟。如是人若常住彼所以爲之悟境中，則不能爲人說法故；彼等諸人以爲覺知心離念、離語言文字境界時，即是開悟故，然而 佛說自心如來一向遠離常與無常二法之見地故，說自心如來恆時遠離語言文字故，非如意識覺知心之有時遠離、有時不離故。是故，能取者謂意識覺知心也，唯有意識覺知心能取諸法故，覺知心即是能取者故，了知六塵時即是取六塵故。自心如來則從無始劫以來恆住於不審萬法之境界中故，自無始劫以來恆不了知一切六塵萬法故；不了知故則無能取性，無能取性故則無所取六塵萬法，既無所取六塵萬法，則佛法中之常與無常等法亦皆不取，不取則不與常與無常等法相應相到，故於自心如來而言：實無常與無常之可言也，唯有能了知法塵之意識心，方有常與無常之可言也。

若人自言遠離常與無常之法者，當如是知、如是證，方是眞實離常與無常等二法者；若以意識覺知心爲眞實心，則不離能取與所取二法，則如是人口說能離、已離常與無常之見者，其實非是眞離常與無常之見者，乃是妄想已離者。若能了知常與無常二法者，則是相待之法也，必定相待於法塵方能出現、方能運作故。覺知心既相待於法塵方能生起及運作，則非不二之法，則永遠不離常與無常之見，唯除證悟本離常與無常之自心如來者。自心如來方是實相法，實相乃是不二之法，不二之法必定是永遠寂靜之法，非是有時與六塵相應而不寂靜者，非是有時不與六塵相應而住寂靜中者。

實相之法者，如世尊於諸經中所言：「本來自性清淨涅槃，離諸覺觀。一切諸法無覺無觀，無覺觀者是名心性。」是故，有覺有觀者，皆是能了知一切法之意識心，皆是能了知常與無常之心，皆是不離能取與所取二法者，皆墮有為法與無為法之中者，絕非《心經》所言之「無四聖諦、無八正道、無般若、無智亦無得」之實相心也；實相心絕對不與六塵中之萬法相應故，實相心不與一切智慧相應故。與一切智慧相應者，則是有待之法故，有待之法則非是不二之法故。

一切法者，謂自心如來也，一切法皆從自心如來而生故；若離自心如來，則無一切法故。是故，歸結一切法時，悉皆匯歸於自心如來，若外於自心如來，則無一切法可言故。然而一切法既皆以不二之自心如來為本，而自心如來本無能取與所取之相，故說一切法皆無能取與所取二法出生之相。如來應供等正覺，既以自心如來法身為本，非以意識覺知心為本，而自心如來能生萬法，萬法之自性復是無常性，而自心如來離如是無常性，故說如來應供等正覺，非常非無常。非常非無常故，離二邊，成就中道義。

若人以意識覺知心處於一念不生之境，而言即是證得「遠離常與無常戲論境界」者，彼人若有所言說，藉諸言說而爲衆生分別諸法之常與無常時，皆已墮於常與無常言說中，如是而言般若智慧者，則有過失，何以故？謂生起言說而爲衆生宣說常與無常，乃至宣說自以爲是之非常非無常時，其所謂之離念靈知「眞實心」意識，其實仍不離常與無常境界故，和常與無常之見解相到相應故，未曾住於非常非無常之般若境界故。如是覺，佛名之爲分別覺也；謂如是之覺，乃是六塵萬法中之覺也，乃是能分別六塵萬法之妄覺也，故名分別覺。眞心則是從來不分別六塵法，而能了知衆生之心行，非如木頭石塊，故非六塵分別之覺也。《大乘起信論》云：「如人前念不覺起諸煩惱，後念察覺，制不更生；此雖名覺，即是不覺。」即是此意也，如是之覺名爲妄覺故，非是　佛所開示之本覺故，本覺乃是無分別之覺故；無分別之覺，從來不曾了知與分別六塵萬法故。

眞悟者固然同有如是意識覺知心，於爲衆生宣說常與無常、非常非無常等法時，意識覺知心固然同墮如是常與無常、非常非無常等知覺境界中，固然同有分別覺之運作，方能爲衆生說法；然卻分明照見第八識心恆離常與無常、非常非無常之見，永不墮於常與無常、非常非無常之正見邪見中；悟者之意識覺知心，恆見第八識心恆離分別覺，常住於不分別六塵萬法之本覺中，如是證知，如是照見，是名分別覺已滅者，不以意識心之分別覺作爲本覺故。意識覺知心如是現觀，以如是現觀所出生之智慧，而爲衆生宣說常與無常、非常非無常之正理；當其正爲衆生言說常與無常等理而起分別覺時，其所證得之第八識自心如來，仍舊永遠不墮於如是常與無常、非常非無常等見中，永遠不起分別覺，如是證知者，是名眞實遠離常與無常之見者，是名分別覺已滅者。

如是遠離常與無常之見，而爲衆生宣說常與無常、非常非無常等理，令諸衆生遠離常與無常等邊見。如是之人，永離常與無常邊見之熏習；以往妄以離念靈知作爲眞實心，妄以分別覺觀之意識心知覺性作爲佛性，如是過失悉滅無餘。如是邪見消滅之後，則永離二乘愚人與世間凡夫所墮之常與無常等邪見，亦復遠離意識所墮六塵之不寂靜境界。如是有智慧之人，永離常與無常之見，永斷分別覺，永遠不受常與無常等見所熏習。由是緣故，佛說：「大慧！乃至言說分別生，則有常無常過；分別覺滅者，則離愚夫常無常見、佛如是語，乃謂言說分別出現之時，實已墮於常與無常之過；若人分別覺已滅，若人分別常與無常之虛妄見解消滅時，斯人則是已經遠離二乘愚癡之人，則是遠離世俗凡夫所墮之常與無常等世論見解之人；由是遠離故，亦是已經遠離不寂靜境界者，實相心不墮六塵境界及定境法塵境界故，若有六塵境界或定境法塵者，即非眞實寂滅境界故；意識覺知心轉依自心如來之離六塵境界故，覺知心雖仍處在六塵見聞覺知境界中，然因已證得此實相故，名爲遠離不寂靜境界者。如是證得般若智慧者，則非是常與無常等世俗見解所能熏習之者。

「爾時世尊欲重宣此義而說偈言：衆具無義者，生常無常過；若無分別覺，永離常無常。從其所立宗，則有衆雜義，等觀自心量，言說不可得」：

今時諸方大師所說諸法，往往使得彼等自己所說之種種修行功德，變成不具有修行之意義。此謂今時諸方大師所說之法，悉以意識覺知心之虛妄覺知，悉皆妄認後天生起之妄覺心—意識覺知心之見聞知覺性，作爲本覺、眞覺，以如是妄覺之心、之性，作爲眞如與佛性，則將使其所說之種種修行法門，皆成無義之舉，將使其所說諸法皆成無義之語，皆墮於常與無常之過失中故。

云何誤認意識心性爲眞實心性者，必墮常與無常之過失中？謂如是誤認之人，所認之意識心乃是無常之法故，夜夜眠熟即必斷滅故，於悶絕、無心定、滅盡定、正死位中悉皆斷滅故。如是墮於無常之境界中，卻說之爲常住不滅之法，卻說離念靈知之意識覺知心夜夜眠熟時不曾斷滅，同於常見外道所說，亦是昧於事實者，故墮於常見過失之中。

復次，如前所述，謂是常者，則有不能出生萬法之過失；常者永不變易故，既無變易者，則必不能出生諸法故。現前所見，意識覺知心之心性，不論是有念或離念之靈知心，確實不能出生萬法故，唯能於六塵萬法承受諸法故，故說彼等所說諸法，皆必產生常與無常之過失。由是過失，則所修離念無念之法成虛妄法，與般若智慧無涉，則彼所說種種修證、種種境界，皆具無義之過。

若人有智、有慧，能證得遠離諸法分別之眞實覺、本覺，則是證知自心如來之本來自性清淨涅槃者；則可轉依第八識心之眞覺、本覺，則無妨如是本覺、眞覺恆時常存，恆時運行不斷不變，而有無常之六塵中之覺知心分別覺，於每日睡醒後持續運作而爲衆生宣說如是本覺、眞覺妙法。如是之人有智有慧，永遠不墮於常與無常之戲論中，永遠以眞覺、本覺爲轉依之法，永遠不墮分別覺之錯誤認知中。

跟隨彼等墮於分別覺之大師所說法中者，隨從彼等墮於分別覺之大師所建立之常與無常宗旨者，則此人所說諸法，必將產生種種雜亂之現象，不能猶如眞悟者所說之前後一貫無雜。如是而隨從其雜亂無章之宗旨而修者，必將永世不能證得三乘菩提之眞正法義。此如今時之印順法師，於其書中所說諸法，即具衆雜之過，義理處處自相矛盾，復又雜亂不堪，令其隨從者，無從著手修證；是故昭慧、傳道、星雲、證嚴法師等人，研修其法已十餘年、二十餘年、三十餘年，仍然不能建立一貫不雜之中心思想，仍於菩提之修證，俱無結果，乃至三乘菩提之見道功德，悉皆不得其一。是故 佛說：「從其所立宗，則有衆雜義。」此過實非彼等法師學人之過，乃是化主印順法師之過。

若人有智，能等觀一切法皆從自心如來出生或顯現之事實，則能現觀一切法皆是自心如來所現之事實。然後轉依本際自心如來，來返觀一切法，便可親見一切法皆不可得，一切法皆依六塵而生顯故，六塵皆與自心如來不相到、不相應故；便可親見一切法之言說皆不可得，一切法之言說皆與自心如來不相到、不相應故。既如是證、如是現前觀照，則知一切法皆從自心如來而生，本是自心如來所有之法，云何而言有所得耶？則知一切法皆依內相分之六塵而顯，內相分之六塵本是自心如來所生，自心如來出生斯等六塵已，卻不與六塵相應，不分別六塵，不了知六塵，云何而言自心如來於一切法有所得耶？如是，從法界之如是實相而言，其實所有言說、一切萬法皆不可得。

（此下爲生滅品）：

爾時大慧菩薩復白佛言：「世尊！惟願世尊更爲我說陰界入生滅；彼無有我，誰生誰滅？愚夫者，依於生滅，不覺苦盡，不識涅槃。」佛言：「善哉！諦聽！當爲汝說。」大慧白佛言：「唯然受教。」

佛告大慧：「如來之藏，是善不善因，能遍興造一切趣生，譬如伎兒變現諸趣，離我我所；不覺彼故，三緣和合方便而生，外道不覺，計著作者。爲無始虛偽惡習所熏，名爲識藏，生無明住地，與七識俱，如海浪身，常生不斷；離無常過，離於我論，自性無垢，畢竟清淨。其諸餘識，有生有滅，意、意識等，念念有七，因不實妄想，取諸境界，種種形處計著名相，不覺自心所現色相，不覺苦樂，不至解脫；名相諸纏，貪生、生貪。若因若攀緣，彼諸受根滅，次第不生，餘自心妄想，不知苦樂，入滅受想正受、第四禪，善眞諦解脫。修行者，作解脫想，不離不轉，名如來藏識藏，七識流轉不滅，所以者何？彼因攀緣諸識生故，非聲聞、緣覺修行境界；不覺無我，自共相攝受，生陰界入。見如來藏、五法、自性、人法無我，則滅；地次第相續轉進，餘外道見不能傾動，是名住菩薩不動地。得十三昧道門樂，三昧覺所持，觀察不思議佛法自願，不受三昧門樂及實際，向自覺聖趣。不共一切聲聞、緣覺及諸外道所修行道；得十賢聖種性道及身智意生，離三昧行。是故大慧！菩薩摩訶薩欲求勝進者，當淨如來藏及識藏名。大慧！若無識藏名如來藏者，則無生滅；大慧！然諸凡聖悉有生滅，修行者自覺聖趣現法樂住，不捨方便。大慧！此如來藏識藏，一切聲聞緣覺，心想所見；雖自性淨，客塵所覆故，猶見不淨，非諸如來。大慧！如來者，現前境界，猶如掌中視阿摩勒果。大慧！我於此義，以神力建立：令勝鬘夫人及利智滿足諸菩薩等，宣揚演說如來藏及識藏名、七識俱生。聲聞計著，見人法無我，故勝鬘夫人承佛威神，說如來境界，非聲聞緣覺及外道境界。如來藏識藏，唯佛及餘利智依義菩薩智慧境界；是故汝及餘菩薩摩訶薩，於如來藏識藏，當勤修學，莫但聞覺，作知足想。」

爾時世尊欲重宣此義而說偈言：

甚深如來藏，而與七識俱；二種攝受生，智者則遠離。
如鏡像現心，無始習所熏；如實觀察者，諸事悉無事。
如愚見指月，觀指不觀月；計著名字者，不見我眞實。
心爲工伎兒，意如和伎者，五識爲伴侶，妄想觀伎衆。

疏：《爾時大慧菩薩復白佛言：「世尊！惟願世尊更爲我等大衆宣說陰界入生滅之眞實道理。聲聞緣覺等人一向宣說無有我可得，若眞實無我者，是誰於人間有生？又是誰於人間有滅？愚癡凡夫等人，總是依於生滅之法，而墮於衆苦之中，不能覺察到衆苦滅盡之境界，所以都不能眞實的認識涅槃。」

佛言：「善哉！諦聽！當爲汝說。」大慧白佛言：「唯然受教。」

佛告訴大慧菩薩：「如來藏乃是一切善法與不善法之正因，這個如來藏心，能普遍的興起而造作一切五趣六道衆生，當祂興造五趣衆生的時候，就好像魔術師的變現五趣衆生像一樣，祂是遠離我與我所的。由於不能覺察到彼如來藏之存在與體性的緣故，所以我見與我執不能斷除，結果卻墮於三緣和合方便而生的意識覺知心境界上，那些外道們都不能覺悟到這一點，所以便誤計意識心爲眞實心，因此而執著意識心是能作一切萬法之心。

第八識心因爲無始以來的虛僞惡習所熏習的緣故，名爲識藏；由這個緣故，出生了無明住地，因此便與七識同在一處，猶如海浪之體，常常出生而不斷絕。但是在這種不斷出生七識心的時候，如來藏卻一直都是遠離無常之過失者，而且遠離我見等論議；在七識心有染污、在自心如來函藏染污的七識心種子時，祂的自性卻仍然是本來清淨無垢的，仍然是畢竟清淨的。

其餘的七個識，是有生有滅的心；意根、意識等，念念相續，共有七識；都是因爲不眞實的虛妄想所纏縛的緣故，所以攝取六塵中的種種境界，在種種形色與處所之中誤計而執著名與相，卻不能覺知這些六塵萬法都是自心如來藏所顯現的色塵相，所以不能確實的覺察到世間的苦樂的本質，所以不能到達解脫的境界；更因爲名與相等種種纏縛，貪欲心便生起了；由於貪欲生起的緣故，轉而更生無量的貪心。

如果由於自己探求這個實相爲因，或者由於有其他善知識的教導而攀緣於不起苦樂的境界，那麼他能受苦樂的六根止息了，一切苦樂的次第都不再生起了，只剩下自心對於涅槃境界的妄想，如是住於不知苦樂的境界中，進入了滅受想的正受中，或者進入了第四禪的不受苦樂的境界中，或者善於實證眞實正理的解脫境界。

修行解脫法的人，往往心裡面作解脫想，以爲覺知心不離一切六塵境界，於六塵境界中都不被移轉而如如不動，這樣就認爲是證得解脫境界的人，這種人的第八識就名爲如來藏、識藏，這種人的七識心是在六塵中流轉而永遠不會入滅的（永遠不能證得無餘涅槃的），爲什麼這樣說呢？這是因爲那些人的第八識心，是因爲緣於七轉識的緣故而出現在人間，這不是聲聞與緣覺修行所證得的涅槃境界；他們不能覺知無我的眞實道理，執著五陰我、十八界我的自共相，因此而出生了五陰、十八界、六入等法。

如果有人親證阿賴耶識——如來藏本體，以及依如來藏而有的五法、三自性、七種性自性、七種第一義、人無我與法無我，那麼這種錯誤的攝受陰界入爲眞實法的邪見與執著，就會漸次的消滅了；因此而轉依眞如阿賴耶識，依照諸地進修的次第，相續不斷的轉進，使得其餘外道見的邪見都不能傾倒和移動他，這就是佛法中所說的入住於菩薩不動地中。

再往前進修，而獲得十種三昧道門之法樂，爲金剛三昧的法性覺悟所執持，再返身觀察不思議佛法及自己進入初地時所發的十無盡願，因此而不取受滅盡定的三昧門法樂，也不取證無餘涅槃而進入涅槃之實際中，如此趣向佛地自覺聖智之義趣中。這種佛菩提的修行，不共於一切聲聞、緣覺及諸外道所修行之法道；證知及發起十地聖種性道，如是歷經三賢位的習種性、性種性、道種性，在三地滿心位起，發起意生身、智生身等，遠離滅盡定等聲聞三昧，也遠離貪著世俗三昧等行。由此緣故，大慧啊！菩薩摩訶薩欲求勝進的話，應當次第清淨如來藏名義及識藏之名義。

大慧啊！如果沒有這個識藏名爲如來藏的話，就不會有世間萬法生滅的現象了；大慧啊！但是所有的凡夫與聖人都是有生滅的，眞正修行佛菩提的人，這樣的自己覺悟聖人的意趣，而在現前所證得的法性中安樂而住，但是卻不捨棄種種的方便法，如是而利益衆生。

大慧啊！這個如來藏，或者名爲識藏，在一切聲聞阿羅漢以及緣覺辟支佛等人來說，他們所見的如來藏都是依於心裡的想像而已，他們是不能證得的；這個如來藏雖然是自性清淨的，但是因爲七識心被六塵的客塵所障覆的緣故，所以體中仍然可以看見有不清淨的種子，這不是諸如來的第八識心。大慧啊！如來的第八識心，現前的境界是究竟清淨的，是猶如觀看在掌中的阿摩勒果一般，可以很分明的看見祂的究竟清淨的。

大慧啊！我就是因爲這個道理，因此以我的神力而建立這個法義：教令勝鬘夫人及利智滿足的菩薩們，宣揚如來藏的名與義，演說如來藏及識藏的名與義，說如來藏與七識同時出現在世間。聲聞人由於誤計如來藏而執著的緣故，所以只能觀察到人無我和聲聞法中的法無我，所以勝鬘夫人承佛威神，而宣說如來所住的境界，這不是聲聞緣覺及外道所能證得的境界。如來藏、識藏，是只有佛及其餘智慧深利的依義菩薩所住的智慧境界；由這個緣故，你和其餘的大菩薩們，對於如來藏、識藏這個義理，應當勤加修證與學習，不要只是聽聞與覺知之後，就作知足之想。」爾時 世尊想要重新宣示這個道理，因此而說偈言：

非常深奧的如來藏，是與七轉識同在的；
因爲如來藏的緣故而有能取與所取的現象產生，
有智慧的人則能遠離能取與所取這二法。
能夠像明鏡一樣顯現色像的這個如來藏心，
是由無始劫以來的種種學習與造業所熏染的；
如果是能夠如實觀察如來藏的人，
當他看見一切世間有種種事相時，其實心中的看法卻都是無事。
譬如有些愚癡無智的人看見別人爲他指示明月，
他卻只是觀察那人的手指，而不順著指頭所指的方向去觀看明月；
那些誤計和執著名字指的人們，是看不見我所證得的眞實境界的。
如來藏心就好像是有種種善巧的伎兒一般，
意根與意識則猶如配合那個善巧的伎兒而指揮伎兒的人，
前五識則是意根與意識的伴侶，
妄想就是在那兒觀看如來藏與意根意識共同演戲的觀衆。》

解：爾時大慧菩薩復白佛言：「世尊！惟願世尊更爲我說陰界入生滅；彼無有我，誰生誰滅？愚夫者，依於生滅，不覺苦盡，不識涅槃。」佛言：「善哉！諦聽！當爲汝說。」大慧白佛言：「唯然受教。」

此段經文中，大慧菩薩提出了兩個問題：一者，衆生對於五陰十八界六入的生滅性，不能了知，所以依於生滅法，而認作不生滅法，所以就不能覺悟諸苦滅盡之道，所以不能認識涅槃之眞正義理。二者，衆生總以爲五陰十八界六入之中既然無我，那麼無我之中究竟是誰出生了？而又死亡入滅了？衆生不能理解這個陰界入生滅的眞實理，所以便依於生滅法，而認作不生滅法，所以就不能覺悟諸苦滅盡之道，所以不能認識涅槃之眞正義理。衆生由有如是疑見，所以不能證得三乘菩提，不能出離生死。大慧菩薩有鑑於此，爲慈憫故，代爲向 佛提出問疑，求 世尊爲衆生開示。

如是誤會五陰、十八界、六入等法者，末法之時極爲普遍；豈但末法時？大慧菩薩當時便已極爲普遍，所以大慧菩薩作是請問。二乘解脫之道，乃是三乘菩提中最最粗淺者，而今時之北傳、南傳大法師、大居士等人，悉已普遍錯會，更何況甚深難解、難知、難證之大乘佛菩提所說般若正理？更難求證也！譬如今時台灣最高大寺院之中台山惟覺法師，將清清楚楚、明明白白、了了分明之意識心，認作常住不滅之眞實心；又將處處作主之思量心意根末那識，認作常住不壞之眞實心，即是不懂五陰、十八界法、六入法者。

亦如台北最大道場之法鼓山聖嚴法師，將一念不生之覺知心意識境界，將放下五塵我所之意識境界，認作禪宗之開悟境界；將覺知心長時間住於一念不生而不起我所煩惱之境界中，便認作已經大悟徹底。如是將離念之意識覺知心認作第八識眞實心，與中台山無二，悉是錯將意識界認作常住不壞心，而悉不知此是意識心，而悉不知意識界本是依於「意根、法塵、觸」等三法之和合，方能由第八識如來藏中出生者。如是說禪、修禪，以及印證禪悟之台灣兩大道場，堂頭和尚悉皆有志一同，共認意識心爲常住之心，共認離念之意識心是無餘涅槃之本際，皆是妄想以此意識心而欲入住無餘涅槃境界中者，皆是誤會陰界入法者。聖嚴、惟覺法師如是，星雲與證嚴法師亦復如是，悉墮意識心中，以爲意識覺知心處於一念不生時，即是已經轉變爲第八識眞如者；觀彼二人之著作中，處處顯露如是意旨，處處皆有蛛絲馬跡可尋也，非是平實妄評之也。

意識一念不生時，仍然是覺知心；離念靈知心了了分明而不昏沉時，必於六塵了了分明，不須語言文字即能了知六塵也，此即是與五別境心所法相應之意識心也，佛於三乘諸經中，處處宣示此是意識心，處處宣示此心是「意法觸，三和合緣生」者，乃是依他起性之緣起法所攝，非是本自存在之自在法也。而中台山、法鼓山、佛光山、慈濟之堂頭和尚，悉皆同認此一緣起緣滅之意識心為眞實心，為法界之實相，去道遠矣！

一切聲聞初果人，皆不認此心為眞實心，反而悉皆現觀此覺知心之虛妄不實，由此現觀故，便斷我見，預入聖流，成初果人，斷三縛結；極盡七有往返，必盡苦邊。今時南傳佛法諸大師等，卻悉教人時時處處保持覺醒性，莫使昏沉，悉墮意識心中，未斷我見，尚非聲聞初果人，云何而可謂為四果羅漢？今時台灣所弘之南傳佛法諸師，不論法師與居士，皆同墮如是意識心境界中，常教徒衆無念離念了了分明而活在當下，以當下無念離念之覺知心，作是常住不壞法，如是自謂已斷我見，自謂已證涅槃，皆是大妄語者。印順、昭慧、傳道、聖嚴、惟覺、星雲、證嚴等大法師，及今時諸多南洋台灣之南傳佛法大師，於此聲聞基本法十八界之觀行，竟不能實修，猶自妄認三界有中之十八界所攝之意識界，作爲常住不壞法，焉得謂是眞解佛法者？高雄最大道場之佛光山星雲法師更如是，由因去年平實以書籍公開評論彼之不在佛法上用心之後，方由座下法師開始在電視台上宣演粗淺之十二因緣法，復又處處錯解十二因緣法，將十二因緣法說爲斷滅空之因緣法，同於印順、昭慧、傳道所說之無因論斷滅空，完全違背 世尊在四阿含諸經中，依於如來藏而說之十二因緣法，成爲斷滅本質之十二因緣法。乃至慈濟之證嚴法師，從來皆在世間法上用心，鮮少在證悟佛菩提上、鮮少在二乘解脫道上用心與弘演，近來開始宣說菩薩道，卻將大乘般若以世俗法而改易之、而淺化之，可謂完全不懂佛法之人也。凡此皆是錯會陰界入法，不能如實理解十二因緣法，不能如實理解生滅法所致。

學人當知：見聞知覺性，本是夜夜眠熟斷滅之法，皆是生滅法；既然中夜眠熟而斷已，斷已則是無法，無法則不可能次晨無因而又生起；其實乃是由於自心如來之常住不斷不滅，是故能從自心如來所含藏之意識種子流注而出，方能再有次晨之意識了知性現起；意識了知性現起已，方能有見性、聞性、嗅性、嚐性、覺性等五識性生起，是故意識非是常住不壞法。

復次，若無意根於眠熟位繼續存在，則不能因於身體疲勞消除後之觸法塵，而促令自心如來中之六識種子流注而出，則無六識心之見聞知覺性現前；由此而知必須有意根之觸法塵爲緣，令意根之作意欲知六塵，自心如來方能流注六識種子而現起見聞知覺性，故知意識亦須意根爲緣方能現起。

復次，若無完好五色根之扶塵根與勝義根，則不能使得人間之覺知心現起，何以故？謂如來藏不能現起人間之六塵故，要依完好之五色根，如來藏方能現起人間之內相分六塵故。是故意識復須以六塵中之法塵，及完好之五色根爲俱有依，方得自如來藏中現起。如是正理，非唯種智中如是說，於今時之世俗醫學上，亦復如是證明，今時大衆普皆知悉如是事實。

如是依於多種他法方能現起之意識心，如何有智有慧之聖嚴、惟覺、星雲、證嚴、印順、昭慧、傳道等大法師，竟然不能知之？如何今時台灣及南洋之南傳佛法大師皆不能知之？而廣大徒衆竟亦悉皆不能知之？竟然依人而不依法，竟然迷信其說，令人深覺衆生情執與業力之不可思議也！由如是緣故，說彼諸大師不善了知生滅法，不善了知五陰、十八界法、六入法，是故墮於常見外道見中。

復有義雲高、釋性圓、釋性海…等人，由於余之破斥其常見外道見故，便如此經中所舉如是世間外道一般，責問於余：「如蕭平實你也講到你三思之後爲護宗門正法，不論可不可行皆強力而爲，難道這一三思不是凡夫意識嗎？……如不起念，又怎提筆寫文意？不是在欺騙衆生嗎？……意識隨業所轉，無有滅時，無常來時意識轉入中陰，中陰階段後又轉入輪迴，意識是不會滅的！」（詳見 2000.8.13.台灣各大報紙第一版彩色半版廣告文）如是之人，即是完全不懂佛法之人也，即是完全不懂十八界生滅法者也！

如是附佛法外道，於佛法眞義茫無所知，聞說十八界法悉皆生滅變易，非是常住不壞之法，輒生恐懼之心，畏墮斷滅之中；又因不知有第八識如來藏可證，亦未能證知自身六識運行時，尚有意根同時運行；又因不知不證眠熟無夢時尚有第七識意根之繼續運作不斷，更不知意根之依附於第八識如來藏而運作不斷，是故聞余破斥意識，說爲生滅無常之法已，恐懼成爲斷滅空，是故堅執意識覺知心是常住不壞之法，更作上述所舉貽笑方家之幼兒無知言語，更以龐大經費而刊登廣告於各大報紙，自曝其短；猶如此段經文中之無知外道執著常見見，對佛教中之修行人提出質難：「彼中既無有我，誰生誰滅？」堅持處處作主之意根爲實有不滅之法，堅持了了分明之覺知心爲實有不滅之法，而不能了知意識覺知心夜夜斷滅，是生滅法；而不能了知意根亦是可滅之法，入無餘涅槃時必須滅卻之。

是故此等附佛法外道之落處，與印順、昭慧、傳道等人所墮無異，亦與中台山、法鼓山、佛光山、慈濟之堂頭和尚所墮無二，同皆認取意識心作爲常住不滅之法，而悉不能了知意識覺知心之虛妄無常必滅。由虛妄無常必滅故，說爲無我，謂意識覺知心實無常住不壞之自體性故，此衆生所知之我非是常住不壞之法故。淺學之人不了此理，便對 佛教眞修行者提出如是質問：「若無意識，你尚且不能知我在說什麼？何況能寫文章破斥我？」

如是類人，或者不知五陰、十八界、六入等法之生滅性，不知其無常性，是故墮於外道常見之中；或者執著常見見，不信 世尊所說五陰無我、十八界法無我、六入法無我等開示正理，堅執覺知心爲常住不壞之我。由有如是二種常見見故，大慧菩薩爲利當時及後世之修行人，是故求 佛開示陰界入生滅之正理，求 佛開示十八界法無我及如來藏眞實常住之眞實正理。如是具足我與無我之眞實正理，於拙著結緣書《我與無我》中，已有明確之說明，讀者請逕行索閱，此處不復重贅。

佛告大慧：「如來之藏，是善不善因，能遍興造一切趣生，譬如伎兒變現諸趣，離我我所；不覺彼故，三緣和合方便而生，外道不覺，計著作者」：一切有情各自皆有之第八識心，具足一切有漏無漏法種，亦含藏衆生未來成就究竟佛道之種子，三世諸佛皆因此第八識故，修行三大阿僧祇劫之後乃能成佛，如同其中含藏著未來之如來，故又名爲如來之藏，簡稱如來藏。

第八識心如來藏，是一切法之根源，一切善法與不善法之生起現行，皆以如來藏爲因：人在世間，之所以會有種種法，皆因本有如來藏，及如來藏所出生之意根從來不斷，是故由無始熏習之緣故，必定受生入胎（若非人間之業，則受生於色界或無色界…等世間），入胎已，如來藏復藉父精母血而成就人身五色根；人身之五根具足已，便出生而受外五塵；藉五根而受外五塵故，如來藏便生起內相分法塵；意根受內相分法塵故，便引生前六識心而了知生內相分五塵與法塵，則六塵具足；由有六塵之了知故，萬法生起變易；而此一切法之直接及間接生起，皆由如來藏而有，故說如來藏是一切法之根本因。若無如來藏，尚不能有人身，何況能有萬法攝取者之覺知心？何況能有萬法之可言？是故如來藏是一切善法與不善法之正因；離此如來藏，則無一切善不善法。

人間如是，地獄、旁生、修羅、色界天、無色界天，亦復如是，皆因如來藏之本來存在，永不壞滅，能集藏一切善惡業種子，故令業種可以現行而至來世受諸善惡報。譬如造十善業而不犯衆生者，則生欲界六天，享受欲界天之殊勝五欲；若造十善業後，卻因無知迷信而誹謗正法、破壞正法，則先下墮地獄受長劫尤重純苦；受畢方生欲界六天中享其欲界天福。如是等業種，悉由自心如來藏所執持，非是處處作主之意根所能執持或予捨棄；而一切法生起現行之根源，悉因如來藏故生，若離如來藏，尚無三界有情，何況能有萬法生起現行？故說如來藏是一切善不善法之正因，能因善惡業而普遍生到人間、天上、地獄而存在，無有一處不能往生者，故言遍一切趣生。

生於三界之中，受盡一生所應受之苦樂報已，隨之復由如來藏中執藏之此世所造善惡業種而隨業受來世報。未到此世果報受盡（善業果報未享盡、惡業果報未受盡時），如來藏仍將繼續維持此世身心之運作而不令壞，令衆生繼續享樂或繼續受苦，繼續造善惡業；直至此世所應受之苦樂報已盡時，如來藏方捨此世果報身心，轉生至來世，成就異熟果報。如是受苦樂報之所有種子，非是有情之意識覺知心所能作主取捨者，亦非是處處作主、恆審思量之意根所能作主取捨者，皆含藏於如來藏心中而遇緣現行，非由意識與意根所能執持或取捨者，故說如來藏是有情之一切善不善報之因。

若人不能忍於此世之苦報，欲除此世之苦報，故意自殺者，則身命壞已，所未受盡之苦報，仍將於來世緣熟時繼續受之，無法逃避；唯除所餘惡業小於往世所修之善業，令彼次一世先行接受樂報，樂報盡已，再受所餘未報之惡業苦報，仍然無法逃避。有智之人，則藉此因果定律而改變來世之果報，努力行善除惡，令此世之善業大於往世所造之惡業，令惡業永遠不現前，大業先受報故。如是世世皆行大善業，令惡業永無報時；直至成為大菩薩，有能力輕易受報而不覺大苦時，再行受報，並藉此緣而度衆生。由是緣故，說一切善惡業之果報，皆以如來藏為正因；若無如來藏之執持業種，則無有情之受此世善惡業報；若無各個有情悉皆唯我獨尊之各自獨立之如來藏心，則有情所造業種皆將雜亂無章而無處集藏，皆將成為造因與受報之因果不相等，皆將成爲因果亂報之狀況，則成無因無果之世間。

一切善法與不善法之生起現行後之隨緣散壞，亦以如來藏爲因：若非如來藏所集藏之往世業種，則衆生出生後，色身悉將永遠留存在嬰兒狀態，或於成長之後將永遠保持在不老、不死之狀態下。但因如來藏之集藏往世業種，並因其七種性自性之緣故，能令業種一一現行而受其報，故往世造短命業者，此世不可能長壽；往世造長命業者，此世將享長壽之命報。乃至異熟果外之依報業，亦由如是七種性自性而現行，令有情隨業受其可愛或不可愛之依報，絕無因果雜亂之現象。

凡此異熟果報之正報，及依報之隨業受報，皆由如來藏依其所持之業種，而由其七種性自性之運作，令有情各自受報，令因果無差。由是緣故，說如來藏是一切善法與不善法之正因，說如來藏能普遍興造一切五趣衆生。猶如造作種種人形玩偶之巧匠，能造作種種人物與動物；如來藏亦如是，能依業而各自創造自己之有情色身：造惡業者，則創造爲三途衆生之不可愛異熟果報身；造善業者，則創造爲善道有情之可愛異熟果報身。創造出各自有情之異熟果報之後，如來藏自身卻離見聞覺知、離一切思量性、離作主性，不受苦樂報，仍住於遠離我與我所之自住境界中。

凡夫與外道不能覺察到此一事實，唯見衆生之身心乃是三事和合故生，唯見根塵觸三和合生眼識乃至意識，以不能覺察此等皆是如來藏所運作之事實，故作種種誤計，或有說爲造物主創造人及一切有情者，或有說爲自然性而創造者，或有說爲時節所創造者，或有說爲四大所創造者，或有說爲方處……等。如是等六十四種外道見，計著自心如來藏之外別有一能創作有情身心者。

若是印順、昭慧、傳道法師……等藏密應成派中觀師，則否定此萬法之根本識，誤計爲：一切有情皆是無因而唯緣所生者。彼等不認爲有情之此世身心是由如來藏所出生者，認爲有情只是憑著父精母血，及不知從何處冒出之業種配合而出生者，不須以各人自己之如來藏執持自己往世之業種爲因。

然而此說有其大過失：一者，此世受報之業種是誰在往世所造？若謂由往世之自己所造，則往世既無自己之如來藏來至此世，如何能執持往世之自己所造善惡業種來至此世受報？而往世之意識復又不能來至此世，顯非由往世自己之意識持業來至此世受報，則往世之業種是如何來至此世而由自己受報？若無自己之如來藏執持業種來至此，則此世受報之業種，當知非是自己往世之業種，則此世受善惡報之業種，是誰人所造而在此世之自己身上受報？二者，此世造業後之業種存在何處？若無如來藏持種，則自己此世所造之善惡業種，將存於何處？則往世之自己所造善惡業種，是集存於何處？若是集存於「唯名無法」之虛空，則是眾生所造一切善惡業種皆混雜收存於無法之虛空，則一切眾生之受善惡業報，悉成雜因亂果，則違因果不亂之法界定律。

若業種自己能獨自存在，不須由有情各自之如來藏集藏，則應一切兄弟姊妹出生後所受果報悉皆相同，亦應一切人出生之後，果報悉皆無異，皆由同一對父母所生故；而現見有異。故說定有各人悉自獨立、不相隸屬之如來藏，執持各自往世所造善惡業種，令各人獨自承受其善惡業果。

三者，若無如來藏，當如何入胎？印順、昭慧、傳道等人既主張無如來藏，復又否定第七識意根，唯承認有六識，則一切眾生死亡之後，即不可能再有中陰身而入母胎，正死位中意識斷滅已，已成無法，無法則不可能再出生中陰身，則不可能復有中陰階段之意識心，欲如何入胎？若不能入胎，則成斷見論。而現見多人能憶知往世事，現見多人能於定中、夢中親見往世事，是故必有三世，必有能來至此世之心。

然不可謂持種來至此世之心是意根末那識，意根非是持種之心故，所不欲執藏之惡業種子，意根亦無力棄捨故，故知一切惡業種悉非意根所執持，故知善業種亦非意根所執持。

若言是意識細心來至此世者，則應出生已，不必修學宿命通、不必修學世間言語等法，即能了知往世事、即能會通之，而現見不能，故非意識細心持種受生而來至此世。

復次，印順自己作如是說：《經上說：「壽暖及與識，三法捨身時，所捨身僵仆，如木無思覺。」壽、暖、識—三者不再在身體上生起，也就是沒有這三者，才是死了。倒在地上的身體，與砍斷了的樹木，落地的蘋果一樣。「識」，不但沒有六識，內在的細意識，十八界中（六識界以外）的意界，也不再生起了。》（《華雨集．四》頁116~117）

印順認爲：人死之後，雖仍有微細意界—唯識學稱爲末那識與阿賴耶識，但是死透之後，唯識學上所說之末那識與阿賴耶識，也是全部滅失，不復生起存在。認爲人死透之後，連細意識亦不復存在，是故死透之後乃是一切皆空之斷滅空，是故並無一法從往世來至此世；既如是，則往世之各人所造種種善惡業，都將存於子虛烏有之法中，或將存於印順所施設之法中，非是由各人皆有之第八識阿賴耶所執持。既如是，則應業種是獨自存在者，則應此世各人所受果報，悉是因果雜亂而報，悉是隨於機遇率而受報者，則成因果雜亂無章，則成無因無果論者。是故，持種者絕非意識之細心，印順自言意識細心（意根、意界）於死透後亦必滅失故；意識細心（意根、意界）死亡後必定永滅而永無復起之時故，是故印順之見解爲：死後並無一法可以入胎，則成斷滅法。是故死後入胎者絕非印順所言之意識細心。

印順又認爲死透後之意根末那識（細意識）亦將滅失（此說有誤），則應意根亦非是持種去至後世者，則應一切人死後，悉將無法入胎。審如是，則應一切人此世之意根亦是此世方出生者，非是從往世入胎來至此世者；如是說法，違佛所說「意根恆審思量」之恆字眞理，則同於一神教等研究佛學者之說法，同於一神教之「聖」經所說者，成爲無有前世者，非是佛法中所說有三世輪迴者；故說印順絕非佛教之法師，思想同於一神教外道之研究佛學者故。如是，往世之各人死透之後，一法亦無，是誰入胎受生而持種來至此世接受往世之善惡業果報？故知必是意根與第八識如來藏入胎受生，由第八識阿賴耶持種來至此世，復生此世之意識心而領受善惡果報也。

若是意識之粗細心持種來至此世者，則意識之俱有依（上一世之五勝義根頭腦）亦應一同來至此世受生；意識若是不斷之法者，則其俱有依之勝義根（頭腦）更應是不斷者故；然而現見往世意識之俱有依勝義根，不曾如是入於母胎來至此世，是故絕非是意識心入胎來至此世。是故，必須如來藏之不分善惡並有七種性自性中之大種性自性，永離我性及我所性，方能不起分別而執持一切善惡業種子，隨同意根及中陰階段微細意識之起顛倒想而入母胎，入胎後微細意識永斷，永無復起之時，然後始有此世依於新生之五勝義根爲俱有依之全新意識覺知心出現，非是往世之意識心重新出現於此世。是故，若無如來藏之持無明種及善惡業種，則無前世之入胎受生而有此世意識覺知心也，由是故說如來藏是一切法之正因。

四者，入胎後是否由母親創造吾人之色身？大衆於此皆當觀察，應了知其理，了知事實狀況，方免受人誤導。若無如來藏之大種性自性能造四大之身，則入胎後藉母血四大而創造此世色身時，應是由母親假藉觀想或其他方法，每日起意運作而創造吾人之胎中色身。然而現觀一切人間母親，並無一人如是作意創造吾人之色身，只是提供如是生長環境，令吾人之如來藏以其大種性自性而創造吾人之色身。母親只是提供如是可以創造色身之環境與物質，吾人之色身其實仍是由吾人各自之如來藏，藉母親所提供之四大物質而創造者。現見意識心不能如是創造吾人之色身故，現見意根末那識之極拙於分別觀察，何況能創造吾人之此世色身？現見往世意識於入胎後永滅而不復現故。是故，如來藏方是衆生色身之創造者，如來藏方是一切法之正因也。

五者，住胎時所應成就之正報果報身之勝劣，是由誰人決定？不可謂是意識心也，此世之意識要待此世之五勝義根創造完成時，方能因俱有依之具足而出現故。亦非是意根，意根於處胎位中，凡事悉皆無所能爲故，要依意識現起之後，方能假藉意識之分別而於六塵作諸取捨故。現見一切人皆欲生而莊嚴健壯，而卻不能由處處作主之意根作主，成就美貌健壯與莊嚴，乃至有人生來醜陋多病，非己所樂。是故，創造吾人此世色身者，非是意根與意識也，現見意根與意識皆無如是功德莊嚴故，現見意根與意識皆樂於生來健壯及莊嚴而不能隨心所欲故。

是故當知別有一心，執持前世所造之善惡業種，假藉父精母血，而依業種及其大種性自性，而自動創造吾人之勝劣色身，非是意根與意識所能決定、所能影響者。是故，業種及覺知心之心性若應當生而爲人，如來藏便感得如是業種，而顯現當生爲人之境界，意根便攜如來藏受生於人間，如來藏便依如是基因而感應其所有之大種性自性中之造人自性，便於人之母胎中創造人之色身。若當生爲旁生動物，如來藏便感應大種性自性中之旁生物種之創造動物自性，依其入胎之環境而創造旁生動物之色身；若當生爲天人，如來藏便直接依其所持之善業種，而造來世之天身。有此世身已，此世意識則能從如來藏中出生而現行運作，則生諸法乃至萬法，而受世間萬法苦樂果報。由是正理，故說如來藏是一切善不善法之正因，能遍興造一切五趣種類之色身。

六者，各人出胎後之依報勝劣是由誰人決定？不可謂是意根與意識也。譬如俗人每欲出人頭地、揚眉吐氣，而現見唯有少數人能如是。譬如達賴、印順、昭慧、傳道、聖嚴、惟覺、星雲、證嚴……等學佛人，亦皆意欲證得三乘菩提，私心欲求證悟菩提，亦求眞正之明心開悟，然皆不能如願，反而墮於常見見或斷見見中。是故，此世之依報勝劣等，皆非由各人之意識與意根決定之，實由各人所執藏之往世所熏修之有漏無漏法種及善惡業法種而成就之。

是故印順、昭慧、傳道、聖嚴、惟覺、星雲、證嚴……等人，終其一生努力精進，而竟墮於斷常外道見中；是故平實此世學佛不過七年有奇，雖然聖嚴法師所教導於余者乃是錯誤之常見外道知見，然平實依其所說，於家中閉關參禪十九天之後，最後一日棄捨其邪見已，便於當日得以自參自悟，契符三乘諸經意旨；乃至悟後出世弘揚 世尊正法，所說諸法，印順、昭慧、傳道、聖嚴、惟覺、星雲、證嚴……等人所不能訶。我會中諸師亦復如是，依余所傳法道而證悟之後，所說諸法皆非彼印順等諸多凡夫所能訶責。

凡此皆因如來藏中所藏之過往多世熏習無漏善法種子之現行，故得如是，絕非吾人此世之一世意識及與意根所能成其功、決其定也！皆由如來藏中所含藏之往世無漏法種而相應、而引生之，若無如來藏之攝藏往世無漏法種，平實焉得棄捨聖嚴法師所授之錯誤知見已，當日便得破參證悟？故說如來藏是一切善不善法之正因，絕非以印順於諸書中所說之意識細心或意界為正因也，絕非吸食印順邪見之昭慧、傳道、淨耀……等人說之意識細心，能是一切善不善法之正因也。

七者，衆生出胎後之住世而受苦樂報，其時間長短復是由何人決定？譬如有人久受衆苦，欲思出離而不可得；後時卻因某一善緣而忽然諸苦消失。又譬如有人久受世間五欲樂，常思保守不失，後時卻因某一惡緣而忽然一切樂具皆失。意識心所欲縮短或延長時間之作爲，竟不能成其功，卻由某一意想不到之往世所造因緣，而起此世果報之忽然完全改變。故知此世所受苦樂報之定數，非由吾人之意根與意識而決定之；唯除了知從根本改變之學佛人，能從善惡業種之增長或消除上用心力行。故說意根與意識皆非一切法之正因，如來藏方是一切善惡法之正因也。

八者，人類乃至天人、地獄衆生……之壽命長短，又是由誰人決定者？世人若無大苦者，每欲求長壽住世，然而竟不能如願實現。有人久病不堪而壽至耄耋，求欲早死而不可得；地獄衆生受長劫無間尤重純苦重報，欲求早日捨壽而離地獄重苦，竟不可得；有人長享世樂，求欲長壽而竟四十餘歲便壽終正寢、無疾而終；有人希求長壽，冀於三乘菩提能得自參自悟，而不可得，六十餘載便告無疾而終，多不能如願；亦有人長受苦惱，求欲早死而生極樂，亦不可得，要待異熟果之壽命果報正式告終，方得捨壽生西，除非以自殺之外力手段行之。如是等人，以其意根與意識，欲得長壽或短命，竟皆不能成其功、竟其業。

是故，凡此意識與意根所欲者，竟不能實現，要待如來藏所執藏之異熟果報種子之現行運作，待至報盡，方得捨壽，是故如來藏方是一切善不善法之正因，非是印順、昭慧、傳道⋯等人所說之意識細心也，意識之一切粗細心，皆須相待於意根與法塵及五勝義根之具足，方能生起現行故，是生滅有爲之法故，是受異熟果之心故，非是決定異熟果報之心體故，決定異熟果報之心體必須是常恆而不曾剎那間斷之法故。

復次，一切法之生起，如前所言，皆悉要依藏識阿賴耶之流注七識心種，及流注第八識阿賴耶之自體心種，以及流注種種法種，方能直接或間接出生，若無如來藏之流注各類法種，尚無蘊我之色身我與覺知心我，何況有諸我所？何況能有一切法現行？是故，如來藏是一切善法與不善法之正因，一切法皆從如來藏而現行；是故，凡愚所能知悉之身心，悉是各人自己之如來藏所創造者，絕非是外道所說由造物主上帝所創造者，亦非是印順、昭慧、傳道……等藏密應成派中觀師所說之唯緣無因而能生起者；由是緣故，說印順、昭慧、傳道……等密宗應成派中觀師，皆是「外道不覺，計著作者」，誤認為有情身心是純由父母所作者。

印順法師如是云：《玄奘所譯『解深密經』說：「亦名阿賴耶識，何以故？由此識於身，攝受藏隱同安危義故」；「攝受藏隱」，『深密解脫經』作：「以彼身中住著故」。阿賴耶有隱藏、依住的意義，如依住在窟宅中，也就是隱藏在窟宅中。所以『楞伽經』中，顯現境界，起七識等，當然是阿賴耶識的作用，而自性清淨，為虛偽惡習所熏染，生（雜染的根本）無明住地（或作「習地」），為如來藏而轉名為阿賴耶識的關鍵。》（《如來藏之研究》第八章《如來藏佛性之抉擇》頁 241）

印順誤會經意極為嚴重，已至**完全顛倒**之地步。「此識於身攝受藏隱，同安危義故」，印順斷句錯誤，亦錯解為：「依住的意義，如依住在窟宅中」，而是阿賴耶識依色身而駐於三界中，色身由此識所執持。然因此識之知覺性之心行極為微細，非屬六塵中之知覺性，故其心行之法相極為隱密，彼諸凡夫及二乘有學無學等愚人所不能知，印順、昭慧、傳道等人，二乘菩提尚且不知不證，皆屬一介凡夫，更不能知此大乘佛菩提之密意；對如是類凡夫人，故說爲藏隱；然於已悟之人觀之，其實遠較意根明顯，時時分明現前而無隱藏。一切證悟之人現前觀察吾人之色身與七識心，悉是依附於此第八識而住，絕非此一藏識依附於吾人之色身也。然諸 佛菩薩爲令眾生易得取證此眞實心，故說「於身攝受藏隱，同安危」，意爲第八識是對於色身能予攝受者，非是由色身攝受此識而住；故是阿賴耶識攝受此身而住，非是此身攝受阿賴耶識而住；印順所舉《解深密經》之經文所說者，意亦如是；印順並非外國人，非是不懂中文者，不應對中國語之經文，作如是顚倒之解釋。

　　復次，印順所舉《楞伽經》文，亦已顯說七識心等悉是由此第八識而出生；印順自言：《所以『楞伽經』中，顯現境界，起七識等，當然是阿賴耶識的作用》，既然如是，當知七識心皆由第八識阿賴耶所顯現，經文 佛旨極明。復次，既然所舉經文說「阿賴耶識顯現境界」，則是說吾人所觸之六塵相，其實皆是內相分，而六識心乃至第七識意根，皆只能在內相分之六塵相分中貪厭，而起種種七情六欲，而六塵相分既然是阿賴耶識所顯現者，云何阿賴耶識非是十八界法出生之根源？既是十八界法出生之根源，怎可說是「先有六識，後有七識，再發展爲第八識」？此理眞是顚倒之說，故說印順及其隨從者，皆是「其心顚倒」之人也。其心顚倒之人，云何有智、有慧？云何可謂之爲有佛法之證量者？

復次，印順墮於西藏密宗黃敎之應成派中觀邪見中，不知自己之見解邪謬，總以己意妄想而解釋佛經佛法；印順思想中有一大謬誤：將如來藏與第八識分割爲二，令佛法支離破碎。佛所說如來藏者，本是第八識，唯是未曾處處皆冠以第八識而說其名爾。譬如般若系諸經中，說「非心心、無心相心、不念心、菩薩心、無住心」等，亦皆是第八識，不可謂爲五心也。又譬如第三轉法輪諸經所說之「心、阿賴耶、異熟識、庵摩羅識、眞相識、眞如、無始時來界、所知依……」等，其實皆是同一第八識心，不可如印順之說爲多心也。亦如初轉法輪之四阿含諸經中，有時說爲「心、實際、本際、如、眞如、識、如來藏、我、法……」，其實亦皆是第八識心，非有多識多心可言，皆是同一第八識而有多名也。若如印順之說法，則可謂上來所舉諸心，爲二十餘種心，則再加上原有七識心之後，應各人皆有三十餘心；若如印順之將同一第八識分割爲如來藏及阿賴耶識二心者，則應將如是三十餘心分割成個個獨立之心，分割後則必定如是故。

印順思想弘傳到今天，經由平實舉證分析之後，竟會成爲現代佛學上之一大笑譚者，其根本原因，即是在於信受西藏密宗黃教之應成派中觀邪見；信受後，不肯承認其謬，不信太虛大師所說八識心王之理，便故意將 佛說諸經之本意，加以曲解，加以分割。由此緣故，便將如來藏與阿賴耶識二名分割爲二心。然而 佛所說之阿賴耶識及如來藏名，本來同是第八識一識，非是有二也。若是二者，則 佛應將如來藏識與阿賴耶識之關係加以說明，則應建立九識之說，方是化度之緣已盡，方可取涅槃而入滅度。然今現見 佛已在人間入滅，未曾建立九識之說，未曾說衆生各有九識；亦未曾開示如來藏識與阿賴耶識爲二心而說明其互相之關係，唯是說明如來藏與前七識之關係，唯是說明阿賴耶識與前七識之關係，皆唯是說明前七識由如來藏出生，唯是說明前七識由阿賴耶識出生；唯是說明阿賴耶識修除分段生死種子後改名爲第九識異熟識，同是第八識體；唯是說明異熟識修除變易生死種子以後，改名爲第十識佛地眞如，同是第八識體，說明佛地亦是唯有八識，非有九識十識；唯是說明異生位到等覺位之第八識皆名如來藏，未說衆生有九識十識。可知此如來藏名與阿賴耶識二名，本屬同一識，不須別作二識間之關係之說明也。若如印順之分判，則世尊在世時，應如開示前七識之體性而一一開示如上所舉三十餘名義之心，其體性爲何？亦應就前述三十餘心而說明如何修證如是一一心之法門，亦應說明如是三十餘心之關係而連貫之，開示其修證之一一次第性。然我世尊都無如是開示，都無如是說明，便取滅度。由此亦可證實：如來藏識與阿賴耶識，本是同一心，同是前七識出生之根源故，同是前七識之俱有依故。唯是爲度衆生之方便故，有時別別施設其名，說明其體性，實唯一心多名，非是三十餘名而實有三十餘心也。印順不知此理，將第八識分割爲如來藏與阿賴耶識二心，說爲各自獨立之二法，然後加以自意思惟之解釋，故令佛教法義支離破碎；是故，太虛大師責備印順將大乘佛法分割而支離破碎，允爲正評；此語具載於印順自造之書中，非是吾人誣蔑之辭也。

印順又言：《繼承『勝鬘經』，融攝瑜伽學，『楞伽經』作了進一步的說明。『勝鬘經』沒有說到阿賴耶識，『**楞伽經**』**卻合如來藏與阿賴耶**（**藏**）**識爲第八識**。『勝鬘經』說：「六識及心法智」，唐譯作「六識及以所知」。所知，古人每譯爲「智」與「應知」的。「六識及心法智」，『楞伽經』是稱爲意、意識等七識的。在八種識中，爲什麼「如來藏名藏識」可以爲一切法依止，而不是前七識呢？……「佛告大慧：如來之藏，是善不善因，能遍興造一切趣生，譬如伎兒變現諸趣，離我我所。……」上面說過，爲了外道的怖畏無我，妄執有我，所以說如來藏；如來藏不是神我，卻有神我的色采。佛說「諸法無我」，是一般人所不易信受的，所以部派佛教中，也有成立「我」的學派。『楞伽經』中，大慧菩薩代表了一般的心理，請佛解說。佛說生死流轉，在生死流轉中的，只是五陰、六界、六入（處），並沒有我。在一般人看來，如沒有我，那誰在生？誰在滅？也就是誰在生死？這是以「無我」爲不能成立生死的。還有，如『經』說：「譬如破瓶不作瓶事，亦如焦種不作芽事。如是大慧！若陰界入性，已滅、今滅、當滅，自心妄想見，無因故，彼無次第生。」滅，被解說爲什麼都沒有了，那末前一剎那滅，第二剎那就「無因」而不可能生起了。這是說：生滅無常是不能成立生死流轉的，如經說：「其餘諸識有生有滅，意、意識等念念有七」；「七識不流轉，不受苦樂」，與『勝鬘經』的「此七法，剎那不在（住），不種眾苦」說相合。瑜伽學說：剎那不住的有爲生滅，可以成立生死的流轉，受苦樂的異熟，所以以依他起自性，阿賴耶識為所依。但『楞伽經』雖肯認「無我」，卻同意一般的觀點，所以要在諸行生滅法外，立常住不變，不生不滅的如來藏（藏識）為依止。這樣，「離無常過，離於我論」的如來藏，為一切法依，是最善巧的說法。》（《如來藏之研究》第八章『如來藏佛性之抉擇』頁 244~246）

印順以其所迷信之西藏密宗應成派中觀邪見，處處作諸邪謬言語，誤導眾生。既然各部經文中，有時說前七識等十八界法悉由阿賴耶識生，有時說前七識等十八界法悉由如來藏識而生，實已顯說如來藏即是阿賴耶識也，實已顯說此二名皆是同一識也。印順不應為了附合密宗應成派中觀見，便故意將此二名拆為二法，以此邪謬之見而誣蔑為「本是二心，後來合併為一心」，如是說法，明顯違背　佛於諸經所說。如來藏與阿賴耶識二名所說之心，果如印順所說是二心者，　佛又有時說前七識由如來藏而生，有時說前七識由阿賴耶識而生，則有大過：應一切有情分部為二宗，一宗是由如來藏而生，一宗是由阿賴耶識而生，則應實相亦有二法。亦應如是二宗之有情永遠不得相互往來。由如是理，可見印順將如來藏與阿賴耶識二名所說之心，強分為二心者，實有大過。

如來藏與阿賴耶識爲同一心，在四阿含諸經中，本已處處隱說，唯是印順依其所迷信之藏密應成派中觀邪見，意欲成立其藏密邪見爲正見，所以故意斷章取義、視而不見爾。四阿含諸經所說第八識之不同名相，卻說其體性皆是同一本來性、自性性、清淨性、寂滅性、涅槃性、常住性、金剛性。所說悉無差別，雖有多種名稱，其實本來同是一心，皆是指第八識心，非是因有多名而有多心也。自是印順不解，妄作多解，解之太過，違逆 佛意。

佛說十八界法無眞實不壞之我，是故聖嚴、惟覺、星雲、證嚴、印順、昭慧、傳道……等人難以接受，由是緣故，或者認取離念靈知之意識心爲常住不壞之心，以爲離念之意識心即是常住不壞之法；或者如印順、昭慧、傳道、星雲、證嚴、……等人，堅執意識之細心爲常住不壞心。如是執著欲界世間之覺知心我、意識我作爲常住法。然印順、星雲、證嚴、昭慧、傳道……等人，復又墮於斷滅見中，以爲一切法皆可無因而起，皆可唯緣而起；是故雖承認十八界法無常無我，卻不肯承認十八界法之現起與壞滅必定有其根本因，是故主張萬法可以無因唯緣而起而滅，是故主張般若即是離於如來藏之緣起性空，主張般若即是一切法空、即是性空唯名，將如是無常見、斷滅見，解說爲眞實佛法，違背非常非無常、非斷非常之般若正義。

印順常將經文意旨作諸邪解；譬如所舉前文中，印順作如是說：《瑜伽學說：剎那不住的有爲生滅，可以成立生死的流轉，受苦樂的異熟，所以以依他起自性，阿賴耶識爲所依》，然而瑜伽學中，從來不曾承認「剎那不住的有爲生滅，可以成立生死的流轉」，此是印順依自意邪解，而將瑜伽學加以扭曲而說。瑜伽學中，不論是經典或論藏，都是說：「要依常住不壞之第八識阿賴耶，方能成立生死的流轉；要依常住不壞之第八識如來藏，方能有緣起緣滅，方能證得涅槃」，從來非如印順所說，印順完全曲解瑜伽學之眞正旨趣。睽於第三轉法輪諸經所開示之瑜伽學，睽於諸菩薩之論藏所說之瑜伽學，莫非如是，都與印順所說相違。譬如《攝大乘論》中明說有第八識如來藏，印順竟可以強加扭曲爲「無如來藏」（詳見印順所著《攝大乘論講記》），如是明說有如來藏之論文，尚且可以強加扭曲爲無如來藏，則其人之居心不善者，知過半矣！則其所說之瑜伽學，有何可信受之處？

生死之流轉，與異熟果之苦樂受，當然要以依他起性之意識覺知心方能受報；若是離六塵見聞覺知之第八識如來藏，若是離五塵覺受之意根末那識，如何受六塵萬法中之苦樂報？是故必須以依他起性之覺知心等前六識，方能受異熟果之苦樂報。復次，若唯前六識之見聞知覺性，亦不能受報，前六識心及其體性之運作，要依圓成實性之阿賴耶識共同運作及流注六識種子，復又同時流注外相分之色身種子、流注內相分之六塵種子，方能令十八界法毫無錯亂地運行不斷，然後依他起性之意識等前六識心，方能於內相分六塵法中受諸苦樂，是故若離阿賴耶識，即無十八界法存在；若離阿賴耶識，則依他起性之前六識，亦不能受異熟果報之苦樂，由是故說生死流轉及受異熟果報之苦樂者，必須以依他起性之六識心自性來領納六塵苦樂受，亦必須阿賴耶識流注無量種子而令前六識受諸苦樂。是從表相而觀，必須有前六識妄心，方能成立生死流轉之苦樂果報。

然若歸根結柢而觀，前六識心之受苦樂果報者，其實仍是要依圓成實性之阿賴耶識，及依遍計所執性之意根配合運作方能實現。所以眞正的瑜伽學中，從來不曾如印順所說「**離第八識心可以成立生死流轉，離第八識心可以成就異熟果苦樂之果報**」，從來不曾如是說，從來不曾加以同意，並且一再說明眾生之受一切苦樂果報者，皆由第八識如來藏而生，皆以第八識如來藏為根本。瑜伽學中所說如是正理，印順自己不知，反作妄解；乃竟援引如是正理之言語，以虛妄言而暗示為：「瑜伽學中不承認有第八識心，而楞伽經卻同意一般的觀點而承認有第八識如來藏。」其實乃是印順個人之自意妄想，乃是印順個人為建立藏密應成派中觀邪見而作之故意曲解，絕非事實。瑜伽學諸論現在，大藏經中猶可稽之，非是平實個人可以一手遮天而作妄說也。

印順妄作是說：《但『楞伽經』雖肯認「無我」，卻同意一般的觀點，所以要在諸行生滅法外，立常住不變，不生不滅的如來藏（藏識）為依止。這樣，「離無常過，離於我論」的如來藏，為一切法依，是最善巧的說法。》

實際則是：世尊在前後三轉法輪諸經中，皆說諸行生滅法外，別有常住不變之眞我，一向離於十八界我之我性，作為一切法之所依止。如是之言，早在四阿含諸經中，已經處處隱說，絕非是印順所說「後來」之般若諸經、唯識諸經中方說之也。自是印順受密宗應成派中觀邪見所遮障故，不能知見如是世尊隱說之意，說為原始佛法之阿含諸經中未說，是故作此虛妄不實、違背前後三轉法輪諸經佛旨之謬說。乃更於此嫌責《楞伽經》是後來承認世俗一般言說之「有我說」。誤會三轉法輪諸經佛旨，嚴重無比。其實三轉法輪諸經所說，前後一貫，並無相違牴觸之處；後時繕造《阿含正義—唯識探源》時，將一一列舉，證明 世尊早已隱說第八識如來藏也，茲且舉而不述。

「爲無始虛僞惡習所熏，名爲識藏，生無明住地，與七識俱，如海浪身，常生不斷；離無常過，離於我論，自性無垢，畢竟清淨。其諸餘識，有生有滅，意、意識等，念念有七，因不實妄想，取諸境界，種種形處計著名相，不覺自心所現色相，不覺苦樂，不至解脫；名相諸纏，貪生、生貪」：

衆生之自心如來藏，含藏無量數之有漏與無漏法種；由於無始劫來之虛僞惡習所熏染故，有漏法種日益增長廣大，惡業種亦日益增長廣大；復由假名善知識之邪教導故，致令一念無明與無始無明隨眠，亦復日益嚴重，是故導致常住於一念無明與無始無明籠罩之中；如是之人，其如來藏識，必定恆常流注前七識心之種子，令一念無明及無始無明常與七識俱，不能斷絕，猶如海水常與海浪身俱，常生不斷；如來藏則與無始無明及七識心共俱，如是流轉生死大海，永無盡期。然自心如來藏，於七識心與一念無明、無始無明共俱，猶如海浪常生不絕而造諸惡之時，如來藏自身仍舊永遠處於「恆而不審」之境界中，永遠處於遠離眾生我性，及遠離言語議論之境界，其自性永遠是不分別六塵苦樂、不取六塵萬法、不生六塵之貪厭者，永遠不於六塵動心，故其自性恆常清淨無垢，故說畢竟清淨。於自體畢竟清淨性中，卻含藏前七識心之染污心性，含藏前七識心相應之無量善惡業種及無明隨眠，故說自性清淨心而有染污。

如是自性清淨心，而含藏了前七識自無始以來所熏染之虛偽惡習，故令前七識心不淨，故令第八識心含藏前七識心之不淨業種與心種，而仍依清淨自性常處於三界中，隨同前七識心流轉生死。於流轉生死中，仍以清淨自性而住，不起一切分別，不生一切善念惡念，不墮於生死之中。由於如是無始虛偽惡習所熏故，此自性清淨心說為染污者，故名阿賴耶識，識中集藏分段生死之有漏種子故；故名識藏，阿賴耶識能含藏無量生死種及無漏法種故。如是維持其清淨自性而恆常如是現行運作，卻不斷出生無明住地之一念無明「起煩惱」，一直含藏無始無明之「上煩惱」，如是而令眾生常與無明相應，常生一念無明起煩惱種子，令與前七識同俱而不斷絕，故說「生無明住地，與七識俱，如海浪、身，常生不斷。」

「離無常過」者，謂第八識自性清淨心，自無始以來，體恆常住不斷，不曾剎那間斷，乃是無間法，故離無常之過失。「離於我論」者，謂第八識心自無始以來，不曾一念與「有我無我」等論相應；自無始以來，不曾一念與言語相應，何況能與我論相應？故說離於我論。「自性無垢，畢竟清淨」者，如前所說：於印順以其前七識心，與人諍論究竟有如來藏、無如來藏，而生諍論瞋恚心時，印順其人之如來藏自心，則仍依其不於六塵起見聞覺知，不於六塵起分別，不於六塵起貪厭心行之自體性而住，而仍然配合前七識之需要而運作不斷，故說「自性無垢，畢竟清淨」。

如是之理，乃是事實，凡我會中已經證得第八識如來藏者，悉皆能對如來藏作如是現前之觀行，而現觀之結果，可以證實《楞伽經》中如是經文所說言句，完全正確。乃至印順師徒大眾，讀此詳解而心生瞋恚，口中大罵平實之際，彼等眾生之自心如來藏，仍然常住於如是清淨境界中，根本不動其心，卻能配合印順各人之七識心，而作種種運作，令印順等人能成就私下辱罵平實之身業與口業。如是境界乃是我諸已悟眞心如來藏之同修們，所一致現觀之境界，非是平實一人獨能現觀也。由能如是現觀故，漸漸遠離無始虛僞惡習所熏，漸漸遠離執藏分段生死之識藏境界。

印順師徒等人既不能證知此理，不能作此現觀，則必永處無明住地之中，繼續熏習斷滅見等虛僞惡習，則將永遠不離識藏境界，則將永住無明住地之中，則將永與無明及七識俱，而常生不絕，輪迴三界永無盡期。亦將永遠不離我論及無我論，亦將永遠不知不證如來藏之本來無垢自性，不能理解如來藏之畢竟清淨而含藏染污種子，必將永遠令其所知解之無餘涅槃成爲斷滅法，墮於斷見外道見中。由如是緣故，後世將令七識心念念不斷，計著名相，不能覺知一切法皆是自心如來藏所現，不能覺知一切色相皆是自心所現，不能覺知一切苦樂皆是自心如來藏所現，云何能至解脫之境？不至解脫之境，亦復不知眞正之般若，則必爲諸名相所纏，貪心必生——於世間名聞生諸貪愛，於眷屬生諸貪愛。

從此一段經文開始，乃是開示：云何未至佛地之前，種種名義之第八識，皆唯可名爲如來藏，不得名爲眞如。佛地之前，一切菩薩地之第八識，不論是阿賴耶識名、異熟識名、庵摩羅識名、心名、識名、所知依名、第八識名、第九識名、實際名、無住心名、菩薩心名、有分識名、窮生死蘊名、本際名、無心相心名、非心心名、阿陀那識名、種子識名、法性名、法身名、不念心名、無始界名……如是等無量名，皆由如來藏名所攝，皆是因地之第八識名，皆不得名爲眞如；眞如一名乃是修至究竟佛地時，無始無明過恆河沙數上煩惱隨眠悉皆斷盡，一念無明之起煩惱一切習氣種子隨眠悉皆斷盡，方得名之也。禪宗所言明心之證得眞如心者，乃是方便說，實際應名之爲如來藏，或名之爲阿賴耶識；若堅執爲佛地之眞如者，則是於教有違、於理相悖也。

然此誤會，猶是其小者，印順之誤會，則是天大地大之事也，印順作如是言：《『起信論』是眞常論，但否認他的很多，不妨根據經典來解說：「如來藏是依，是持，是建立，依如來藏故有生死，依如來藏證得涅槃」。如來藏是常住不變的，清淨周遍的，依眞常建立一切，已非常明顯。與這如來藏不異不離的，有那非剎那滅的無漏習氣，就是稱性無爲功德。這如來藏與無漏習氣的融然一體，成爲厭苦求樂的根本動力，也就是離染所顯的眞常法身。同時，它也是離異的剎那有漏習氣的依止，這本淨的眞相與客塵的業相，在不思議的交織之下，展開了虛妄變幻的生死。眞常的如來藏，是輪轉中的受苦受樂者，它「譬如伎兒，變現諸趣」。這與瑜伽派的妄心爲依止，與有漏習氣無異無雜，無漏習氣（原註：也不是無爲非剎那）反而依附賴耶，轉了個一百八十度角。》（《華雨集．四》之《法海探珍》頁92~93）

然而印順如是所說大謬也。一者，《大乘起信論》非唯是說眞常論，亦是具說緣起論者；印順等人所墮之一邊，論中皆已破斥之；印順等人所不知者，論中亦皆已宣示之。論中文意，與 佛在三乘諸經中所說者，全無差異，自是印順故意曲解之，目的唯在破斥正法正論之如來藏法罷了。

起信論中明說：十八界法皆是緣起性空，無一法是實，主要在說前七識之虛妄，即是印順等人所說之緣起論、虛妄唯識論。乃至印順等人所不知之緣起法，亦述說之：「如凡夫人，前念不覺，起於煩惱；後念制伏，令不更生，此雖名覺，即是不覺。」將聖嚴、惟覺、星雲、證嚴⋯等人所不能覺悟，而誤認爲眞實心之離念意識心，指明亦爲緣起之法，其性本是無常空相，說如是誤認離念靈知爲眞心之人，乃是不曾覺悟本覺之凡夫也。乃至細說心生滅門，說七識心等陰界入萬法悉是緣起法，明明宣示如是，印順焉得誣說《起信論》唯說眞常心？

然《起信論》固說眞常唯心論，其眞常唯心論卻非印順所知之眞常唯心論，乃是以修除一念無明及無始無明爲緣，斷盡第八識中之一切無明種子及隨眠，然後究竟清淨：自體性仍與凡夫地之清淨自性無異，而亦斷盡所含藏前七識心之一切雜染，故名究竟清淨之第八識眞如，如是方爲眞實之如，方名無垢識，方是佛地之第八識眞如心。是故《起信論》絕非印順所說之單純之唯心論也，亦非是單純之緣起論也，已函蓋大乘佛菩提道及二乘解脫道之正修行理論也。此非印順不修無證之人所能知之也！更何況其徒衆智劣於印順，唯能食其涎唾，不能外於其法別行成就一家之言者，焉能了知如是正理與事實？

一切錯悟之人，必皆同聲一氣，誣蔑《起信論》爲僞論，論中破斥錯悟者所誤執之離念靈知意識心故，離念靈知之意識是常見外道所執著爲眞者故。如是論中所說，違於一切錯悟之人所「悟」，是故一切錯悟者皆不能安忍之，皆必否定之；猶如今時諸多錯悟之大法師、大居士等人，以及錯悟之西藏密宗一切法王、喇嘛、上師、徒衆，皆必否定余所傳法，余法與彼等錯悟之人所說迥異故。印順亦屬錯悟佛法者之一，故其所說迥異《起信論》之所說者，故其否定《起信論》者，亦所必然也。

如前辨正：瑜伽派者所說，並非以七轉識妄心爲依止，同是以第八識爲依止故；瑜伽派所說者，亦謂有漏習氣與無漏習氣，同皆以第八識如來藏爲依止，只說在人間受苦樂報者乃是前七識妄心，眞相識從來離六塵中之見聞覺知性故，是故不受苦樂，本意絕非印順所故意曲解之以妄心爲依止也。然而經中有時則說：前七識不受苦報，第八識心體方是受苦樂報者。此乃謂第八識心體能來往三世，而前七識心體之中，唯有第七識意根末那識，能來至此世，卻不能領納五塵境而受苦樂，要由前六識之能受五塵境者方能受苦樂，故第七識心非是能受苦樂者；而前六識皆是唯有一世，不能去至後世，故前六識受此世苦樂報及造作善惡業已，並不去至後世受苦樂，故前六識非是正受苦樂者，乃是妄受往世之前六識所造善惡業，而由此世之六識心在此世受苦樂者；如是事實，於律部之《菩薩優婆塞戒經》中，說之爲異作異受。

然而前世之第七識心與第八識心，卻可從前世來至此世，於不受苦樂受中，卻生出全新之六識心而受苦樂，而第七識心卻非是主體識，是由第八識心出生者；此第八識心貫串三世而令因果報應一一實現不謬，是故第八識方是眞正受苦樂之主體識。是故經中有時說：前七識不受苦樂，第八識心方是受苦樂者。如是，各部經中，常由不同之方向與觀點，而說種種法，如是種種法義，依文字表面觀之似有差異，然於眞悟而有道種智之人觀之，都無差異，唯是爲不同衆生施設方便，而作似有異義之說，本義絕無差池。

同理，瑜伽派所說之第八識如來藏，即是《起信論》與《楞伽經》所說之阿賴耶識，是故瑜伽學派所說者，與《楞伽經》所說者，皆是「一切有漏習氣與無漏習氣依附於第八識心而有」，並非相異。自是印順不解眞意，或是解其眞意，而故意維護其密宗應成派中觀之邪見，故意反說瑜伽派是以妄心爲依止，而誣說《楞伽經》爲與瑜伽派相反；然余檢視之後，所見全然不同印順之說，唯見《起信論》所說者、瑜伽派諸論所說者、《楞伽經》所說者，悉皆同一法味，同以第八識心爲中心，而說七識之虛妄，而說一切法之緣起性空，絕無有異。今者瑜伽學派之一切論藏現在，仍可稽之，證實平實語無差謬；印順卻昧於事實，故意說是《楞伽經》之義理，與瑜伽學派「轉了個一百八十度角」，乃是顚倒事實之說。眞可謂爲「將本來正確完整之大乘佛教法義弄得支離破碎了」，太虛大師對他的評論，眞是不曾一絲一毫冤枉了他。

凡是不能斷除我見、我執者，其第八識皆名識藏，或名如來藏；然不得謂爲庵摩羅識，亦不得謂爲眞如，唯可名爲異熟識、阿賴耶識也，異熟識函蓋阿賴耶識體性故，始自凡夫位，末至解脫果無學位，皆得名爲異熟識故；斷分段生死已，方得名爲庵摩羅識故；斷二種死已，方得名爲眞如故。凡是未到佛地，未曾斷盡無始無明過恆河沙數上煩惱之現行與隨眠，及諸未曾斷盡一念無明之習氣種子隨眠者，其第八識心，皆不得名爲眞如，唯可名爲如來藏、識藏、異熟識也。如是正理，印順不知不證，妄生邪解之後，復以種種著作而長久誤導衆生，爲害至鉅。

譬如印順、昭慧、傳道、星雲、證嚴法師……等人，不信有第八識如來藏，不信如來藏是本性清淨而含藏七識心等染污種子，所以極力否定第八識法，所以不斷倡言：第八識如來藏是子虛烏有之法，只是 聖人方便設教，唯名無實。如是邪見，皆因對於古時之瑜伽學之眞實法義有所誤解所致，或因意欲維護密宗黃教之應成派中觀邪見，而故作妄言所致。

眞正之瑜伽學，乃是無著與世親二大菩薩所弘傳之《瑜伽師地論》與《攝大乘論、唯識三十頌…》等。如是瑜伽學所說者，悉是第八識：阿賴耶、異熟識、庵摩羅識、心、眞如、所知依、種子識、無始時來界、眞如、無垢識……

等種種名所言之如來藏也，成佛之後改名爲眞如，同是第八識心也。然印順等人卻誤會瑜伽學，以爲瑜伽學講的是「虛妄唯識論」之七識心等，不講如來藏法。殊不知瑜伽學亦說「眞實唯識論」，而函蓋「虛妄唯識論」在內，實以「眞實唯識論」而含攝「虛妄唯識論」；印順、昭慧、傳道、星雲、證嚴等人渾不知此，故極力否定「眞實唯識論」所說之自性清淨心，不信有自性清淨而含藏七識染污種子之如來藏。

亦如《攝大乘論》中明說有阿賴耶識，印順註解《攝大乘論》時，卻生硬地加以扭曲爲：「攝大乘論說無如來藏，論中所說阿賴耶識是替流轉還滅的一切法找出立足點來。（詳見印順著《攝大乘論講記》頁 39 第五至九行）。」由如是邪見所崇故，所以便作此妄說：有阿賴耶識，是方便說。

印順又將現象上之唯識學一分爲二，而不知弘傳唯識學之現象上會有二派之不同者，乃是其中一派誤解眞正之唯識學，是故印順便作是說：《原來，建立一切法的立足點（所依），是有兩個不同的見解：一、建立在有漏雜染種子隨逐的**無常生滅心**上，如平常所談的唯識學。二、建立在**常恆不變的如來藏**上，如勝鬘、楞伽經等。把**界**解作解性，就是根據這種見解。因著建立流

轉還滅的所依不同，唯識學上有著**真心**與**妄心**兩大派；……。》（印順著《攝大乘論講記》頁35）

然而瑜伽學派之唯識學弘傳，猶如禪宗之弘傳一般，永遠都會有眞悟者所弘傳之禪宗，亦有錯悟者所弘傳之禪宗，如是眞悟者與錯悟者之弘傳並行；瑜伽學派之弘傳亦復如是，總有實證瑜伽學之弘傳者一派，亦總是會有未曾實證之誤會瑜伽學之一派在弘傳。印順不從瑜伽學派弘傳者之是否眞修實證上著手而探查之，卻從弘法表相上而判定之，是故妄說瑜伽學派有眞心派與妄心派二種。然若確實探查之，必將發覺：瑜伽學之弘傳者，唯有眞實證解瑜伽學者一派，及誤解瑜伽學者一派。誤解者不得謂爲眞正之瑜伽學派，猶如禪宗之錯悟者所弘傳禪宗法義，不得謂爲眞實之禪宗。同理，誤會瑜伽學之弘傳者，不應承認其爲眞正在弘傳瑜伽學者，只是弘傳其自以爲是之「假名瑜伽學」爾。是故，瑜伽學派從來不曾有妄心派可言，妄心派者皆是唯知前七識心之凡夫人，根本未曾證得第八識如來藏故，未能具解瑜伽學故；由是故說：印順所說瑜伽學有眞心妄心二派者，純屬一己之虛妄想所說者，違背眞正之瑜伽學法義故。

復次，眞正之瑜伽學，非是唯說眞心一法，其實函蓋眞心與妄心二法，並且細說妄心七識心之體性，所說更細膩於妄心派；於妄心派所未能宣說之七識妄心種種體性，更能一一加以細述，云何可說此「眞心派」不曾含攝妄心派？既已含攝，云何印順可以獨立於「眞心派」而別立「妄心派」？不應正理！

而印順所謂之妄心派，則是根本錯會第八識法，根本不曾親證第八識如來藏，是故否定第八識阿賴耶心，主張第八識阿賴耶是建立法，非是實有可證之法。彼等主張：**建立第八識阿賴耶之目的，只是爲了建立一切法生滅的立足點**。同於印順之所說。如是宣說而獲得認同時，則他人便不能責其未證第八識如來藏之過失；若他人不能責其未曾親證瑜伽學之過失，便亦不能責其依文解義之過失。印順、昭慧、傳道、星雲、證嚴等妄心派之一切弘傳瑜伽學者，皆無法自外於如是境界。

推究其實，則是印順其人，既見瑜伽派諸菩薩論中，已曾明說及證實確有第八識如來藏，而自身不能取證，所以故作二派之說，將瑜伽學派中未悟者所弘傳之錯誤知見，加以承認與建立，藉此手段，用以附合印順所宗之西藏密宗黃教應成派中觀之邪見，西密黃教應成派中觀見純說妄心六識故，誤認意識心離念時即是佛地之眞如心故，與「妄心派」所說者完全無異故。

今者因爲眞正之瑜伽學派弘傳者，處處具足宣說「眞實唯識」與「虛妄唯識」之正理，而印順不能完全推翻眞正之瑜伽學派，是故爲令「瑜伽學」符合其密宗應成派中觀邪見，有時便又違其所說二派之言，故意將瑜伽學派宣說「眞實唯識論」之內涵，視而不見，妄說瑜伽學不講「眞實唯識論」，妄說瑜伽學派唯說「虛妄唯識論」，所以便又違於上舉自說，違反事實而作是說：《眞常的如來藏，是輪轉中的受苦受樂者，它「譬如伎兒，變現諸趣」。**這與瑜伽派的妄心為依止，與有漏習氣無異無雜，無漏習氣**（原註：也不是無爲非剎那）**反而依附賴耶，轉了個一百八十度角**（《華雨集．四》之《法海探珍》頁 92~93）。》

與上來所舉認爲有眞心派之自說相違背，其實則非如是。

自古以來，瑜伽學派始終皆以無著菩薩及世親菩薩所弘傳之《瑜伽師地論、攝大乘論、唯識三十頌》爲藍本，而此諸論頌中，則是同以眞實唯識門之「心眞如門」，而說虛妄唯識之前七識，而說：非眞非妄之第八識如來藏是如何作爲前七識與種種煩惱種子之所依，是如何集藏前七識所熏染之有漏無漏法種，是如何流注前七識種子而令前七識可以自由運作，是如何攜帶前七識所造業種而流轉於三界中，是如何經由熏習及修證第八識如來藏之本來自性清淨涅槃而轉依第八識如來藏，而轉捨阿賴耶識名，改名庵摩羅識，唯名異熟識而不復有阿賴耶名；又是如何轉依第八識性而修除無始無明過恆河沙數一切上煩惱隨眠而改名眞如，成爲究竟佛地之第八識眞如，而成就三德四智與三種意生身及自性法身、圓滿莊嚴報身等。

凡此所說，在在顯示瑜伽學一向皆以第八識之眞實唯識門而含攝前七識心之虛妄唯識門，皆以如何成就佛地眞如之「心眞如緣起」正義，而含攝因地第八識之集藏前七識染污種子，此即是《起信論》所簡略而說者，完全無異；凡此皆須從因地之證得第八識阿賴耶，現觀其體性，然後轉依之，不以前七識心爲萬法之主體，改依第八識如來藏爲萬法之主體，爲萬法之根源；由此次第進修而斷除前七識心之一切染污心行，能令第八識所集藏之染污種子淨除，能令第八識中永遠斷除無始無明一切上煩惱隨眠，而轉變成究竟清淨心，成爲佛地之眞如。如是瑜伽學所說者，皆以第八識阿賴耶爲主，經由般若種智之修學而次第轉變成佛地眞如；瑜伽學之各種菩薩論，其文俱在，現前可稽，印順何可誣責爲：《**這與瑜伽派的**妄心爲依止，**與有漏習氣無異無雜，無漏習氣反而依附賴耶，轉了個一百八十度角**》？其實眞正之瑜伽學，根本就不曾轉變其說，印順卻誣賴之，責爲轉了一百八十度角，完全昧於事實，故意反說之。

今者印順將瑜伽學中所說如是**眞實唯識門**，故意略而不見，專說**虛妄唯識門**，扭曲唯識瑜伽學之本來意旨，以附合其所弘傳之西藏密宗應成派中觀之邪見。如是略而不見不說者，其因唯二：一者，讀不懂瑜伽學諸論中所說**眞實唯識**之意旨；二者，故意扭曲而說，藉以附合其密宗應成派中觀見。若屬前者，則印順絕非懂得佛法之人，是故誤解瑜伽學至於如此嚴重之地步；若屬後者，則印順乃是故意虛誑衆生、故意誤導衆生者，絕非眞正之佛教法師，絕非眞正修行之人，眞正修行人必定誠實而說故。究竟印順是屬於前者？抑或後者？有請印順本人及其徒衆分說，天下學人皆欲知之也！由是宣示正理，故知印順、昭慧、傳道、星雲、證嚴…等人對於如來藏之自性清淨，而爲無始虛僞惡習雜染所熏，故名識藏之正理，皆無所知、無所證，故主張無如來藏、無阿賴耶識，故於無始無明不能理解，故於第一義諦生諸錯解。

此經中所說者，與印順前來所舉瑜伽學眞心派之說法並無差異，只是印順故意遮隱瑜伽學派所廣說之眞實唯識論，故意隱卻瑜伽學派所說之第八識如來藏正義，而將瑜伽學派錯誤的定位爲虛妄唯識論，故意倒說《楞伽經》意旨與瑜伽學派之說相反。譬如此段經文中說：「如來藏遠離無常之過失，遠離我與我所等戲論，自性無垢而畢竟清淨；而其餘之七識心，則是有生有滅之法；意根與意識及前五識心等，乃是念念生滅不斷者，如是共有七識；此七識心皆因不實妄想故，取諸境界，而於種種五陰形處之中，由誤計故而執著名相（名相者謂識陰相及受想行陰相，名所攝故），都不能覺知如是名相四陰皆是自心如來藏所顯現之生滅無常法，亦不能覺知六塵等色相法皆是自心如來藏所顯現，所以不能覺察到苦樂境界之實際，所以不能到達解脫之境地。由如是緣故，爲名相四陰等我與我所諸法所纏縛，以致心生世間法之貪，以致心生對於名相自我（覺知心及作主心之自我）之貪著，不得法界實相之智慧，不能覺悟自我之虛妄。」如是《楞伽經》之言，何嘗違於瑜伽學派所說之緣起觀？而印順竟明知故謗，作是違經之說，云何可以說是佛教之眞正法師耶？

印順之所以常常故意作如是說者，實因《楞伽經》中明說：第八識如來藏心與前七識及無明俱，常生不絕而不能入於無餘涅槃滅度之境界。明說第八識心與前七識心共俱，破壞其所宗奉之密宗應成派中觀邪見，故不承認此經所說，便故意歪曲而說：瑜伽學派不以第八識眞實心爲依止。故意枉說瑜伽學派以妄心六識爲依止，如是誹謗與破壞佛教深妙無比之如來藏正法。由其破壞三乘正法根本之如來藏故，余不能承認其爲佛教中眞正之法師，是故余不承認其爲佛門中之僧寶，是故直呼其名而不稱之爲法師也。

「若因若攀緣，彼諸受根滅，次第不生，餘自心妄想，不知苦樂，入滅受想正受、第四禪，善眞諦解脫」：

假使學人有智有慧，了知應除諸受，了知應除見聞覺知，滅除一切受，能離諸受，則是證知解脫者。如是之人，必是已斷我見之人，欲再進前修斷我執也。是故有智之人斷我見已，成聲聞初果時，當知進斷諸受。欲斷諸受，則知斷諸受根之理：修令五根不緣五塵，乃至修令意根不緣法塵。如是則當修習四禪八定，入第四禪定中而住，然後轉進而入滅盡定中安住。

未斷我見之人，次第進修禪定，而於第四禪等至位定中住時，一切粗細念皆所不現。粗念者，謂有語言文字之念；細念者，謂其念甫動時，雖無語言文字，然吾人已了知其意爲何？譬如無相念佛之念，即是此念也。更微細之心念者，則是心中突然一念閃過，而此念是何意？吾人不能了知之，但覺自己之覺知心曾微動而已；住入如是境界時，則呼吸與脈搏俱斷。若人欲得入住四禪等至位中者，必須斷除如是細念心動，若不斷除如是極微細念之心動者，但只心中一動，雖不知其念爲何？然已因此一念心動，而導致覺知心退回第三禪中住，此時息脈俱起，已離第四禪境界也。

若人能長時捨離如是微細念者，方名捨念清淨定，方名第四禪之證得者。當其坐入三禪等至位中繼續進修而息脈悉斷時，此是斷除微細妄念而入住第四禪等至者。如是之人，由未斷除我見與我執故，以攀緣之法，緣於定法而住第四禪定境中，雖名已捨微細念，但仍尚有極微細之妄想存在，謂其肯認一念不生之意識細心爲常住不壞之法故，故說尚有極微細之妄想存在。如是之人，住於第四禪定境中，不知苦樂，意識相應諸受根滅，眼耳鼻舌身根之五塵觸覺已經不次第出生，已滅五識故，入住一識處（六識中唯餘意識一識）故，是故諸受得滅；諸受既滅，不知苦樂。此是攀緣而入住滅諸受境界者。

復有一種，謂非攀緣於法而入住滅諸受境界者，即是以斷除我見與我執爲因，而攀緣次第定，漸次轉進，由四禪定境轉進四空定，至非非想定已，復因已斷我見與我執故，願滅覺知心之自己，令六識俱滅，無覺無知，不受五塵苦樂；復因進斷我執及次第定具足之故，再滅意根末那識之五遍行心所法中之受與想等二種心所法，唯餘意根之觸、作意、思等三種心所法，以保持其能出滅盡定之功能，而不入無餘涅槃。如是而入滅盡定者，已無所餘意識意根之自心妄想，亦不知苦樂，此人名爲善於解脫道之眞諦者，故說「善眞諦解脫」。此乃解脫道之正修行也。

然此證得滅盡定之聲聞無學聖人，住滅盡定中，雖無意識與意根之自心妄想，卻仍有涅槃本際之自心妄想，謂尚無力了知無餘涅槃之本際故。如是人，於世人、於天人天主而言，雖名爲聖，然以不能了知無餘涅槃之實際故，猶名爲愚，不知不證一切法界之眞實相故。雖然如是，然已是善於解脫道之眞諦者。

「修行者，作解脫想，不離不轉，名如來藏識藏，七識流轉不滅，所以者何？彼因攀緣諸識生故，非聲聞、緣覺修行境界；不覺無我，自共相攝受，生陰界入」：印順引用此段經文，而作是言：

《「修行者作解脫想，不離不轉名如來藏、識藏，七識流轉不滅。所以者何？彼因攀緣諸識生故」。「欲求勝進者，當淨如來藏及藏識名。大慧！若無識藏名如來藏者，則無生滅」。……宋唐二譯，文義相同，魏譯的文句，有點不同。但魏譯說：**沒有阿賴耶識名，如來藏不生不滅，七識的生滅流轉也就滅而不起**，與宋、唐譯還是一致的。『楞伽經』說八識，起初是以藏識心與轉識—七轉識對論的，如說：「譬如海水變，種種波浪轉，七識亦如是，心俱和合生，謂彼藏識處，種種諸識轉」。藏識與七轉識的關係，舉泥團與微塵為譬喻，說明轉識可滅，而不是藏識的「自眞相識滅，但業相滅」。這顯然**以眞如為藏識的自眞相**，所以說「藏識不滅」。在宋譯第四卷中，說「如來藏名藏識」，以如來藏（藏識）與七識對論，如說：「甚深如來藏，而與七識俱」。所以轉捨阿賴耶識，只是除去覆障眞相的虛僞惡習所熏，淨除阿賴耶識的名稱而已。**如來藏與阿賴耶的統一，可說是『楞伽經』的特色！**『楞伽經』所說**的阿賴耶識，持重心眞如，而有被解說為「眞心」的可能！**》（《如來藏之研究》之《如來藏佛性之抉擇》頁 242~243）

如是言論，顯見印順之曲解經文，以附和己意，以附和其所篤信之密宗應成派中觀邪見。印順上文中言：《但魏譯說：沒有阿賴耶識名，如來藏不生不滅，七識的生滅流轉也就滅而不起》，如是之言，非是事實，此謂魏譯之《入楞伽經》中，佛作如是言：「大慧！阿梨耶識者，名如來藏，而與無明七識共俱，如大海波常不斷絕，身俱生故；離無常過，離於我過，自性清淨。餘七識者心：意、意識等念念不住，是生滅法，七識由彼虛妄因生，不能如實分別諸法；……」如是明言阿賴耶識名，印順云何可謂爲沒有阿賴耶識名？並且不止一處明說如來藏即是阿梨耶識，印順竟可如是斷章取義，以附會己說，非是誠實人也。

復次，經中若有說「捨阿賴耶識名」者，未曾如印順所言爲「沒有阿賴耶識名」，必定說爲「捨阿賴耶識名」；有時則簡說爲「轉捨阿賴耶」。捨賴耶名者，謂斷盡此識之執藏分段生死種子，故捨阿賴耶名，阿賴耶之名即是集藏分段生死種子之義故，名爲種子識故。印順故意以己意而說爲「沒有阿賴耶識名」，意在誤導衆生，令人以爲魏譯之《入楞伽經》中不曾說有阿賴耶識也，意欲令人誤以爲宋譯唐譯之《楞伽阿跋多羅寶經、大乘入楞伽經》所譯不實也。然而宋譯、唐譯卻是遠較菩提流支所譯更爲正確之譯本。

復次，印順作如是言：《藏識與七轉識的關係，舉泥團與微塵爲譬喻，說明轉識可滅，而不是藏識的「自眞相識滅，但業相滅」。這顯然**以真如為藏識的自真相**，所以說「藏識不滅」。》顯見其以密宗應成派中觀見之主觀，而將本是一識之眞相識與如來藏，又分割爲二。諸經中說，眞相識即是如來藏，眞相識即是阿賴耶識；又說轉阿賴耶識爲庵摩羅識、清淨識，可知即是同一識也，只是因爲斷除了分段生死種子，而成爲清淨識故。然猶有無始無明隨眠未曾斷盡，故不得名爲眞如也。顯見眞相識即是阿賴耶識，乃是同一第八識之不同階段名稱爾，印順何可因此二階段之二名，而將前後延續之同一識分割爲二識？荒唐已極！

如是先將經中所說之同一識分割爲二，誤說阿賴耶識與如來藏是二法，非是同一心；然後再來誣說《楞伽經》將如來藏與阿賴耶二心合併爲一心，譬如印順作如是言：《**如來藏與阿賴耶的統一，可說是『楞伽經』的特色！**『楞伽經』所說的**阿賴耶識，特重心真如，而有被解說為「真心」的可能！**》根本是印順自己將同一心分割爲二之後，再誣說《楞伽經》將二心合併爲一，再來誣說《楞伽經》將阿賴耶識解說爲眞心。如此一來，印順便可堂而皇之的說：本來如來藏與阿賴耶識是二法，所以如來藏法是本無後有之法門，所以原始佛法中，佛本不曾宣說第八識，所以阿賴耶識本是純妄之心，亦非是實有之心。則印順一生所崇奉之西藏密宗黃教應成派中觀見，所說之虛妄唯識論，所說之唯有六識心之理論，便得以成立。

然而印順作如是說者，正是欲蓋彌彰之說也。此謂原始佛法四阿含諸經中，本已宣說第七識意根及第八識「心、我、實際、本際、識、阿賴耶、如來藏」等理，非未曾說也。此非印順個人所能隻手遮天也，後時繕造《阿含正義—唯識學探源》時，將舉實例而證實之，此處暫表不述。

復次，阿賴耶識，於《楞伽經》中，從來不曾說即是眞心，而是非眞非妄之心。所以者何？此經中已說此心雖然自性清淨，然爲雜染所污，尚須修除二種生死之雜染種子習氣及隨眠後，方成究竟清淨之佛地眞如心也，方可謂是眞心也。是故印順作如是言者，非是正說：《『楞伽經』所說的**阿賴耶識，特重心真如，而有被解說為「真心」的可能！**》

唯有印順、昭慧、傳道、星雲、證嚴等誤會此經之人，方說阿賴耶識有被解釋成眞心的可能；眞解此經　佛旨者，絕不說阿賴耶識即是眞心，亦絕不說阿賴耶識非是眞心。阿賴耶識是未來成佛時之眞如故，現在階段中尚有含藏雜染種子而非眞正佛地之眞如故，然若離於此心則不可能覓得未來佛地之眞如故。由是正理，佛說：「眞非眞恐迷，我常不開演。」意在此也。印順顯然不能知解經意，或是解知經意而故意誤導衆生，故作如是虛妄言說，以誤衆生。

譬如此經中 佛語如是宣示：「修行者，作解脫想，不離、不轉，名如來藏識藏，七識流轉不滅，所以者何？彼因攀緣諸識生故，非聲聞緣覺修行境界；不覺無我，自共相攝受，生陰界入。」已經明說阿賴耶識非即眞心、非非眞心故。

譬如聲聞羅漢，緣覺辟支佛等人，修行陰界入虛妄等種種觀行，了知陰界入虛妄而斷我見與我執，便作已證解脫之想；然而彼等卻不能了知此解脫非是眞解脫，唯是不受分段生死爾；斷分段生死者，雖然捨壽後能不再輪迴生死，其實未曾眞正證得解脫故。眞正證得解脫者，謂菩薩證得無餘涅槃之實際；涅槃之實際，即是無餘涅槃無境界法中之實際，即是滅除十八界法，而不再有十八界法現起後之獨存之第八識阿賴耶識（此時改名庵摩羅識、淸淨識，分段生死之染污性已修除故）。無餘涅槃者，實以第八識不復出生十八界法而不再出現於三界中故名，以如是境界中之第八識體立名故。

聲聞及緣覺雖能入無餘涅槃，而未曾證知第八識心，不能了知無餘涅槃中之實際境界；待其進入無餘涅槃境界後，則是十八界法之我已經滅失，根本無「我」能知無餘涅槃中之實際—第八識，是故雖入無餘涅槃已，仍舊不知無餘涅槃之實際。既然生前不知不證無餘涅槃之實際，焉可說爲實證涅槃者？是故雖能入涅槃，卻非已證涅槃者；既非實證涅槃者，焉得說爲實證解脫者？是故彼等二乘聖人雖作解脫之想，而實不證解脫；雖能出離三界分段生死苦，然實不證涅槃。如是二乘聖人，所證有餘涅槃，其實亦是依於第八識如來藏而有，非可離於如來藏而有涅槃之可證也；如是二乘聖人，不能轉變第八識中之無始無明隨眠，是故第八識心必定仍是如來藏，仍是識藏，仍不得名爲眞如也，眞如唯是佛地第八識心之境界相故，是故仍不得名爲眞心也。由是緣故，佛說：「修行者作解脫想，不離不轉，名如來藏、識藏。」

不論是未證三乘菩提見道功德之第四禪凡夫、神通凡夫，或是已證二乘菩提之聲聞聖人，皆悉不能離此愚癡。彼等雖然皆作解脫想，然亦有所不同：

證得第四禪及諸神通之凡夫外道等人，雖然自以爲已經遠離諸受，永遠不受生死，以第四禪等至境界作爲無餘涅槃境界，然實未曾解脫生死，第四禪等至位中仍有意識心在故，誤認意識心爲常住不壞法之我見尚未斷除故；四禪天之天福定福享盡時，仍須流轉三界六道之中而受生死故；一切神通境皆依意識而生而現而運作故。二乘聖人雖然已得出離三界生死輪迴，然因不知不證無餘涅槃本際之如來藏故，仍然有七識心之種子，在第八識中自心流注不斷；如是自心流注境界不能遠離、亦未曾轉變改易爲絕對清淨之斷盡二種死之境界，迴異佛地之解脫境界，是故並非眞實證得解脫者，是故不得名爲大涅槃。

是故，二乘聖人入涅槃前，若聞 佛說如來大涅槃境界已，捨壽而入涅槃已，仍將依自心流注之功能，而於未來無量劫後忽然心動而出生意根，便再出現於三界中，從此廣修菩薩行，乃至成佛。復次，二乘聖人於未入涅槃之前，亦由如是識藏種子之流注故，得令其七識心流轉不滅；亦令慧解脫聖者，欲提前入無餘涅槃而不可得，唯除自殺；七識心種從如來藏中流注不滅而不斷轉易種子故，非如佛地自心眞如之七識流注轉易已滅，永不變易故。由是正理，佛說：「不離不轉，名如來藏識藏，七識流轉不滅。」必須依於如是大乘正理修行，能轉變如來藏中之識種，令其漸次斷除自心流注之變易相，方能令第八識心不再攀緣七識心性而流注七識心相應之微細煩惱等變易法種故。

如是境界，非是凡夫及外道所能知之；乃至二乘聖人，已能出離三界生死者，亦不能知之；彼等悉皆未曾證得第八識如來藏故，是故佛說：「非聲聞緣覺修行境界。」何以故？謂聲聞緣覺等人所修行者，乃是依於蘊處界我等世俗法而修觀行故：不能覺察蘊處界確實無我，攝受衆生之蘊處界我而作觀察，生起陰界入我實有之現實覺觀；然後觀察陰界入我非實，故彼等所觀之依據者，乃是陰界入我。菩薩不然，依自心如來藏之實存、之常住不滅、之無我性，而證實陰界入諸法虛假無我，不須在世俗法上的陰界入我體性之中，去觀察陰界入無我，然後證實無我，是故菩薩不墮衆生陰界入相中，非以陰界入法爲所觀故。

印順著作之中，認爲佛法唯有解脫之道，不承認有佛菩提道；有時則將解脫道與佛菩提道混合爲一法，認爲解脫三界生死之道，即是佛菩提，即是實相，即是般若，是故只承認四阿含諸經是　佛口親說，不承認大乘諸經亦是　佛口親說者；不承認另有實相法爲法界之實相體，是故印順將般若定位爲性空緣起法之性空唯名，同於二乘菩提所證之蘊處界萬法緣起性空，故將般若判斷爲唯是名相之法，絕無實體可言。如是將般若斷爲虛相之法，而非實相法。如是之見，同於密宗應成派中觀見，造成印順所說成佛之道，與　佛所說成佛之道完全不同。大衆如是依其所說而修成佛之道者，永與成佛之道背道而馳，永無成佛之日。是故學人欲求大乘成佛之道者，當知解脫道與大乘佛菩提之分際，當知其中之異與同，當知二法間之關係，而後方可眞入成佛之道進修。

若如印順、昭慧、傳道、星雲、證嚴等人所言者，永遠不能離於陰界入法而說、而修、而觀行。如是修行者，縱使能證得二乘菩提，仍將永遠不能了知實相正理；何況印順、昭慧、傳道、星雲、證嚴等人，尚不能了知意識細心之虛妄？尚墮於意識細心常住不壞之常見見中？何能證得二乘菩提之見道功德？此即此段經文中　佛所說之：「不覺無我，自共相攝受，生陰界入」者，永遠皆在陰界入無我上用心故，彼等皆主張無有第八識如來藏可證故，則皆將永遠不能實證法界之實相，永遠不能進入佛菩提道故。

是故一切大乘佛法中之學人，若欲求證佛菩提，勿由二乘菩提法門而修，勿效印順、昭慧、傳道、星雲、證嚴等人之唯修二乘菩提，卻又乖違二乘菩提，否則終將永遠乖違佛菩提與二乘菩提也。印順、昭慧、傳道、星雲、證嚴等人所言之緣起性空者，唯是依陰界入等人我法而作觀行，方有緣起性空可言也；若離陰界入等人我法，何處有緣起性空可言耶？如是而修緣起性空者，則墮陰界入法有中，然後起陰界入法緣起性空之思想，然後謂之爲陰界入法無。如是之人悉是墮於陰界入法中，不名離陰界入法者；既不離陰界入我而言其法，即是名爲不覺無我者，名爲墮於「陰界入自共相境界攝受」者，名爲心生陰界入見者。

大乘行人修證佛菩提者，則不如是，依二乘法而現觀陰界入我虛妄已，進修大乘菩提：棄捨二乘菩提之所觀境界與見地，逕由禪宗之禪觀入手，求證自心如來藏—第八識阿賴耶。證得第八識如來藏已，現觀如來藏離於我性我所，自性本來清淨，本來常住涅槃，則知唯一佛乘之法，其實與陰界入我緣起性空等理無關，則知陰界入等法實依自心如來藏而有，則離陰界入我緣起性空等理實有之見，則知陰界入我緣起性空之理實非眞實佛法。

二乘緣起性空之現象與眞理，只是世間之正理，不能及於法界實相：二乘緣起性空正理，乃是三界世俗法之眞諦，其實仍是依自心如來藏而有，若離自心如來藏，何有陰界入我之緣起性空？是故，陰界入本來無我，何須在陰界入我之「有與無」上而作觀行？如是，陰界入我本來無我，不須吾人勤作觀行也。如是現觀自心如來藏本來無我，現觀陰界入我從自心如來藏而生者，是人名爲親自覺證本來無我之菩薩。

「見如來藏、五法、自性、人法無我，則滅；地次第相續轉進，餘外道見不能傾動，是名住菩薩不動地。得十三昧道門樂，三昧覺所持，觀察不思議佛法自願，不受三昧門樂及實際，向自覺聖趣。不共一切聲聞、緣覺及諸外道所修行道；得十賢聖種性道及身智意生，離三昧行」：

大乘行者，由於勤修菩薩行故，終得親見自心如來藏之運作等粗細相；由此緣故，即有智慧進修一切種智妙法，由一切種智之進修故，漸得親證：「相、名、覺想、正智、如如等五法之法性，皆依自心如來藏而有。」亦得證知七種性自性：所謂如來藏自體之「性自性、集性自性、相性自性、大種性自性、因性自性、緣性自性、成性自性」。由如是修證故，便得親見如來藏之法無我性，亦得親見蘊處界之人無我性。若得如是親見如來藏、五法、七種自性相、人無我與法無我者，則二乘聖人所作「依陰界入滅而有之涅槃想」，便隨之而滅。則能了知所謂涅槃者，實依自心如來藏之不受分段生死而立二乘涅槃；實依自心如來藏之從本以來常住不生不死境界，從本以來常住不貪不厭之清淨境界，而立大乘菩薩所證之「本來自性清淨涅槃」名；實依諸佛如來之斷盡煩惱障習氣種子隨眠，斷盡無始無明之一切上煩惱隨眠之第八識眞如而立四種涅槃之大般涅槃名義。

菩薩如是知，如是證，如是現觀已，知一切世間境界、出世間境界、一切佛法、四種涅槃，悉依自心如來藏而施設其名；體唯第八識如來藏，不可外於第八識如來藏而有別別佛法可言也。如是知，如是證，如是現前觀察者，即是菩薩所證得之無生法忍。由是無生法忍故，則能了知諸地進修次第內涵；了知已，則能次第進修，地地相續轉進。此乃我正覺同修會諸人所進修之內涵也，此乃余所傳授於會中諸人之大乘佛菩提也。菩薩證悟如來藏而發起般若慧已，於如是一切種智妙法次第進修，此後地地相續轉進之無量數劫之中，所有外道見，少有能傾動此菩薩之見地智慧者；如是次第進修一切種智中之諸地無生法忍，次第漸進而至第八地已，一切外道見完全不能傾動此菩薩之見地與智慧，名爲菩薩已住不動地。

菩薩於此基礎上，繼續進修九地之四無礙辯、力波羅蜜多，復於十地中證得十種三昧道門，於無上法中，以法樂自娛；然因金剛三昧力之覺悟而不貪無餘涅槃，以及觀察大乘佛菩提之不可思議勝妙，以及入初地時所發之增上意樂十無盡願之受持故，不受滅盡定之三昧門樂，亦不取無餘涅槃之實際—不進入無餘涅槃，而繼續進向諸佛所住之自覺聖趣，具足獲證覺悟萬法唯心之聖智義趣。如是諸佛菩薩境界，不共一切聲聞緣覺聖人，亦不共一切外道所修之法道；如是次第證得三賢位及十聖位之功德，而證得三賢十地種性之法道，亦證得三種意生身、四智圓明，而能遠離凡夫衆生所執著之世間三昧，以及二乘所證得之出世間三昧，入於世間，行無量之普賢行。

「是故大慧！菩薩摩訶薩欲求勝進者，當淨如來藏及識藏名。大慧！若無識藏名如來藏者，則無生滅；大慧！然諸凡聖悉有生滅，修行者自覺聖趣現法樂住，不捨方便」：

由如上所說正理，世尊作一總結：「一切已經證悟之大菩薩，若欲進求殊勝之般若證境者，應當清淨如來藏名，應當清淨識藏之名。若無識藏名爲如來藏的話，世間就不可能有生滅法存在而一再的出現生滅的現象；然而諸凡夫及一切聖人亦皆有生滅之現象，修行人應當在如是生滅現象中，自己去覺悟大乘諸聖所證之意趣，現前親證如是無生法忍，以如是法樂而自安住；安住已，卻不捨方便而利眾生。」

菩薩證悟自心如來藏已，云何必須清淨如來藏之名？云何必須清淨識藏之名？此謂如來藏名顯示：住此如來藏名位中之一切菩薩，其第八識心尚非究竟清淨；住此識藏名位中之一切修行人，其第八識心尚非究竟清淨，故應加以清淨，永離如來藏名位，永捨識藏之境界。

如來藏自性清淨，如何尚須清淨之？識藏本自清淨，如何尚須清淨之？此謂第八識如來藏、識藏，雖然本性清淨，恆處於不貪不厭、不來不去、不生不死、不生不滅、不增不減、不垢不淨……之境界中，然而如來藏、識藏卻含藏著七轉識之貪瞋無明等法種，亦含藏著七轉識於往世及此世悟前所造之惡業種……等；是故，第八識如來藏、識藏，雖然配合七轉識而現行時，一向皆秉於本來自性清淨涅槃之體性而運作、而配合七識心之心行，於六塵萬法悉無貪厭。然如來藏因含藏七轉識之如是有漏法種，故是自性清淨而有染者。

如來藏於現行運為之際，雖然恆秉清淨自性而為，然因含藏如是七識心之相應煩惱與善惡業種，非如佛地之已究竟淨除七識心相應染污種子，是故如來地之一切功德不能顯現運作，由是緣故不能成佛；然因具有未來成佛之性，故名如來之藏，簡稱如來藏。若人欲除自己第八識之如來藏名，當淨除第八識所含藏之如是有漏法種及諸業種。如是進修而究竟除盡二種生死之可變異種子，即是滅除如來藏名者，即是轉如來藏而成眞如者。

如來藏云何復名識藏？謂凡夫衆生及諸外道，不知如來藏，亦不能證如來藏，不能證知自心第八識具有能成佛道之功德力，亦不知自心第八識之本來自性清淨涅槃。由此不知不證故，說彼衆生之第八識如來藏名為識藏，與衆生之第八識具足阿賴耶性，之收藏分段生死種子完全相同故。阿賴耶性者謂：收集分段生死有漏法種之集藏性，由是緣故，名為識藏。菩薩證得此心已，漸漸轉依第八識自心之本來自性清淨涅槃體性，了知由此第八識心之功德力故，未來無量劫後能依此心而成如來，由此心具備未來成佛之體性，故名此心為如來藏；由證知此一事實故，雖然未離如來藏名，然已不復名為識藏，改名異熟識。凡夫地眾生雖不能知此、證此，然亦具有如是性，故亦得名如來藏；然因非如菩薩之證知此理，故亦名為識藏。

如來藏之自性既是本來自性清淨，則知修行佛法者不必修正如來藏之心行，只須修正七識心自己之心行，便能於七識心種流注現行之際，漸次轉變如來藏中所含藏之七識心種，漸除煩惱障之現行與種子隨眠；亦因進修一切種智故，漸除如來藏中所含藏之無始無明隨眠，而令六七識心之妙觀察智與平等性智漸次圓滿具足；乃至六七識之妙觀察智與平等性智究竟圓滿具足時，能令無始無明一切隨眠及一念無明一切起煩惱種子滅盡，則令第八識心發起大圓鏡智，亦能令前五識發起成所作智，如是第八識中，永無再可變易之法種，已經究竟圓滿、究竟清淨故，改名真如——無垢識，永捨如來藏名，何況更有識藏之名？是故，一切未悟佛子，欲捨識藏之名者，當求證悟第八識實相心；一切已悟之佛子，欲清淨如來藏名者，當改變七識心自己之行為，令煩惱障粗細種子隨眠全部永遠斷除；亦當隨從大善知識進修一切種智，令所知障之一切無明隨眠全部斷除；自己之二障斷除淨盡已，則自己之第八識如來藏所含藏之二障種子與隨眠，便得除盡，便得成佛。如是修行者，是名菩薩清淨識藏名，清淨如來藏名。

若無識藏名爲如來藏者，則世間便無衆生，便無一切法；若無衆生，若無一切法，何處更有衆生與一切法之生滅？何處更有蘊處界之緣起性空可修可證？印順、昭慧、傳道、星雲、證嚴等人，明知必須有常住不滅之本體存在，方得有生死等有爲法之生住異滅，然而印順以先入爲主之觀念所崇故，不肯棄捨密宗應成派中觀之邪見，是故雖知此理，亦不肯改易其應成派中觀之邪說，是故昭慧、傳道、星雲、證嚴等人，由於信受印順邪見故，由於未能親證如來藏故，至今不肯改易承襲自印順之人間佛教邪思邪法。

印順作如是言：《佛說「諸法無我」，是一般人所不易信受的，所以部派佛教中，也有成立「**我**」的學派。『楞伽經』中，**大慧菩薩代表了一般的心理**，請佛解說。》（《如來藏之研究》之《如來藏佛性之抉擇》頁 245）

佛說諸法無我，但於四阿含諸經中，其實也處處說**我**，非未曾說**我**也；**我**者非是部派佛教之創見也，實是原始佛教四阿含經典中，佛所常說之法也。是故印順作是上述之說者不善，實是欺瞞衆生之語故。今者余於《我與無我》書中已略說其理，並曾略舉，後時著作《阿含正義》時，當一一舉例而證明之。四阿含諸經現在，印順不應昧於佛教眞正法義之歷史事實，而作錯誤之宣示，而作誤導衆生之惡行。

印順又作是言：《佛說生死流轉，在生死流轉中的，只是五陰、六界、六入（處），並沒有**我**。在一般人看來，如是沒有**我**，那誰在生？誰在滅？也就是誰在生死？這是以「**無我**」爲不能成立生死的。》（《如來藏之研究》之《如來藏佛性之抉擇》頁 245）

佛於二乘菩提中固說諸法無我，然此諸法無我之說，卻是基於「**我**、**識**、**實際**、**本際**」而說者，非如印順等人外於**真我實際**而說**無我**者。佛所說者乃是：依**真我**、**識**，而有陰界入無我，而說陰界入緣起性空，非如印順所崇奉之密宗應成派中觀否定**真我**、**識**，而說陰界入滅盡後**一切法都空**也。

印順接著又說：《還有，如『經』說：「譬如破瓶不作瓶事，亦如焦種不作芽事。如是大慧！若陰界入性，已滅、今滅、當滅，自心妄想見，無因故，彼無次第生」。滅，被解說爲什麼都沒有了，那末前一剎那滅，第二剎那就「無

因」而不可能生起了。》（《如來藏之研究》之《如來藏佛性之抉擇》頁245）

然而印順完全曲解佛說，藉以附合自己所崇奉之密宗應成派中觀見；佛於如是《楞伽經》之經文中所說者，乃是陰界入滅盡後，尚有如來藏獨存不滅，並非印順所說之「**將滅解說為什麼都沒有了**」。讀者欲知其詳者，詳閱拙著《楞伽經詳解》第二輯227~293頁 佛語詳解即知。印順故意曲解經文，意欲令人對《楞伽經》生起反感，故作如是與經意相反之解釋，眞可謂居心不良者，如是顚倒是非、違背事實之事，豈是佛敎僧寶之所應爲者？

印順又說：《這是說：生滅無常是不能成立生死流轉的，如經說：「其餘諸識有生有滅，意、意識等念念有七」；「七識不流轉，不受苦樂」，與『勝鬘經』的「此七法，刹那不住，不種眾苦」說相合。瑜伽學說：刹那不住的有爲生滅，可以成立生死的流轉，受苦樂的異熟，所以以依他起自性，**阿賴耶識爲所依**。》（《如來藏之研究》之《如來藏佛性之抉擇》頁245~246）

此亦是印順個人對瑜伽學之故意曲解，瑜伽學諸論中，始終皆說依於阿賴耶識之不生不滅、之常恆不審之體性，方有依他起性之陰界入生死流轉，從來不曾如印順如是顚倒其說。復次，印順所舉之文中，亦見瑜伽學非如印順所說，而是以阿賴耶識爲所依、所本，方有依他起性之陰界入生死流轉也，何以故？此謂印順已於如是文中自引瑜伽學之正言故：「阿賴耶識爲所依。」是故，眞正之瑜伽學中，從來不曾如印順所說之「刹那不住的有爲生滅，可以成立生死的流轉，受苦樂的異熟」，印順乃是故意顚倒其說，迷惑衆生也。如今瑜伽學各大論尚在，現前可稽，印順焉可顚倒其說？

印順又言：《但『楞伽經』雖肯認無我，卻同意一般的觀點，所以要在諸行生滅法以外，立常住不變，不生不滅的如來藏（藏識）爲依止。這樣，「離無常過，離於我論」的如來藏，爲一切法依，是最善巧的說法。》（《如來藏之研究》之《如來藏佛性之抉擇》頁246）

然而《楞伽經》此說實非善巧（印順此文中善巧二字者，意謂爲方便、不實之說）而說，乃是法界中之事實，乃是法界中之眞實相。印順作如是語，目的在於扭曲經文意旨，使學人誤以爲經文如是宣說如來藏正理者，乃是方便施設，欲使衆生誤以爲：「經文所說者乃是無如來藏，說如來藏者乃是爲了建立生死流轉之所依，乃是爲了彌補理論上之不足，所以建立不生不滅之如來藏，作爲一切緣起性空法之所依。」此即是印順所有書中，處處作如是說之意旨所在。

然而如來藏現前可證，可以在親證之後，現觀其體性，而以三乘諸經中如是佛語印證無誤；我會中諸已經開悟明心者，悉皆如是親證、如是以諸經文印證無誤。是故，《楞伽經》中說如來藏者，非是方便說，絕非如印順所言之純粹善巧而說，乃是依於事實、欲令有緣衆生親證而作之善巧方便宣說，絕無絲毫「實無而善巧方便說」之意涵。

於理論上言之：既然生滅有爲無常之法，滅已而成無法，則無法不能出生任何一法，此是一切有智之人所能理解之邏輯；若生滅有爲之法，出生而後滅已，成爲無法，卻能由空無之無法中自生種種法，則有大過，皆成無因而有法故；若無因而能有法出生者，則應一切人不須造作任何善事，亦可成爲諸天天主而享世間之至樂；亦應一切人不須修學佛法，即可成佛，無因之中即可自行生起佛地境界諸法故。是故緣起法既然滅已，滅已則是無法；無法則不可能復生諸法；若無如來藏恆住不壞不斷，則人死已，不可能復生來世之陰界入我，則不應有吾人之此世身心也。然現見有吾人之此世身心，亦現見意識心之於五位中必定斷滅，亦信佛語而知意根必於入無餘涅槃時斷滅，亦從現觀而證知意根不能執持善惡業種而非常住法，故知除此七識心外，必定別有一法為常住不滅之法，方能於前世之陰界入我滅後，復生此世之陰界入我。一切人悉皆現見如是故，當知必有第八識如來藏之常住也。於法界實相言之：世間萬法之中既然現見如是，理論上亦必須有一常住不壞法，方能於往世陰界入滅已，復生此世之陰界入我等法。如是，理論若無錯誤者，則必定有一常住法可知可證，為諸錯悟者所不能知證，為諸凡夫與二乘愚人所不能知證，唯除其理論在實相上為錯誤者。譬如造物主之創造世間及有情眾生身心，譬如四大、時節、冥諦……之創造世間與眾生身心，皆是不可知、不可證者，求證之結果皆是錯誤之理論；求證於法界之實相時，皆可證明其為錯誤之說法。若是眞實無謬之理論，則必定是有智之人可知可證者，是故現見我會中廣有多人能知能證如來藏、識藏，非是印順所說之唯是理論爾。

是故，《楞伽經》說陰界入我無常虛妄，名為無我；然亦宣示如來藏之無我性、無我所性；由是故說「離無常過，離於我論之如來藏，為一切法所依」，非唯是最善巧之說法，乃是事實也。印順作如是說之目的，意欲令人對《楞伽經》如是經文生起方便說之感，意欲使人對《楞伽經》不生絕對信受之心，故說此經所說為善巧之說，言外之意，謂為非是真實語也。

然而此經所說者，完全是實語，無有一絲一毫為方便說也，現前可知可證故，今仍有人能知能證故。是故印順作如是說者，目的只在成立其密宗應成派中觀之邪見，是故對此經中與其所說相反之處，故意作是「方便、善巧」之言，令人誤以為此經果真如印順所說之為方便說、善巧說也。而印順如是目的確已達成，故其徒眾皆認為此經之說有如來藏者，乃是方便說、善巧說，故其徒眾常有引據此經佛語文字，作為實無如來藏之證據，作為方便說有如來藏之證據，而皆不肯承認確有如來藏可證。如是故意誤導眾生、曲解經中佛旨者，說為居心不良，說其非是佛教之法師，絕無過份之處也！印順所行、所說、所著者，皆是破壞佛教正法者故！昭慧、傳道、星雲、證嚴等戮力奉行之，共同破壞佛教之正法。破壞佛教正法者，焉得承認其為佛教之法師？況以僧寶之名尊之？

印順為達成其否定如來藏之目的，又作如是說：《「如來之藏是善不善因，能遍興造一切趣生，譬如伎兒變現諸趣」，**近於外道的神我說。這是「開引計我外道」的方便，如是藏只是真如的異名。**》（《如來藏之研究》之《如來藏佛性之抉擇》）

頁247）

然而，如來藏絕非猶如印順所說之近於外道神我，而是與外道神我完全迥異之法也。所以者何？外道所言能創造萬物之神我者，乃是具有天界色身之神我，乃是有三界中覺知心作意之意志心之神我，乃是三界中生死無常之六識心神我，絕非是眞能創造萬物者，絕非是眞能創造有情身心者；然如來藏乃是如是外道神我之天身與覺知心之根源，乃是外道神我之意志心之根源，今我同修會中諸人已如是同皆親自現觀如是實相；此如來藏既是能生外道神我之第八識心，與外道所說常住不滅之神我意識覺知心，相去何止千萬里？直是天壤之別！云何印順可以誣蔑之爲近於外道神我？乃至有時說之爲同於外道神我、與外道神我合流？

若言 佛爲開引計我諸外道，而以諸方便善巧宣說如來藏法，便可說如來藏法是虛妄施設者；則 世尊爲開引計著常見之外道，而方便善巧宣說十八界法緣起性空正理時，是否亦應因爲 佛之方便善巧而說，便可引伸解釋爲「緣起性空之理非是正法」？只是方便說？審如是，則印順…等人鎭日宣說一切法空、一切法緣起性空等理，皆成虛妄不實之理，只是 世尊之方便說故，方便說則非是正理故；此理如是，彼理亦當如是故。如是，印順所說善巧故非眞實之說者，是耶？非耶？

然而，佛雖爲度墮於常見之外道，而方便善巧宣說諸法緣起性空之理，理實非謬，非可因爲 佛之開引計著常見之外道而方便宣說緣起性空之理，便說 緣起性空之理爲虛謬法也。是故，佛爲開引計著衆生我之諸外道故，方便宣說如來藏正理，令知如來藏之異於常見我、異於衆生我，若不運用方便善巧而宣說者，衆生即不可能知解如來藏之異於常見我，則不能實證法界之實相也。是故，方便開引計我外道一語，本無過失，然而印順卻有心曲解之，令成虛謬之說。如是故意曲解 佛旨，將 佛法三乘菩提之根本如來藏加以否定，砍除三乘菩提之根本，令成「外於如來藏之緣起性空」無因論。如是印順所說者，違教悖理，全然反於 世尊之正法，焉得謂爲佛教之法師？

復次，印順既言：《這是「開引計我外道」的方便，如來藏只是眞如的異名。》則是承認確有眞如眞心者，既有眞如心，且問：眞如心是第幾識？眞如心是否外於如來藏而有？若是外於如來藏而有，應如何修證？云何不見印順對此有所交待？云何不見 世尊三乘諸經中對此有所交待？若言眞如即是滅相，由滅相之不滅故名眞如者，則同斷滅見，墮於阿含經中善星比丘所墮一切法空之邪見中。

印順擅自將同一心之如來藏、眞如，加以分割爲二心，故令本來完整之三乘佛法正理，成爲支離破碎之狀態，故令隨學其法之昭慧、傳道、星雲、證嚴等人，及彼等人之廣大徒衆，悉皆無能親證三乘菩提。由是緣故，將導衆生同入歧途，斷人慧命，其過之重，無與倫比。印順既然承認如來藏即是眞如之異名，則如來藏中所藏種種有漏法種及無明種修除之後，即成佛地之眞如，本是同一心，本是眞如之前身，印順何須將之分割爲二？何須分割之後又因自己不能親證之，又加以否定？否定如來藏之後，未來無數劫成佛時之眞如心，究應何在？

印順又作是邪謬之言：《如來藏是善不善因，爲生死依止，決不是如來藏眞如能生起善惡，流轉生死，只是善惡、生死依如來藏而成立，如雲霧依於虛空一樣。雲霧依於虛空，虛空自性還是那樣的明淨，雖然似乎虛空昧晦而失去明淨，其實是不見而不是虛空有任何變化。所以『經』上接著說：「離無常過，離於我論，自性無垢，畢竟清淨」。爲了化導「沒有常住法就不能成立

生死流轉的凡夫見」，所以說如來藏爲因、爲依。》（《如來藏之研究》之《如來藏佛性之抉擇》頁 247）

如來藏既是一切善法與不善法之因，復又是陰界入我之生死依止，則如來藏自身必是常住不滅之法，方能執藏一切善法與不善法而爲其因，方能令生生世世之陰界入依止如來藏而出生、而死滅，復又出生、復又死滅。如是，如來藏必定爲常住之法，方能生起世世皆有之陰界入我，方能有世世之陰界入我緣起性空、歸於壞滅，此乃四阿含諸經中 佛所宣示之正理；如是正理，若宣說已，世俗中有智之人皆所共認，印順自身亦不能否認之，而於其書中處處承認之。既如是，則印順應承認如來藏確是常住法，非是方便說之虛設名詞；則如是正理，絕非是凡夫見，乃是聖者之智慧所見，云何印順卻非議之爲凡夫見？云何印順卻因之而說「如來藏爲因爲依」之語只是觀念上之所依？世間豈有如是辨正之理？正是以自之矛攻己之盾，完全矛盾者也。

印順又言：《如中國佛教所傳的『楞嚴經』，及『起信論』所說，「眞如熏無明」，「無明熏眞如」等，在印度後期大乘佛教中，似乎沒有這樣的見解。》（《如來藏之研究》之《如來藏佛性之抉擇》頁 247）

此亦是印順個人之臆想猜測之言也！楞嚴及起信中，未曾言「眞如熏無明，無明熏眞如」，唯說「眞如執藏一念無明種子，眞如有無始無明隨眠」，未曾說「眞如能熏習無明」也，眞如乃是受熏之心故，非是能熏習之心故，能熏習之心乃是七識心故，眞如非是七識心故，印順不應作是虛妄誣蔑之說也。復次，無明不能熏眞如，要由七識心之熏習無明，方能熏入如來藏心中，是故無明自身不能熏如來藏也。

復次，果地眞如乃是佛地之第八識心，絕不再受任何熏習改易，唯有眞如前身之如來藏，方受熏習，然不能熏習他人，楞嚴與起信等教證皆如是說，理證上亦復如是，印順不應胡言亂語、隨便誣賴楞嚴與起信也。

瑜伽學中，一向皆說如來藏有「種子生現行，現行熏種子」之功能，種子乃由如來藏所執持，生現行時，乃是往世所熏之習氣，故令七識心現行時，各人之習性有種種差異，是名種子生現行也。而此種種現行時之差異，皆由往世前七識心所熏習之後成爲種子，收藏於第八識如來藏中來至此世，故令同父母之兄弟姊妹各人心性有所不同；如是往世之熏習過程，名爲現行熏種子。如是正理，與印順所說迥異，是故印順所說者，不可信也！

復次，非唯第三轉法輪之大乘諸經中有是熏習之說，乃至初轉法輪之四阿含諸經佛語中，早已有如是熏習之簡略說法也。自是印順讀之不解，大膽妄作無有此說；乃至誣說「印度後期大乘佛教中，似乎沒有這樣的見解。」乃是妄說也。且不言四阿含諸經，待至《阿含正義》出版時另舉；單說印度「後期」大乘佛教之《楞伽經》所說：「大慧！不思議熏及不思議變，是現識（末那識）因，大慧！取種種塵及無始妄想熏，是分別事識因。」同經中又言淨除自心現流之漸淨非頓，亦是宣說熏習之正理也。又如卷二所言：「云何菩薩摩訶薩善分別自心現？謂如是觀三界唯心分齊，離我我所，無動搖、離去來，無始虛僞習氣所熏，三界種種色行繫縛，身財建立妄想隨入現，是名菩薩摩訶薩善分別自心現。」明言「無始虛僞習氣熏入第八識種」也，亦是說熏習之理也。

復次，楞伽中既處處說：諸法之生住異滅，皆是自心如來藏之現量。云何七轉識之熏習種種無明種時，非是熏入第八識中？云何印順竟可以眼見如盲，而說「後期」大乘經中不曾說如來藏受熏習之理？復次，若無如來藏之受七轉識無明與業種之熏習，則如來藏應當唯依本來清淨之自性，而不受生於人間，則將不復有後世之七識心世世現行也。此經卷四（大正藏16冊500頁中欄：「習氣身轉變已」）所說者，以及印順所引經文中故意斷章而不取之佛語：「如來之藏是善不善因，能遍興造一切趣生，譬如伎兒變現諸趣，離我我所。不（能）覺（知）彼（如來藏）故，（誤以爲身心是）三緣和合方便而生。外道不覺，計著作者，爲無始虛僞惡習所熏，名爲識藏（大正藏16冊500頁中欄）」，亦是熏習之理。楞伽既是印順所說「後期」大乘佛教之經典，則印順何可妄謂「後期大乘佛教經典中無有熏習之說法」耶？

非唯楞伽處處作如是說，《解深密經、如來藏經……》等眾多大乘「後期」經中，皆如是宣說熏習之正理。非唯後期大乘佛教經典中如是宣說，乃至初期原始佛教之四阿含諸經中，早已如是簡略宣說熏習之正理也。印順故意否定原始佛法中有熏習之說者，緣於熏習之正理若證實爲有時，必將顯示能熏與所熏之正理，則必將顯示一項事實：與能熏之七識心同時同處，必有所熏之第八識心存在，方能成就能熏與所熏之功能及因果。是故印順一意否定熏習之說，乃竟故意違背阿含及大乘經中之 佛說事實，而昧於良心，故意說如是假話，謂之爲後期大乘佛教中無此熏習之說。

若熏習之說否定成功，則不須有所熏識之執持所熏種子，則不須有所熏識之執持前世業種來至此世現行，則印順所主張「唯有六識，實無七識八識」之歪理，便可成立，則其宗奉之密宗應成派中觀見，便可成立。是故印順一向皆以西藏密宗黃教之邪謬中觀見，而作自意妄解，處處違反三乘諸經佛旨，而弘傳種種異於眞正三乘菩提之外道見。

由上所述正理，故知本經所說「**如來藏是善不善因，能遍興造一切趣生，譬如伎兒變現諸趣**」之語，乃是正說。若非如來藏之住身，吾人色身當時即壞，尚不能有六識心之見聞知覺性，何況能有吾人之種種有漏無漏法現行？如來藏若捨身時，則要待如來藏創造中陰身之後，吾人六識心之見聞知覺性方能復現於中陰身上；若無如來藏，而如印順所說之唯有六識心者，則死後意識斷滅已，便成一切法空之斷滅無法，則無有能創造中陰身者，則六識心之見聞知覺性便將永遠不得生起現行，便成斷滅見；現見六識心及末那識意根皆無力創造色身及中陰身故。如是，若無如來藏名爲識藏，而有集存衆生善惡業種者，則色身與中陰身滅已，即成斷滅，緣何而有來世陰界入我之生住異滅？一切法皆無也！則成斷滅空也！由是緣故，佛說：「**若無識藏名如**

來藏者，則無生滅。」是故：一切生滅法，皆因不生不滅之如來藏，故能有陰界入我之生滅現象而世世輪轉生滅；是故，一切生滅法，皆是依於不生不滅之如來藏而有。是故有時經中說：「生即是不生之自性。」一切有生之陰界入法，本皆是本來無生之自心如來藏中所含藏之無量自性之局部故，皆是從如來藏而出生者故。

由如來藏之不生不滅，故有凡聖之陰界入生滅。一切凡夫與聖人，皆依如來藏而有；若無如來藏，尚無陰界入等我法，何況能有凡夫生活於人間？能有四聖之住持正法於人間？是故四聖六凡皆依如來藏之攝持善惡業種，之攝持有漏無漏法種，方有四聖六凡之示現於世間。由於四聖六凡悉皆依於陰界入我而有，若無陰界入我，則無一切凡聖，是故一切凡聖悉有生滅；於如是有生有滅之陰界入我中修行正法者，從陰界入我等法中覺悟自心如來藏之所在者，因此現前領納如來藏之種種自性差別，般若智慧於焉日漸滋生，爲諸凡夫世人所不能知；然後住於現前所證聖法義趣之中，以法樂自娛而住持於世間，復又不捨一切方便善巧，宣說甚深般若正理而利衆生，令得同證解脫與實相第一義。

印順處處否定如來藏，故意將本是一心而說二名之如來藏與藏識，分割爲二：《二、如來藏與藏識：如來藏爲依止，阿賴耶識爲依止，本爲不同的二種思想體系。**無著、世親論中，雖以真如解說如來藏，也沒有與阿賴耶識聯合起來**。將二者聯合而說明其關係的，是『楞伽經』，如『楞伽阿跋多羅寶經』卷四說：「大慧！善不善者，謂八識。何等爲八？謂如來藏名識藏：心、意、意識，及五識身」。**八識，是瑜伽學者的創說**。識藏，就是藏識──阿賴耶識。約特殊的意義，第八阿賴耶識名心，第七識名意，前六識名識。經上說「八識」，又說「如來藏名識藏（心）」，**這是將如來藏與阿賴耶合為第八識了**。魏譯本雖只說「阿梨耶識」，而下文說：「阿梨耶識名如來藏」，也表示了「如來藏名識藏」的意義。『楞伽經』以眞如爲如來藏，與阿賴耶的含義，當然是並不完全一致的，**但到底結合為第八識了**。》（《如來藏之研究》之《如來藏佛性之抉擇》頁 239~240）

印順諸書中，一再地重複宣示：「在原始佛法阿含經中，本來是沒有第八識的；如來藏與阿賴耶識本來是兩個識，後來方才由『楞伽經、解深密經』合併爲一識，所以此二經都是後人所創造的經典，不是佛口親說者。」如是文意，於其所造諸書中，處處可檢，隨處可見。由是緣故，印順之徒衆們，悉皆否定第八識心，不肯承認緣起生滅的有為法必須依不生不滅之如來藏方能生滅不斷。如是否定第八識如來藏已，則他人不能訶責彼等諸人之未曾證悟如來藏，則他人不能訶責彼等諸人為未悟之凡夫，則彼等便可放心大膽地專弘西藏密宗黃教之應成派中觀邪見。

然而印順如是說法，偏頗失當，亦將本來完整之三乘佛教法義，分割為支離破碎之狀態，令今時後世學人悉將遠離三乘菩提之正理，悉將遠離三乘菩提之眞修實證，而將永遠墮於學術研究之偏斜荒謬歪理中，永絕於三乘菩提之實證。

印順如是之言，實乃昧於佛教歷史事實之說：《如來藏為依止，阿賴耶識為依止，本為不同的二種思想體系。**無著、世親論中，雖以眞如解說如來藏，也沒有與阿賴耶識聯合起來。**》如來藏與阿賴耶識，於阿含諸經之佛語中，本是同一心體，絕非印順所說之二種「思想體系」。

若如印順所言：因為 世尊未於經中說如來藏即是阿賴耶識，是故如來藏與阿賴耶識即是二種思想體系者；則同理： 世尊未曾說阿賴耶識即是心、即是實際、即是「我」、即是眞如、即是「名色因、名色習、名色本之」識、即是本際、即是異熟識……，則應如是多法即是多種思想體系，則應如是多法所說之意即是有多種心，則應學佛人所應修證者，爲有十餘種、二十餘種之心，則應人類悉有二十餘種識、三十餘種識，而非皆是只有八識。彼印順之理若可成立者，此理亦應如是成立故。究竟是耶？非耶？

是故，印順創言**如來藏與阿賴耶識是二種體系**者，乃是印順自己之臆想，故意作如是分割，而令完整之法義支離破碎。如是分割之目的，唯是欲令學佛人相信：**實無如來藏，實無阿賴耶識**；藉此手段而令學佛者對大乘經生疑不信，然後印順便可完全否定大乘諸經所說之第八識法，令其一生崇奉之密宗應成派中觀見得以成立，不受人懷疑。

若印順如是理證可以成立，則大品般若、小品般若所說「非心心、無心相心、不念心、無住心、菩薩心」等心，世尊既未說是同一心，依印順之理，應判定大小品般若諸經所說者，有五種思想體系，有五種不同之心故。是故，印順之判教斷理，極爲荒唐，本質極爲牽強偏斜，何可信之？

復次，印順認爲無著與世親之論著中，沒有將眞如與阿賴耶識聯合起來，意謂《楞伽經》是後來之人所創造，繼無著與世親之後，將眞如與阿賴耶識聯合起來。然而印順所說完全悖離佛教史之歷史事實，亦與無著世親之論著所說法義事實完全相背。無著與世親之論著中，本來就是以阿賴耶識而說眞如緣起。印順作如是否定之說，完全違背佛教歷史之事實。事實是：無著菩薩，在《瑜伽師地論》之弘傳時，早已明說凡夫地之阿賴耶識，修除集藏分段生死種子之體性，即是解脫果上無學位之第八識異熟識，亦名庵摩羅識；亦說修除無始無明隨眠究竟無餘時，即是佛地之眞如，同是第八識體，印順云何可以昧於事實，而說無著未將阿賴耶識與眞如聯合？

而世親菩薩在其所造之唯識三十頌中，及所造《攝大乘論》中，亦復如是宣說阿賴耶識修除一念無明習氣種子，及修除無始無明隨眠之究竟清淨心，即改名爲無垢識、眞如，與無著菩薩所說者完全相同。如是，彌勒、無著與世親之《瑜伽師地論、攝大乘論、唯識三十頌》等，至今仍在，猶可稽之，印順云何可以爲了維護密宗應成派中觀邪見，而昧著歷史事實，睜眼說瞎話？

復次，印順說：《**八識，是瑜伽學者的創說**》，亦是昧於佛教歷史事實之言也。早於般若系列諸經中，破斥十八界法虛妄時，便已說有「非心心、無心相心、不念心、無住心」等心也。如是心，既然非是十八界法之七識心所攝，當知即是第八識心也，云何可以昧著良心而說「**八識心是瑜伽學者的創說**」？

若印順等人強言「**般若經是後人所創造，不足為憑**」者，則亦可依四阿含諸經而言之：四阿含諸經中，處處說十八界法虛妄，亦多處說十八界法滅後，入無餘涅槃時，有心獨存，非是斷滅空。四阿含諸經中，有時說此心為實際、本際、我、識、心、如來、如來藏等名；有時乃至明說：「**是名色因、名色習、名色本者，謂此識也。**」名色中既已函蓋十八界法，當知六識界心有六，意根界亦是心，而意根更是意識生起之俱有依，則知共有七識心；十八界名色中既然已有七識心，而此七識心生起之因、熏習之接受者、七識心體之根本者，既然別有「此識」，當知已有八識心也。四阿含諸經現在，仍然可稽，非是平實自造自創之說也。如是佛教歷史之事實俱在，於原始佛教四阿含經典中，早已有八識心王，印順何可昧於佛教之歷史事實，而說為後來瑜伽學派之創說？眞是**昧著良心說假話**之人也！

如是，原始佛法中本有之八識心王法，印順卻視而不見；爲了維護其所崇信之密宗應成派中觀，只承認六識之邪見，便昧著良心說假話，故意將原來完整爲一之第八識心，爲令衆生瞭解凡夫地與菩薩地之第八識異同，所以分別建立如來藏、阿賴耶識二名之眞實法義，誣說爲二心，將同一第八識心分割爲二；然後再誣指爲後來《楞伽經》加以合併爲一，又意指《楞伽經》非佛所說，指爲後來之學人所集體創作者，如是削減或滅除學人對究竟了義法之《楞伽經》之信賴，欲令大衆皆不修之，則將來可能便告失傳；本經若失傳者，則將來即無菩薩能證取種智；若無人能證取種智，則便無人能再從事破邪顯正之工作，則密宗黃教應成派中觀之唯承認六識之邪見，便得以繼續流傳，便得以繼續破壞佛教深妙正法，因此即可爲邪淫之西藏密宗取得未來繼續生存之空間。印順作是昧於佛教歷史事實之說，標新立異，完全違背傳統佛教之實相心傳承，亦完全異於傳統佛教之經典傳承，無怪乎當時招致慈航法師之極力反對，印順之本質，根本即是破壞佛教深妙正法之人故。

是故，印順作如是說者，眞是違背事實之言：《經上說「八識」，又說「如來藏名識藏（心）」，**這是將如來藏與阿賴耶合為第八識了**》，既然「原始佛教」

之四阿含諸經中，已經處處說有第八識心，則大乘經典更深入宣說第八識心之種種微妙體性，令人生起唯識一切種智之無生法忍，可以次第而至佛地，則印順所說：「原始佛法中之阿賴耶識與如來藏是二法，而大乘經將如來藏與阿賴耶識合為第八識了」，便是昧於佛教歷史事實之言，乃是誣蔑大乘經典之說；目的在使人對於大乘經典生疑，因此懷疑是否眞的有第八識心可知可證，則其否定七八識之說法，承認密宗應成派中觀只有六識之說法，便可以成立。如是昧於佛教歷史事實，一心維護西藏密宗邪見之言論，凡我佛教學人，皆應加以正視，萬勿漠然不管，萬勿忽視其嚴重性；第八識法正是佛教之所以超勝於一切世間宗教之處故，乃是法界萬有之本源故，乃是法界體性之實相故，乃是萬法之正因故，乃是三界中之第一義諦故，超勝於二乘菩提之世俗諦故，亦是二乘菩提之根本故，眞是我佛教之根本故。由是事實，故說：印順將本來完整之佛教法義，先行加以分割破碎，然後再依自意加以組合，使得本來完整之佛教法義，變成支離破碎了，亦隨之改變成斷見本質之外道法了。太虛大師對他的評論，說他將完整的佛教教義分割為支離破碎，其實是極為中肯的批評，不曾絲毫冤枉了他。

是故第八識心，在印順所言之「原始佛法」四阿含諸經中，本即有之；世尊在四阿含諸經中，本即曾以多名而說此第八識心，非是未曾宣說也，不可因原始佛法之阿含經中將此第八識心以多名說之，便說爲多心也。然於四阿含諸經中，因爲是以宣示二乘菩提所修之解脫道爲主要，是故提及第八識心時，大多略述一二句語，說明無餘涅槃非是斷滅境界，即行帶過，皆未細說。曾有不斷提及此心者，則唯有雜阿含部之《鴦掘魔羅經》，然亦未曾說及別相及種智之部份。由是緣故，於後時之第二轉法輪般若系列諸經中，廣說別相，說爲「非心心、無心相心、不念心、無住心、菩薩心」等名，而亦未曾以第八識名之，然實皆是同一第八識心也。

其後更於第三轉法輪之唯識方廣系列諸經中，廣說一切種智深妙正理，非是初二轉法輪諸經所可比擬也。然實第三轉法輪之唯識系諸方廣經中，所說「**一切法皆依如來藏阿賴耶識爲所依，方得藉緣而起**」之正理，早於初轉法輪之四阿含諸經中，便曾以極簡略之數句言語而宣說過，絕非未曾宣說也。此容未來造作《阿含正義—唯識學探源》時，另行舉述，此暫不述。

菩薩證得「**自心現量—一切法皆是自心如來藏所現之事實**」時，現前依於如是正法之法樂而自安住，雖知種種法義言說皆是方便，非即實相如來藏，然能不捨種種方便而宣說其理，以令眾生證知，同入菩薩大道之中，共同住持佛教甚深了義正法於人間。

「大慧！此如來藏識藏，一切聲聞緣覺，心想所見；雖自性淨，客塵所覆故，猶見不淨，非諸如來。大慧！如來者，現前境界，猶如掌中視阿摩勒果。大慧！我於此義，以神力建立：令勝鬘夫人及利智滿足諸菩薩等，宣揚演說如來藏及識藏名、七識俱生。聲聞計著，見人法無我，故勝鬘夫人承佛威神，說如來境界，非聲聞緣覺及外道境界。如來藏識藏，唯佛及餘利智依義菩薩智慧境界；是故汝及餘菩薩摩訶薩，於如來藏識藏，當勤修學，莫但聞覺，作知足想」：

如來藏、識藏，唯是利智菩薩所能得證；若非利智菩薩，不能自參自悟自證，要須再來菩薩受生於人間，自參自悟後，出世弘傳而助益之，方能證之。是故能證得此識之菩薩，在佛教廣大學人之中，永遠皆是少數，永遠不可能成為多數。非唯在大乘法之凡夫之中如是，乃至二乘菩提之慧解脫、俱解脫聖者，亦復難以了知，不能證得；唯有迴小向大之後，親從已悟之菩薩修學，方能證之；證已，方能真知將來若入無餘涅槃時，涅槃之中究竟是何境界，否則，永遠皆不能知悉也。是故佛作是說：「此如來藏、識藏，一切聲聞緣覺心想所見。」謂彼等聲聞阿羅漢等人，若不肯迴心大乘而隨菩薩修證之者，則唯能以自意心想而揣摩之，以爲已知已見，其實皆未能親證，故名「心想所見」。

於《勝鬘經》中，勝鬘夫人承佛威神之力，而作是說：「世尊！如來藏者，是法界藏、法身藏、出世間上上藏、自性清淨藏。此性清淨如來藏，而客塵煩惱、上煩惱所染，不思議如來境界。……自性清淨心而有染者，難可了知，唯佛世尊實眼實智，為法根本，為通達法，為正法依，如實知見。」謂此法甚深，難知、難解、難證故。

勝鬘夫人說是難解之法問於佛時，佛即隨喜：「如是！如是！自性清淨心而有染污，難可了知。有二法難可了知：謂自性清淨心難可了知；彼心為煩惱所染，亦難了知。如此二法，汝及成就大法菩薩摩訶薩乃能聽受；諸餘聲聞，唯信佛語。」

然而如是自性清淨心，於因地時，於凡夫地時，本已是不於六塵萬法貪厭者，本已是清淨不改者，本已是從來不起一念妄想者，本已是從來不起一念佛法正念者，一向如是離於無明、亦離無無明，一向離於一切智慧、亦離於一切愚癡。如是遠離兩邊之清淨自性，乃是本來如是，非從修行然後始得如此境界。雖然如來藏不斷現行運作時悉皆如是自性清淨，然卻含藏七識心之種種煩惱，含藏七識心所造之種種善惡業種，是故 佛於此經中說：「雖自性清淨，客塵所覆故，猶見不淨」，而此猶見不淨之現象，唯是凡夫地具足之；聲聞緣覺斷除少分猶見不淨之現象，菩薩地地轉進而斷除習氣種子及無始無明住地，故餘少分不淨；佛地則完全斷盡，前七識心之一切不淨種子、一切煩惱、一切無明悉皆斷盡，是故如來已無猶見不淨之現象，故說如是猶見不淨之現象，「非諸如來」所有。如來地之第八識（眞如）現前境界，猶如掌中觀視清淨之阿摩勒果絕無纖塵一般，究竟清淨。

由如是緣故，世尊以神力建立，而令勝鬘夫人及諸智慧深利，滿足修學般若種智而證得無生法忍之諸多菩薩們，宣揚如來藏之名義，演說如來藏及識藏之名義差別，而令衆生了知；亦教諸多菩薩明白宣示：不論是在如來藏名所攝之階段，或是在識藏名所攝之凡夫階段，此第八識心，皆是與前七識俱，皆是出生前七識心而與七識心共同運作。

由如是聖教量之正理，已可確定：「事實唯有一種，一切人在人間活動，乃至眠熟等五位時，亦皆有第八識眞心與前七識見聞覺知之妄心同時並存運作。」由實證上說，亦是如此無異。由是可知：禪宗所悟之般若，絕非是以修定之法，而將前七識能知覺之妄心轉變成離見聞覺知之「眞心」也。然而迄至今時，聖嚴與惟覺二師，仍然不信余言，堅執應將意識妄心修成一念不生，認爲意識心一念不生之際即是眞心（詳見拙著《宗門正義：公案拈提第六輯》舉述）星雲與證嚴法師亦踵繼之，皆墮意識心中；如是欲將妄心經由一念不生而變成眞心，乃是邪見，墮於《楞嚴經》所說之外道五現涅槃中，乃是常見外道見也。

譬如惟覺法師如是開示云：《中道實相不是離開我們當下這個心，另外有一個清淨的心、另外有一個不動的心；就是諸位聽法這個心，保持這念心的清淨。有了煩惱，時時把煩惱化掉，處處作主、念念分明，……》此即是錯將耳識與意識合爲一心，欲將此耳識意識變作實相心；不肯信受 佛說「意識心同時同處別有本自清淨之第八識心」，與聖嚴法師所墮完全無異，證嚴法師於《心靈十境》書中亦作是說，亦以無念之覺知心作爲眞如、作爲 佛所說之自性清淨心，悉屬《楞嚴經》所說之外道五現涅槃之邪見。如是之人，卻同印順一般，認爲唯有六識心，不承認六識以外別有第八識心本來自性清淨，而欲將染污之六識心修行清淨，轉變爲實相心；悉違 世尊三乘諸經所說八識並行之理，亦違 世尊所說如來藏清淨心乃是本來清淨之理。如今三乘諸經所說八識心王並行之聖教具在，彼諸大法師猶自不信，猶執定邪見而不改易：悉皆欲將意識心修行清淨而轉變爲第八識眞心。如是法師所在多有，追隨彼諸法師之大居士等人亦復如是，悉墮如是邪見之中。

世尊於三乘諸經中，既說一切人皆是八識心並行運作，由此則可以了知：「有覺有知之意識心，永遠不會變成離見聞覺知而**不審六塵**之第八識；處處作主之末那識，永遠是**恆審思量**之體性，永遠不會變成**恆而不審**之第八識如來藏，**恆審思量**之體性永不改易故。**恆而不審**之如來藏，亦永遠不會經由修證禪定而轉變成**審知六塵**、**處處作主**之六七識。」若六七識可以轉變爲第八識者，必定違背 世尊八識心王並行之聖教故，亦成從緣修行而得之眞心故，則成變易法故。如是正理，余於多年來所造書中，不斷宣示，不斷解說，而聖嚴與惟覺二人，至今仍然堅持己見，不改其說，仍繼續以常見外道見而誤導廣大學人。

星雲與證嚴二人，信奉印順之邪說，一生努力推廣印順之邪說，將極爲勝妙之佛教，加以人間化、世俗化、狹窄化、學術化，其惡劣影響，較諸聖嚴與惟覺二人，實不遑多讓，而更有過之，印順之邪說乃是將三乘菩提之根本心加以砍除故。印順一生否定第八識如來藏，亦否定四阿含諸經所說之意根—第七識末那。是故印順……等人只承認有前六識，不承認有七八識，完全違背 世尊宣說十八界法之聖教量。

爲否定第八識故，更藉考證之名，在其書中處處將大乘諸經說爲非是佛口親說者。爲達成此目的，便將本來一心之「如來藏、識藏、心、識、阿摩那、阿陀那、阿賴耶……」等諸經中所說之一心，拆爲如來藏一心、阿賴耶是另一心，成爲二心；然後再誣指爲：後來新出的大乘經典，將此二心合併爲一心。如是作爲，令人誤信大乘諸經眞似印順所言非是佛口親說，眞乃居心不良之人也。印順作如是說：

《如來藏與阿賴耶的合爲第八識，應該是依於心性本淨，客塵煩惱所覆而來，如『楞伽阿跋多羅寶經』卷四說：「此如來藏識藏，一切聲聞緣覺心想所見，雖自性淨，客塵所覆故猶見不淨」。「我於此義，以神力建立，令勝鬘夫人及利智滿足諸菩薩等，宣揚演說如來藏及識藏名，與七識俱生，（令）聲聞（不）計著，見人法無我故。勝鬘夫人承佛威神說如來境界，非聲聞、緣覺及外道境界，如來藏識藏唯佛及餘利智依義菩薩智慧境界」。『楞伽經』是依『勝鬘經』而作進一步的說明。**『勝鬘經』有沒有說到阿賴耶識，是另一問題**，而「自性清淨如來藏，而客塵煩惱、上煩惱所染，（是）不思議如來境界」，確是『勝鬘經』所說的。依如來藏說，為客塵煩惱所覆（或「所染」）；依阿賴耶說，是雜染種子（或「熏習」）所積集。**在『楞伽經』中，這二者也統一起來**。……玄奘所譯『解深密經』說：「亦名阿賴耶識，何以故？由此識於身，攝受藏隱同安危義故」；「攝受藏隱」，『深密解脫經』作：「以彼身中住著故」。阿賴耶有隱藏、依住的意義，如依住在窟宅中，也就是隱藏在窟宅中。所以『楞伽經』中，顯現境界，起七識等，當然是阿賴耶識的作用，而自性清淨，為虛偽惡習所熏染，生（雜染的根本）無明住地（或作「習地」），**為如來藏而轉名為阿賴耶識的關鍵**。》（《如來藏之研究》之《如來藏佛性之抉擇》頁240~241）

印順之說，極爲牽強，完全是扭曲佛旨之說。爲成立自己所弘傳之密宗應成派中觀邪見，竟可以將三乘經典 佛旨如是強加扭曲，太虛大師曾加以勸告。印順來至台灣後，繼續如是否定第八識阿賴耶、如來藏，說爲唯名假名之言說，實無此心；慈航法師亦曾加以嚴厲之破斥，而印順仍憑自己之世間聰明，狡辯不改。如是嚴重破壞佛教正法之人，尙可說爲佛教中之法師耶？尙可說爲佛門之僧寶耶？

印順所說者，往往一派胡言。在他所謂之原始佛教之四阿含諸經中，佛已曾處處說第八識心，其名衆多，如前略舉。今者印順認爲：《勝鬘經》未曾說如來藏即是阿賴耶識，所以如來藏非即是阿賴耶識。審如是者，則四阿含諸經中，佛所說種種第八識名，未曾說爲同一第八識心，是否亦應說爲各各不同之識？則吾人皆當有二十、三十餘識也，皆不應說爲唯有八識心並行也！

亦如有人稱印順其人爲印順，若忽有兒時之俗家故眷見得印順時，直呼其俗名，不同於出家之法號，此時是否因爲名有異故，便致印順成爲二人？或如印順在信徒面前爲印順法師，及其前往各級政府機關辦理身份證明、護照、健保卡⋯時，公務人員則呼其世間俗名；當時若無學佛之人在，是故無人宣示彼俗名即是印順其人，則他人應可因為公務員呼其世間法律上之姓名，未稱其人即是印順，便可因此時之姓名異於出家之名號而有二名，便可言彼二名為二人？是否便致印順其人成為二人？顯然不可如是認定！是故，印順宣稱：《勝鬘經》未說如來藏即是阿賴耶識，所以阿賴耶識即非是如來藏。如是而作引證之理，說焉可通？

復次，若欲判斷阿賴耶識是否即是如來藏？欲判斷四阿含諸經中所說：「名色因、名色本、名色習者謂此識也」之識，是否即是如來藏？欲判斷四阿含諸經中所說之「心、識、實際、本際、如來、如、如來藏、眞如、我、樂阿賴耶、欣阿賴耶……」等衆多名稱所說之心，是否即是如來藏？當從世尊宣示一一名所說心之體性而觀之，若其體性相同，當知此等多名所說之心，即是同一如來藏心也，何須一定明說如來藏即是阿賴耶識？印順如是聰慧之人，豈眞不解此理耶？總因印順為欲成立密宗應成派中觀見故，所以故意加以忽略，故意昧於四阿含諸經所載佛教史實，而作《妙雲集、如來藏之研究、唯識學探源……》諸書中之種種不實之言，以建立其藏密中觀見，故作種種異於佛教史實之說。

復次，爲令衆生明解第八識心在不同時期有不同之內涵，應施設種種不同名相，方便後來之宣說深妙法；則佛弟子若解佛法者，甫聞即知其名所說心是何階段之第八識心，不須多費唇舌也；由是緣故，應須施設種種名，而說第八識心。印順個人或因淺學不解，於 佛所說橫生謬解，愈研究則愈偏離佛法；或因曲意欲護密宗應成派中觀之邪見，故作如是違背佛教諸經所載歷史事實之說。

凡此種種，皆因年輕時不肯信受禪宗法道，不肯眞參實究，喜好作佛學研究，隨於歐美學府中之佛教研究教授之言，而專信西藏密宗黃教之應成派中觀邪見所致。由是緣故，便以歪理，將一心多名之如來藏與阿賴耶識二名橫加分割，令成二心，然後誣蔑爲：後來佛弟子創造大乘《楞伽經》而將二心合併爲一心。印順如此作爲之目的，意在令人對大乘經典不生信心，隨其認定爲佛滅後之弟子衆等合力纂寫者，則其否定如來藏之目的便可順利達成，大乘經典悉以如來藏識爲萬法之根本故，悉皆圍繞如來藏而說十八界等萬法虛妄故。

印順更作種種否定第八識心之言語，及作種種否定中國禪宗法道之言語，釀成大錯。今時由於其法之信受者眾多，勢力廣大，破壞佛教之狀況已極嚴重，故令平實不得不加以舉證駁斥，以挽頹風，以扶正教，以救學人。是故，學佛人研經時，不可唯從文字表相之「有無明說如來藏即是阿賴耶識」而作分判，應依諸經所說彼**心**之體性同異之處，而作判斷，庶可不失三乘諸經　佛旨原意。如是正理，印順之徒眾：昭慧、傳道、星雲、證嚴等人悉應知之，若不如是研之究之，一味信受印順之語，所說所作者，終將同於印順，共成破法大業。

復次，印順前文中言：《…所以『楞伽經』中，顯現境界，起七識等，當然是阿賴耶識的作用，而自性清淨，為虛偽惡習所熏染，生（雜染的根本）無明住地（或作「習地」），**為如來藏而轉名為阿賴耶識的關鍵**。》亦是同前所說之邪見。若如是說而可成立者，則應四阿含諸經中　佛所說心，已有幾近二十心也，則應吾人皆各有將近二十心可以求證，亦應求證之，方是佛法之正修行也。審如是，則印順應承認：實有八識乃至二十識。則印順唯認六識心王之說，即成妄說，成為進退失據之局面。若不可如是認定為二十識，則印順亦不應因經中各各施設名相而說第八識心，便說為彼諸名相各是一心；

便不應說如來藏與阿賴耶識是二心，後來合併為一心；此理既如是，彼理亦應如是故。由是故說：印順之見解，處處充滿邪見，處處自相牴觸，不能自圓其說；假令其所有徒眾昭慧、傳道、星雲、證嚴……等人合為一人，極盡狡辯之能事者，亦復不能自圓其說也。如是親證如來藏之智慧境界，尚非諸多聲聞緣覺聖人所能知之，何況印順師徒等人，未曾見道，悉是一介凡夫，何能知之？

聲聞緣覺等無學聖人，云何尚不能知之？此謂聲聞緣覺諸聖所觀行者，乃是依於陰界入我等十八界法，而作觀行故，非是逕依自心如來藏而作觀行故。聲聞緣覺誤會計著實有陰界入我等法，由計著實有陰界入我等法能令眾生輪轉生死，是故捨壽必取無餘涅槃，不能因於大悲之心而發起受生之願，是故聲聞緣覺雖然已斷盡我見與我執，於大乘法中，仍然名為計著人我者，由計著人我故，懼受生死輪轉，故修證人無我及聲聞所修之法無我，求出三界生死。

菩薩則不然，由親證自心如來藏故，現前照見：一切陰界入我，以及一切陰界入相應之種種煩惱，乃至一切陰界入無我，一切陰界入萬法之無我，悉是自心如來藏所生所現，本是自心現量。故知本無外於如來藏之陰界入我可言，由此現觀故不似聲聞緣覺之誤計及執著人無我與法無我，一切法皆是自心現量故。由是現觀之緣故，勝鬘夫人及諸利智菩薩，悉能承佛威神之力，而對世人宣說如來藏之不可思議境界。如是不可思議之如來藏境界，唯有佛能知之；度諸大心菩薩已，此諸菩薩復又轉度有智有慧而不迷信之衆生，同入大乘佛菩提中，廣修菩薩十度萬行。是故一切大心佛子，若欲修證大乘佛菩提智者，當依如是 世尊聖教而修證如來藏境界；乃至已悟如來藏之菩薩摩訶薩，仍應親隨大善知識進修如來藏之一切種智，當勤修學。是故 世尊作是咐囑：莫但聞如來藏名，便依自意思惟而作已覺已悟之想，便起知足之想，當依眞善知識而修學之。

爾時世尊欲重宣此義而說偈言：「甚深如來藏，而與七識俱；二種攝受生，智者則遠離」：如來藏境界，甚深極甚深；二乘涅槃之修證，大乘般若之親證，佛菩提智之一切種智之修證，悉依各人之自心如來藏而建立；若無如來藏，則此三乘菩提一切法要，悉成戲論，皆墮斷滅見中；若無如來藏，尙無世人之出生，何處而有佛法之可言、可修耶？而此微妙甚深之如來藏，與七識心並行運作，方有吾人能修證佛法，能修證解脫。如來藏在三界之中，因衆生往世之惡業所染污故，輪轉於三惡道中，不斷出生三惡道之衆生身，而令衆生受其苦報。亦因往世造作善業而執著其善業果報故，便致受生於三善道中，由是緣故，不斷出生三善道之衆生身。凡此善惡道之業感能招者，皆因衆生在三界中住時，必有二種攝受出現：謂能取與所取。能取者，即是能了知六塵萬法之意識覺知心與處處作主之意根末那識；所取者，即是如來藏藉五根而攝受身外色法五塵，轉生內相分似有色之六塵法相。由如來藏出生如是所取六塵相及能取之前七識了知性故，能令衆生於六塵相中貪厭六塵諸法；由貪厭六塵諸法故，不能了知能取之覺知心及思量心乃是虛妄法，其實仍是自心如來藏所現者，是故便起貪厭之心行而處處作主：欲取欲捨乃至捨垢取淨，由是緣故招致生死輪轉不絕。有智之人當從眞善知識修學，了知能取之了知心與所取之六塵相皆是虛妄，皆是第八識自心如來所生者；現前觀察已，則遠離之，從此漸離三界生死；然後發起受生願，繼續住持於人間而廣度衆生同證此理。

「如鏡像現心，無始習所熏；如實觀察者，諸事悉無事」：六塵本是自心如來藏藉五根之接觸外五塵，而轉生帶質境之內相分，方能由吾人之覺知心所得觸知而起覺受。覺知心本是心法，心法既然非色，焉能觸及五塵等法？是故必須由如來藏藉五根之觸外五塵，而顯現似有質境之內五塵相分，方能由吾人之意根與覺知心觸及，方能起諸覺受。而此內相分五塵境，乃是如來藏示現於勝義根處—頭腦者；俗人無智，往往以為觸覺不在頭腦，而在身軀各處。只是因為人身有一機制，令人了知觸外境之身根處所，故令眾生以為今時之腦神經醫學發達，已經在實驗中證實：觸覺確在頭腦中，而非在身軀觸覺是在身軀各處。然今醫學實驗已經證實：觸覺只在勝義根—頭腦處。而法塵則在五塵現起之處出生，非是帶質境之法。如是醫學實驗已經確實證明：吾人覺知心所受之六塵法，本來猶如明鏡之現像，乃是自心如來藏所變現者，吾人之覺知心從出生以來，根本未曾觸知外五塵，所觸六塵皆是自心如來藏所變現者。由是正理，故說「如鏡像現心」，猶如明鏡之影像顯現外境一般，如來藏將外五塵變現為六塵等法而顯現於如來藏自心之上，以令眾生覺知。所取之六塵萬法如是，能取之覺知心，及恆審思量故處處作主之末那識意根，亦復如是，同是自心如來藏之所顯現；而眾生不能覺知此理，誤以為覺知心自己，或能作主之自己是主人、是眞實法，誤以爲自己是常住不壞之法，便以自己爲中心，便以自己所有能知、能覺、能觸、能聞、能作取捨之體性爲常住不壞之眞實法，而欲維持如是虛妄之自性，令得永存不壞，故成我見與我執，是故輪轉生死海而不能斷絕。而此能取六塵萬法之心，當其了知六塵萬法而了了分明時，即已是攝取六塵萬法也，不因其有無語言文字生起而有差別，不因其對六塵萬法了知之際有無貪著厭捨而有差別；當其了知而對六塵了了分明時，即已是取故。由如是取故，不能捨棄如是了知之能取性，故不能取證二乘涅槃。由如是墮於能取性而不能了知已墮能取性中故，便不肯承認如是了知心即是能取心，便不能親證自心如來藏，不能發起般若慧；能取六塵之心，與不取六塵之第八識如來藏之體性，迥然有異故。

所取與能取之兩種攝受體性，皆因無始劫以來之妄想熏習，及無始劫以來之惡知識所作邪教導故，不斷熏習種種違背法界實相之常見與斷見知見，是故不能如實證知其謬，不能如實了知能取與所取皆是如鏡現像一般在自心如來藏之自體性上現行，由是緣故不生般若智慧，不證解脫，永續輪轉生死苦海。若人有大福德，有眞智慧，不迷信盲從，於諸方大師小師之開示及書籍，能細加審斷，比對諸經　佛說，然後抉擇眞正之善知識，則能隨入深妙絕倫之如來藏正法。一旦親證已，漸能如實生起現觀：一切法皆是在各人之如來藏上妄生妄滅，本來只是如來藏所顯現之能取與所取二法，並無外法可得可證。如是能取與所取之從如來藏中現行者，皆是由於無始劫以來之虛僞妄想熏習而導致者。若人能如是現前觀察者，便見一生週遭諸事，其實本皆無事，便得解脫於生死與煩惱：現見生死與煩惱只是在不生不滅之自心如來藏上妄生妄滅爾。從此以後，復有何事可以掛心者？唯有佛教之存亡與衆生之慧命，方是唯一可掛心者。

「如愚見指月，觀指不觀月；計著名字者，不見我眞實」：猶如愚人不見明月，他人親見明月時，爲之指示；而彼愚人不從指示方向觀之，但於指上求覓明月。同此道理：彼諸無智愚人猶如印順、昭慧、傳道、星雲、證嚴等人者，悉在名言文字上計著，不思探求諸經中名言文字所示之意旨，以爲名言文字即是佛法。

譬如印順之判教：二轉法輪之般若系列諸經所說意旨者，乃是**性空唯名**。如是之言，已顯示印順之專在名言文字上著眼，而不在般若諸經名言文字所指示之第八識非心心、無心相心、不念心……等理體上用心。由是緣故，印順認爲：般若諸經所說者，即是萬法悉皆緣起性空，般若之意即是彼諸名相悉皆唯名無實，般若之意即是受想行識四陰悉皆攝屬名相，悉皆唯名無實。由如是觀指不觀月故，不知　世尊於經中所說之第八識非心心，不知　世尊依此非心心而說萬法緣起性空，便將般若正義作錯誤之判教：定位爲**性空唯名**。如是荒唐之解說、之判教，唯有印順、昭慧、傳道、星雲、證嚴…等西藏密宗之應成派中觀師，方能同意；一切有智之人，悉皆不可能同意也。是名觀指不觀月之具體實例。如是諸人，悉屬計著名字者，不能親見　佛所說之眞實義——一切法皆是自心現量。

「心爲工伎兒，意如和伎者，五識爲伴侶，妄想觀伎衆」：自心如來藏極爲伶俐，舉凡三界中一切有情色身與覺知心、作主心，皆能創造及維持不壞，令得世世現行；亦能示現「與外五塵完全相同」之五塵境，而在內相分五塵境上顯現法塵，唯除年老根衰，或是死亡根壞。由是善於變現故，說「心爲工伎兒」。

如來藏眞心生起色身與覺知心、作主心末那識，亦生起六塵境界等法，意識與意根則於其中貪厭取捨，配合如來藏所顯現之種種境界，而附和不捨。猶如戲院中善演之藝伎，作種種扣人心絃之表演，觀衆一時不覺是戲，墮入戲中情節，隨著演出之伎兒，忽喜忽哀；意根與意識亦復如是，隨於如來藏所顯現之種種善惡境界，不覺如是境界皆是虛妄法，不覺如是境界皆是如來藏所顯之自心境界，以爲實有如是外境，是故於中生起喜怒哀樂等情緒而作思量，而處處作主，因此而造諸業，故說「意如和伎者」。

前五識則是伴隨意根與意識者，隨此二識，而在如來藏所顯示之境界中，共同取捨及造善惡業，而不自己作主取捨，悉由意識與意根作主取捨，乃是意根與意識之忠實伴侶。猶如觀衆，於戲中情節作諸想像與語言評論等；意根與意識亦於如是自心如來藏所顯現之自心境界中，不覺其妄，便於其中作諸語言文字妄想，作諸違背實相之種種虛妄想法。如是妄想，則猶如在旁觀看伎兒演戲之觀衆一般無二，故說「妄想觀伎衆」。

爾時大慧菩薩白佛言：「世尊！惟願爲說五法自性識、二種無我，究竟分別相；我及餘菩薩摩訶薩，於一切地次第相續，分別此法，入一切佛法。入一切佛法者，乃至如來自覺地。」佛告大慧：「諦聽！諦聽！善思念之。」大慧白佛言：「唯然受教。」佛告大慧：「五法自性識二種無我，分別趣相者，謂名、相、妄想、正智、如如，若修行者修行，入如來自覺聖趣，離於斷常有無等見，現法樂正受住，現在前。大慧！不覺彼五法、自性、識、二無我，自心現外性，凡夫妄想，非諸賢聖。」大慧白佛言：「世尊！云何愚夫妄想生，非諸聖賢？」佛告大慧：「愚夫計著俗數名相，隨心流散；流散已，種種相像貌，墮我我所見，希望計著妙色。計著已，無知覆障，故生染著；染著已，貪恚癡所生業積集；積集已，妄想自纏，如蠶作繭，墮生死海諸趣曠野，如汲井輪。以愚癡故，不能知如幻野馬水月自性離我我所，起於一切不實妄想；離相所相及生住滅，從自心妄想生；非自在、時節、微塵、勝妙生，愚癡凡夫隨名相流。大慧！彼相者，眼識所照，名為色；耳、鼻、舌、身、意識所照，名為聲香味觸法，是名為相。大慧！彼妄想者，施設衆名，顯示諸相：如此不異象馬車步男女等名，是名妄想。**大慧！正智者，彼名相不可得，猶如過客；諸識不生，不斷不常，不墮一切外道聲聞緣覺之地。復次大慧！菩薩摩訶薩以此正智不立名相，非不立名相，捨離二見：建立及誹謗；知名相**

不生，是名如如。大慧！菩薩摩訶薩住如如者，得無所有境界故，得菩薩歡喜地。得菩薩歡喜地已，永離一切外道惡趣，正住出世間趣。法相成熟，分別幻等一切法，自覺法趣相，離諸妄想見性異相，次第乃至法雲地。於其中間，三昧力自在，神通開敷，得如來地已，種種變化，圓照示現，成熟衆生；如水中月，善究竟滿足十無盡句，爲種種意解衆生分別說法，法身離意所作；是名菩薩入如如所得。」

《大乘入楞伽經》別譯：爾時大慧菩薩摩訶薩復白佛言：「世尊！願爲我說五法自性、諸識無我差別之相。我及諸菩薩摩訶薩善知此已，漸修諸地，具諸佛法，至於如來自證之位。」佛言：「諦聽！當爲汝說。大慧！五法自性，諸識無我：所謂名、相、分別、正智、如如。若修行者觀察此法，入於如來自證境界，遠離常斷有無等見，得現法樂甚深三昧。大慧！凡愚不了五法自性、諸識無我，於心所現，見有外物而起分別；非諸聖人。」大慧白言：「云何不了而起分別？」佛言：「大慧！凡愚不知名是假立，心隨流動，見種種相，計我我所，染著於色，覆障聖智，起貪瞋癡，造作諸業；如蠶作繭，妄想自纏，墮於諸趣生死大海，如汲水輪循環不絕。不知『諸法如幻、如焰、如水中月，自心所見，妄分別起，離能所取及生住滅』，謂從自在、時節、微塵、勝性而生，隨名相流。大慧！此中相者，謂眼識所見，名之爲色；耳鼻舌身意識得者，名之爲聲香味觸法；如是等，我說爲相。分別者：施設衆名，顯示諸相；謂以象馬車步男女等名而顯其相——此事如是，決定不異；是名分別。正智者：謂觀其相，互爲其客，識心不起、不斷、不常，不隨外道二乘之地，是名正智。大慧！**菩薩摩訶薩以其正智觀察名相非有非無，遠離損益二邊惡見；名相及識本來不起，我說此法，名爲如如。大慧！菩薩摩訶薩住如如已，得無照現境，昇歡喜地，**離外道惡趣，入出世法，法相淳熟；知一切法猶如幻等，證自聖智所行之法，離臆度見；如是次第乃至法雲；至法雲已，三昧諸力自在神通開敷滿足，成於如來。成如來已，爲衆生故，如水中月普現其身，隨其欲樂而爲說法。其身清淨，離心意識，被弘誓甲，具足成滿十無盡願，是名菩薩摩訶薩入於如如之所獲得。」

疏：《爾時大慧菩薩復又向佛稟白：「世尊！惟願世尊爲吾等弟子宣說：五法自性識之二種無我，其究竟分別之法相；我及諸菩薩摩訶薩等人，則可因此而於十地相續之一一地中，詳細分別此等法要，而能進入一切佛法中現觀；如果能夠這樣而入一切佛法中的話，將來乃至可以修到如來自覺的境界。」佛告訴大慧菩薩：「諦聽！諦聽！聽已復應善於思惟憶念之。」大慧菩薩白佛言：「唯然，受佛教導。」

佛告大慧：「五法自性識，及二種無我法之詳細分別義趣等法相，就是說：名、相、妄想、正智、如如；如果修行者依此而修行的話，可以進入如來自覺自證之聖智義趣中，遠離斷見常見與有無等見解，在現前所見之實相正法所生起之法樂中正受及安住的境界，便會現前。大慧啊！不能覺悟那五法及七種性自性根本的眞相識，不能覺悟二種無我法，不能覺悟『由自心如來藏而顯示外法體性』的人，那是凡夫的虛妄想，不是諸聖賢有這種妄想啊！」

大慧菩薩又白佛言：「世尊！爲什麼是愚癡凡夫有這些虛妄想產生，而不是諸聖賢有這些妄想產生呢？」佛告訴大慧：「愚癡的凡夫們，總是誤計而執著世俗中種種的名與相，隨著名與相的覺知心及六塵，而飄流逸散；飄流逸散之後，便落在種種名與相的狀態中，墮於『我與我所常住不壞』的見解中，希望及誤計有一個妙色可以常住不壞，如是而產生了對於這種妄想妙色的執著。

這樣誤計及執著之後，由於無知而覆障了智慧，所以便產生了貪染與執著；起了貪染執著之後，從貪著、瞋恚、愚癡所產生的種種業，就開始累積與收集；累積收集了貪瞋癡的無明之後，就因爲虛妄想的緣故而自己纏縛了自己；就像是蠶蟲作繭把自己給纏縛住一樣，墮落在生死大海與五趣曠野之中，不能脫離，猶如汲水的井輪一樣，在五趣六道之中輪轉而不能停息。

愚癡的二乘聖人與未悟實相的凡夫們，由於愚癡的緣故，而不能了知一切法都是猶如幻夢、野馬、如水中月，不知實際本際是本來就遠離我性與我所性的，所以生起了一切不如實的虛妄想；然而從實際本際來看，卻是離一切能知的相，也離所現的六塵相，也是離生住異滅的；這一切法中的能知相與所知相的妄想誤計，其實都是從各人對於不生不滅的自心如來藏的妄想所產生的。三界的一切法，並非由大自在天、時節、四大微塵、或某一勝妙的冥性所生，愚癡凡夫卻隨於名—受想行識四陰—的能知所知的法相，而作種種妄想，因此流轉不息。大慧！那所知的相，是說：眼識所觀照的，名之爲色相；耳識、鼻識、舌識、身識、意識所觀照的相，名爲聲、香、味、觸、法的相。這就是相—相與所相。

大慧啊！所謂『虛妄想』的意思，是說施設種種的名稱，藉以顯示諸法的相貌：這個大象的名稱就是說大象，或者稱說馬、車、步行、男、女等名稱時，說的就是馬、車、步行、男、女等，這就是名與相的虛妄想。

大慧！所謂正智的意思是說：那些名與相都不可得，名與相都好像是過客一樣；七識心王依如來藏阿賴耶識而說，都是不生的，都是不斷不常的；菩薩因爲這樣的現觀，所以不墮於一切外道見，也不墮於聲聞緣覺的境界中。復次大慧！菩薩摩訶薩以這個眞正智慧的不立名相，也非是不立名相的境界，而捨離了兩種錯誤的見解：建立見及誹謗見；由此緣故而了知名與相都是本來不生的，這就是如如。大慧啊！菩薩摩訶薩如果能夠像這樣住在如如的境界中的人，由於親得無所有境界的緣故，就是已經證得菩薩歡喜地了。證得歡喜地（初地）智慧境界以後，就永遠捨離一切外道所會墮落的惡道，從此眞正的住在出世間的意趣中。這樣的菩薩，他對佛法的種種法相都已經成熟了，能爲衆生分別宣說如幻觀⋯等一切法相，住於自覺自悟的佛法意趣相中，遠離虛妄想所見的種種法性異趣的外相；這樣次第進修無生法忍，最後乃至第十法雲地。於第十法雲地中安住時，由於在金剛三昧力上面的自在，世間所有的神通便全部開敷出來了；進入如來地之後，就可以示現種種神通變化，圓滿照耀的示現出來，藉以成熟衆生的善根；猶如水中月的示現一般，普現化身而利衆生，善於究竟滿足初地所發的十無盡句的大願，爲種種想法與觀念都不相同的衆生，分別解說世間出世間的佛法，分別解說『法身是遠離意根意識所作諸法的體性的』；像這樣的修證，名爲菩薩進入如如境界者所證得的境界。」》

解：爾時大慧菩薩白佛言：「世尊！惟願爲說五法自性識、二種無我，究竟分別相；我及餘菩薩摩訶薩，於一切地次第相續，分別此法，入一切佛法。入一切佛法者，乃至如來自覺地。」佛告大慧：「諦聽！諦聽！善思念之。」大慧白佛言：「唯然受教。」

爾時大慧菩薩復又向 佛稟白：「世尊！惟願 世尊爲吾等弟子宣說：五法自性識的兩種無我法，這個具有五法與七種性自性的第八根本識，祂的究竟分別的微細法相，請世尊爲我及諸大菩薩詳細分別；我及諸菩薩摩訶薩等人聞受之後，便可以因此而對於十地相續轉進的一一地之中，自己再詳細的分別這些法的重要義趣，而能進入一切世間法與出世間法中現前觀察之；如果能夠這樣而入一切佛法中的話，將來乃至可以進修到如來地的自覺境界。」佛告訴大慧菩薩：「諦聽！諦聽！聽已復應善於思惟憶念之。」大慧菩薩白佛言：「唯然，受佛教導。」

佛告大慧：「五法自性識二種無我，分別趣相者，謂名、相、妄想、正智、如如，若修行者修行，入如來自覺聖趣，離於斷常有無等見，現法樂正受住，現在前。大慧！不覺彼五法、自性、識、二無我，自心現外性，凡夫妄想，非諸賢聖。」

五法與七種性自性，皆由衆生各自皆有之第八根本識所含藏，外於此第八識心，則無五法可言，亦無七種性自性可言，亦無二種無我法可言，乃至無一切世間法可言。此謂一切世間法皆以自心如來藏之含攝如是五法與種種性自性，方能有世間衆生；若離此第八識，尚無衆生之身我，尚無衆生之覺知心我，何況能有種種覺想了知與分別？何況能有種種世間萬法？既無世間萬法，則亦無出世間法之可知、可證也，陰界入若不存時，則無人能修能證出世間法故，出世間之無爲法亦須陰界入等法方能示現故，由有陰界入所示現之無爲法，方能由陰界入法爲緣而修證出世間之無爲境界故。然而歸結一切法，悉應匯歸至陰界入法；陰界入法則匯歸於自心如來藏，悉由自心如來藏而出生故；由是正理，說一切法悉由自心如來藏所生所顯。是故，五法、三自性、七種性自性、七種第一義、二種無我法，歸根結柢，都匯歸於自心如來藏。

然而具有五法與種種自性的第八識，祂的二種無我法的詳細分別義趣等法相，其實就是說這五法：名、相、妄想、正智、如如。此謂一切佛法，皆歸結於此五法中，其餘所說佛法，唯是深入細相而作分別廣說爾。若有佛子了知佛菩提修行之道，而依此五法之深入細觀，而作種種深細之修行觀察，則其無生法忍便可日漸深細，乃至最後終得進入如來自覺自證之聖智義趣中，遠離極微細之斷見、常見、諸法有無等見解；由此緣故，可於現前所見實相正法所生起之法樂中，使得此法樂之正受及安住如是實相正法之境界，便可現前—成究竟佛。

由是緣故，佛向大慧菩薩咐囑：凡是不能覺悟五法，不能覺悟七種性自性根本之眞相識，不能覺悟二種無我法，不能覺悟『由自心如來藏而顯示外法體性』之一切人，彼等諸人對於法界實相之理解，皆是凡夫之虛妄想，諸聖賢等人絕不可能有這種妄想。

大慧白佛言：「世尊！云何愚夫妄想生，非諸聖賢？」佛告大慧：「愚夫計著俗數名相，隨心流散；流散已，種種相像貌，墮我我所見，希望計著妙色。計著已，無知覆障，故生染著；染著已，貪恚癡所生業積集；積集已，妄想自纏，如蠶作繭，墮生死海諸趣曠野，如汲井輪。以愚癡故，不能知如幻野馬水月自性離我我所，起於一切不實妄想；離相所相及生住滅，從自心妄想生；非自在、時節、微塵、勝妙生，愚癡凡夫隨名相流。」

云何愚癡凡夫必有如是虛妄想發生？而非諸聖賢有如是妄想產生？凡夫地之學人，以及愚癡之二乘聖人，於此恆有疑惑；是故大慧菩薩爲彼諸人提出此問，求　佛開示。

佛之開示如是：愚癡之凡夫衆生，皆因誤計而不如實了知，故執著世俗法中之種種名與種種相，隨著名——覺知心等受想行陰，及隨著相——六塵，心生攀緣，以致飄流逸散；飄流逸散之後，則墮於種種覺知心等受想行陰名、與六塵相之境界中，墮於『覺知心我常住不壞』與『六塵相我所常住不壞』之錯誤見解中，因此緣故，便希望有一妙色可以常住不壞；由此誤計之故，便對自己誤計爲眞之妙色，生起執著。

如是誤計及執著，現成之事例即是：西藏密宗之觀想廣大「天身」，觀想勝妙之本尊色身，然後誤計覺知心中觀想所現之「廣大天身、本尊身」爲實有，便對心中觀想而有之「廣大天身、本尊身」影像色法產生執著，誤認爲眞實有此「廣大天身、本尊身」在自身之外顯現；若人明告之，謂此觀想所得之「廣大天身、本尊身」唯是覺知心所相應之內相分，並無實際之「廣大天身、本尊身」存在自身之外。彼人聞如是實語已，便生憤恚，瞋彼實言之人，謗之爲破壞佛教正法者。如是，西藏密宗諸多上師與學人，多有不信如是實語正理者，仍繼續觀想「廣大天身、本尊身」，欲求此觀想所得「天身、本尊身」堅固不壞，欲將此內相分影像，作爲將來成佛時之正報妙色身。

如是之人所想所觀者，皆是邪見妄想；不思向自心如來藏中種種實相正法而修，卻向自心如來藏所出生之虛妄法而攀緣。若人有智，修證如來藏，進修一切種智，得初地無生法忍果已，不須觀想「廣大天身」，捨報而生色究竟天時，自能獲得廣大天身之異熟果報。西藏密宗法王上師喇嘛等外道修行人，不知佛法中所言異熟果報之理，不依正理而修；如是攀緣不息，覺知心則漸漸流散於外法；流散於如來藏外之法已，轉更生諸妄想，欲求將來有一絕妙色身作為佛地正報之色身，遂於觀想「雙身交合像」上，作諸唐捐其功之「精進」修行。

彼等密宗上師學人，不知佛地之廣大莊嚴圓滿絕妙色身，乃是正報身；正報之身，非依觀想之法所能獲得；要依一切種智及無量百千三昧之修證，加以無量廣大福德之修集，方能於將來受正報之時獲得。如是西藏密宗等人，不知正理，即是 佛所斥責之人：「愚癡凡夫誤計世俗法中之四數陰等名及六塵相，隨其名—覺知心及受想行—而流散奔逸；由是緣故，心生種種廣大身相之相貌，墮於我及我所等錯誤見解中，以為實有，由此而生錯誤之希望，誤計為實有絕妙之色身。」

如是西藏密宗等人，誤計而執著虛妄之妙色身已，由於無知之故而覆障其智慧，令其聽聞正理已，不能信受，是故繼續產生貪染執著，不能棄捨如是邪見、邪修之法；如是貪染執著已，不能忍於智者所宣說之正理，繼續貪著所觀想之「廣大天身、本尊身」；復由繼續貪著故，更對善知識所說不能安忍，生起瞋恚之心；由瞋恚心出生故，復起愚癡之業：無根誹謗善知識，辱罵善知識，而不依正理說之。如是緣故，成就貪恚癡所生之惡業，如是不能轉易其心，而繼續造作積集此類貪瞋癡等惡業。如是積集三業已，復由此虛妄想故而自纏縛；猶如蠶蟲之作繭自縛，永墮生死大海中之無邊無際五趣曠野；猶如水井之汲水輪一般，永遠輪轉而不能停息。

彼等西藏密宗之一切師徒，由於愚癡之故，不能了知一切法悉皆猶如幻化；口中常言諸法如幻，實際上則執著幻化之諸法以為實有；乃至最為幻化之觀想廣大天身、觀想廣大佛身之法，更是執著不捨；皆是口說諸法幻化，而實不知諸法如幻者。由如是不知諸法幻化——不知諸法皆從自心如來藏而出生，而將觀想天身之幻化法，橫生誤計，執為實有，其心誠如野馬之無智，追求遠處熱沙地上所現陽焰以為實有之水；如是密宗行者，勞心追求虛妄觀想之天身、本尊身而不止息，猶如渴乏之野馬不得休息其心，非是有智之人也。

當知吾人之覺知心尚非眞實，乃由自心如來藏假藉所造之五色根、內相分六塵、意根，及意根與如來藏之觸心所，方能流注意識種子而現起覺知心意識；若缺其一，覺知心尚且不能現起，云何可以說之為眞實常住不壞之法？

覺知心既是依他起性之虛妄法，何況依此虛妄之覺知心而觀想所現之影像，更屬虛妄性中之虛妄性，云何密宗行人不知其謬？執以爲實？乃竟因爲平實之爲救彼等而說實語，明白以告，竟生瞋恚之心，故意無端誹謗平實，將平實之善心認作惡心；眞乃不明事理，恩將仇報，顚倒是非之人也！

當知名——覺知心及受想行陰——皆是虛妄法，當知相——影像諸色及聲香味觸法等六塵——皆是虛妄法；此名與相等，皆從自心如來藏而出生，是故覺知心所觀想之「廣大天身、本尊身」，實非眞實天身，實無眞實本尊身存在，唯是覺知心中之內相分色塵影像爾；廣大天身乃是異熟果之正報身故，要由彼身之異熟果正因之修集，方能得之；其異熟果之正因，則是初禪至四禪定境之修證，捨壽後生往色界天時，自能獲得廣大天身，不須枉費精神而作天身觀想也，觀之無用故。本尊身影像則是想像之法，非是實有法。

一切法，函蓋吾人之名與相，攝盡十八界衆生我法，覺知心等名與六塵相，既皆從吾人之自心如來藏出生者，當知即是如來藏依於業種及無明種而幻化出者；既屬幻化而出者，當知猶如水中月，水中月不得謂爲眞月也。是故，十八界我等法，不得謂爲即是如來藏也，何況復由水中月再映現於水旁之鏡中之水月影像，焉得謂之爲眞？西密觀想廣大天身之覺知心中影像，即是將水中月再映現於鏡子中者，如是鏡子中所顯現之水中月，乃是轉從水中月再映現者，而西密行者執爲實有；宗喀巴乃竟愚癡至此，於其所著《密宗道次第廣論》中教人執爲實有，教人以之作爲將來成佛時之廣大天身、佛身，愚癡至極，無人能比！

如是，了知**名**—覺知心及受想行陰—皆是虛妄法，皆非眞實不壞我，是故無我，即是證得無我者；如是，了知**相**—影像諸色及聲香味觸法等六塵相—皆是虛妄法，確無眞實不壞之我所，是故無我所，即是證得無我所者；如是現觀，如是親證者，即是證知**名**與**相**皆如水中月，自性本來離於我與我所。而愚癡凡夫不能了知如是實相，起於一切不實妄想，誤計爲實。親證自心如來藏者，則不如是墮於誤計爲實之虛妄想中。

密宗行者，誤計名與相等法爲實有，執以爲實，是故流轉生死而不能斷絕。二乘聖者則以爲名與相皆是生滅法，不知名與相本是自心如來藏所生所顯之法，不知實際本際即是不生不滅之如來藏，是故厭生畏死而取無餘涅槃。然於親得無生法忍之諸地菩薩觀之：此等名與相，雖是如來藏所幻化，然而其性本如水中月之離於我性、離於我所性，皆依自心如來藏而生而顯，本是自心如來藏之所示現，雖非即是如來藏，而亦不異於如來藏；若從如來藏自身而觀之，則如是名與相等萬法，悉離我相與我所相，悉離生住滅；是故無有所謂生、住、異、滅之可言也。由是現觀故，菩薩摩訶薩深知此等名與相，悉皆非眞亦非妄，皆是如來藏所含藏無數功能差別之一。由是緣故，說名與相等萬法，不一不異如來藏，依如來藏故成爲非生滅法，是故菩薩摩訶薩不須取證無餘涅槃，而能發起大悲心與受生願，如是常住世間而度眾生，乃至成佛證得四種涅槃，不住涅槃亦不住生死，永利眾生而無窮盡。

眾生不能了知如是絕妙正理，而於佛地境界作諸虛妄想；二乘聖人雖出三界生死輪轉，但是不知實際本際如來藏從來無生亦無死，故畏生死，是故必取無餘涅槃；印順、昭慧、傳道、星雲、證嚴等凡夫，不知二乘涅槃正理，於二乘涅槃境界作諸臆想，更寫成種種書籍而誤導眾生；西藏密宗諸多法王上師等人，則是等而下之，於二乘涅槃渾無所知，亦於覺知心之依他起性、之虛妄不實渾無所知，竟將欲界中最低賤淫穢之雙身法，及純屬妄想之觀想佛身等以假作眞之法，執爲實法，然後卻將此最低賤、最虛妄之法，冠於顯教實修實證者之上，猶如乞兒之自稱轉輪聖王，之自稱勝於諸大國王，一般無二。

世間一切法，悉從如來藏而生；然而如來藏自性清淨，絕無可能自生名與相等萬法；然而現見各衆生之如來藏，已經出生各衆生之名與相等萬法。此等衆生之名與相，之所以會從自性清淨之如來藏中出生者，皆是因爲衆生自己覺知心等所起虛妄想；由如是無明之緣故，方有意根之運作不斷，而從如來藏中出生衆生之名與相等萬法。此是一切證得無生法忍之諸地菩薩所現觀者，亦是一切初悟如來藏之賢位菩薩所少分現觀者；絕非是外道等人所說之由大自在天生、之由時節因緣所生、之獨由微塵所生、之由勝妙之冥性所生。更非宗喀巴等西藏密宗外道所說：由觀想所得中脈內之明點所生。明點非是世尊所說之阿賴耶識故。西藏密宗說明點即是阿賴耶識，乃是以外道法取代佛法之卑劣行徑，非是正修佛法者也。

如是，二乘愚人隨於名、相，而作觀行，觀其虛妄，不了名與相皆是如來藏中之法性，故說「愚人隨名相流」。凡夫則不能如二乘聖人之現觀名與相虛妄，誤計名與相實有，執以爲實，故執離念靈知爲常住不壞法；西藏密宗則執名與相所輾轉出生之影像等法為實有，更是隨於名與相之枝末而流轉者，是故 佛說「凡夫隨名相流。」

如是，二乘愚人與凡夫衆生，於名與相作諸誤計及執著已，由無知故覆障智慧，則生貪染與執著；既起貪染執著，復因如是貪、瞋、癡故，造作種種善業及惡業，如是積集業種。由如是熏習積集貪瞋癡等無明種與業種已，轉被自己所生之虛妄想所纏縛；猶如蠶蟲作繭自縛，永墮生死大海五趣曠野之中，出離無期；如汲水輪，於五趣六道中輪轉不息。

有智之人，當離愚癡二乘聖人之誤計涅槃，當離未悟實相之凡夫所墮愚癡，應當親證如來藏，從而了知一切法皆如野馬、如水中月，其實際本際乃是本離我性與我所性之如來藏，當了知蘊處界等法依如來藏故則得遠離生滅相，則得不斷出生、不斷滅失；非是斷見外道所說之此世滅已永滅，亦非是凡夫外道所見之眞實不滅，如是遠離生滅見。是故菩薩證得如來藏已，從實際本際觀之，心離一切能知之相，亦離一切覺知心所知之六塵相，了知名與相本是如來藏生現、本離生住異滅，愚癡二乘與凡夫、外道不了此理，妄作有生有滅或無生無滅之邊見邪解。菩薩由如是深妙正見正理故，從此可以遠離三界生死流轉，而不妨發起大悲心與受生願，故留少分思惑不斷，以潤未來世之受生，於如是三界生死不息之中，自度成佛；於如是自度成佛之過程中廣利眾生，同成佛道。

「大慧！彼相者，眼識所照，名為色；耳、鼻、舌、身、意識所照，名為聲香味觸法，是名為相。大慧！彼妄想者，施設眾名，顯示諸相：如此不異象馬車步男女等名，是名妄想」：

佛所言「相與所相虛妄」者，謂能相與所相；能相謂能了知六塵之覺知心，所相謂覺知心所了知之六塵萬法。所相，謂眼識與意識所觀照者，名之為色相；耳識、鼻識、舌識、身識、意識所觀照之相，名為聲、香、味、觸；意根與意識所觀照之相為法塵相。如是能了知六塵相之覺知心，與覺知心所了知之六塵相，即是相與所相。

眼耳鼻舌身等五識，見五塵相時，必有意識同時同處運作；若無意識－了了分明之覺知心，則此五識不能現起運作，故說意識覺知心是五識之俱有依；換言之：能見、能聽之一念心乃是眼識與耳識；若無意識與之俱現，則不能單獨現起運作；若無意識與之俱現，則前五識不能現起、不能存在，何況能見能聽？是故惟覺主張「能聽法的一念心便是眞心如來藏」，乃是妄說，尚且不能如實了知六識心之體性，何況能了知意根？何況能知能證第八識如來藏？尚墮於相與所相之相對境界中故，非是如來藏本來離能相所相境界者故。知見如是粗淺，墮於五識心中，同於民間信仰者，云何中台山諸多信衆迷之、信之？推崇爲大師、證悟者？不免令人喟嘆！

世尊於經中所謂妄想者，非如諸方大師所言打坐時之言語妄想也，乃是以「衆生對於法界實相之不如理作意」作爲妄想，有時稱之爲虛妄想，大多簡稱爲妄想。然而諸方大師不了 佛意，每將打坐制心一處之修定法門，認作是禪宗所證悟之般若禪，是故便將覺知心中生起語言文字之境界，說爲妄想。然而 佛所說之妄想者，乃謂虛妄之想，謂於法界之實相體性，不如理作意，而作種種虛妄之言說，所說不如實，名爲妄想。

今此經中， 佛如是言：虛妄想者，謂假藉施設之種種名稱，以顯示諸法之相貌；譬如以象馬等名，藉言說而令人了知所說意思即是象馬等物，而謂所說者與象馬等物不異，如是言說者即是妄想，即是名與相之虛妄想。譬如有諸大師自言開悟，開口閉口皆說自心眞如，皆說如來藏等理；然而所說如來藏體性等理，卻悖於 世尊所證、所教導者，是名墮於妄想者；如是之人所言者，悉名妄想者所說。亦如台灣印順與四大法師等人，依文解義，實未證得如來藏，則彼等諸人所想者皆名妄想，常有違背 世尊正教之處故；則彼等諸人所說之理，皆名妄想者所說。

「大慧！正智者，彼名相不可得，猶如過客；諸識不生，不斷不常，不墮一切外道聲聞緣覺之地。復次大慧！菩薩摩訶薩以此正智不立名相，非不立名相，捨離二見：建立及誹謗；知名相不生，是名如如。大慧！菩薩摩訶薩住如如者，得無所有境界故，得菩薩歡喜地」：

如來藏名，唯是施設，欲藉此名而示如來藏實相之自體相；然而如是言語，悉與如來藏自體無關；如來藏自體雖然常恆而住，然於六塵從來不曾了知，從來不曾起過分別，無始劫以來恆常如是。眞悟如來藏者，由於親證故，能現前觀察其體性而當場爲人宣說：能一面觀察、一面爲人宣說；如是之人，方是不墮妄想者，方是證得正智者，所說悉皆直指自心如來藏故。於正當宣說如來藏時，親見如來藏離諸名、相故：親見如來藏恆時遠離見聞覺知，不墮名中—不墮於覺知心等六識及意根和合而有之受想行陰中；亦不墮於相中，無始劫以來恆不了知六塵故，恆不於六塵而起分別及貪厭等心行故。如是不墮名與相二法中，故說「名與相皆不可得」。

復由如來藏之體恆常住不斷，無始劫來不曾剎那間斷過；由如是常恆不斷之體性，而觀識陰七識及受想行陰等四種之名，亦觀四陰名所對之六塵萬法等相，皆如過客之來去不住；而如來藏常恆不斷，從來已住，不曾來往，方是眞正之主人，非如七識心及餘三陰皆是過客；如是證知，而能現前觀察如是境界者，如是現前了知法界之眞實相者，名爲證得正智者。如是之人，已經遠離虛妄想故，所知、所觀者，皆是法界實相之體性故。

如是親證如來藏已，必將發覺：依眾生參禪時所應具足之知見而言，七識心皆名虛妄；依二乘解脫果之修證而言，七識心皆名虛妄；然而證悟後，卻發覺七識心皆是如來藏所蘊含之無數法性之一，本是如來藏內種種局部法性而已，本非自己獨自存在之法，卻是屬於如來藏中之法性。由是現觀故，發現一事實：若不依如來藏而言，則此等七識心皆是有生有滅之法，非是不生之法；若依如來藏而言，諸識何曾有生？本是如來藏所現之法性而已，本是如來藏所含藏之法性而已，諸識本皆攝屬如來藏，何曾有諸識之存在？故說諸識亦皆是如來藏而已，皆是自心所現之量。由是現觀故，說諸識亦皆是不生者，皆是不斷不常者。如是之見，不墮一切外道見中，亦不墮聲聞緣覺所見之境界中。

外道總以爲覺知心常住不壞，總以爲覺知心即是本自存在之究竟法體；二乘聖人證得正智者，卻現觀覺知心、思量心皆是變易可壞之法；菩薩證得**正智**者，卻不以覺知心等七識爲常住不壞之法體，而將覺知心等七識心，匯歸於如來藏之法性；由如來藏之能生能滅覺知心等七識心，由覺知心本屬如來藏眾多功德性之局部而觀，故說覺知心等七識是不生不滅者。

聲聞緣覺等二乘聖者，則認爲覺知心等七識心乃是虛妄法，非是實有自能存在之法體，是故捨壽時應滅除之，乃是依斷常見而滅我執；雖然聞佛宣說無餘涅槃之中有第八識心存在不滅，故非斷滅，然實修之法，仍是現觀覺知心等七識虛妄。菩薩則不如是，證悟後，進修無生法忍已，不復存心於否定覺知心等七識爲虛妄—唯除爲令眾生求證如來藏故，而以言詞令眾生了知七識心虛妄。是故認定覺知心只是如來藏所顯現之法性而已，非眞亦非妄，非斷亦非常，不墮聲聞緣覺所墮境界之中。如是現觀者，名爲菩薩已經證得正智。

諸菩薩摩訶薩，於證得正智之後，以如是眞正智慧之「不立名相亦非不立名相」之境界，能捨離二種錯誤之見解：建立見及誹謗見。

菩薩爲令衆生證知如是正理，爲令衆生證知一切法皆是自心現量之正理，爲令衆生同得正智，故作種種言語宣說，故皆不離名與相而爲衆生宣說，令諸衆生同證　如來所說之正智，是故菩薩摩訶薩心中雖不立名與相，卻常常不離名與相，而爲衆生宣說正智之理。

常有法師來函責余：「禪，本無言說，本離言說，汝平實居士爲何多所言說？爲何常常心中起念言諸佛法？顯然非是悟者，應將以前印行之《悟前與悟後》及《護法集》等書收回燒掉。」亦有人如是責余：「汝言眞心離見聞覺知，而汝寫書罵人，寫書說法，都是意識覺知心所爲，顯然汝亦墮於覺知心上，顯然未悟，不應再說法，應解散正覺同修會，應關起門來自修，不可再弘法。」

此等人，多屬慢心深重者，不能忍於余之破邪顯正，不能忍於余之破斥月溪與印順等二法師，不能忍於二大法師爲在家居士之余所破斥，悉爲法師出家表相所拘，而生唇亡齒寒之感，是故來函妄責於余。如是等人，皆屬情執深重而少聞寡慧之人，忽聞前所未聞之深妙正法，不能信受，唯信彼諸錯悟與未悟之表相大師者。此謂余於書中多所陳述者，皆欲利益於彼，而彼等讀之，都不解義，更妄責於余，都不體解諸 佛菩薩證悟後不辭辛勞而爲衆生多所言說之意，云何可謂爲有智多聞之人？

何故菩薩摩訶薩必須如是不離名與相而爲衆生說法？此謂：若離於名，尚無識陰之分別諸法、了知諸法、證解諸法？何能爲利衆生而廣說諸法？若離於名，尚無受想行陰，何能了知衆生根性？何能分別衆生之覺受心行與種種想？復將如何爲利衆生而多設方便、說種種法？譬如 世尊示現於人間，若不以名之覺知心等七識心而起心行，若不以名中之受想行陰而起心行，如何能爲衆生多所饒益？宣說正法？

若不以相所含攝之六塵萬法爲緣，不住於名中，尚無五陰之名與相，則是住於三界外之無餘涅槃界中，何能爲衆生說法？設使能住於無餘涅槃界中而爲衆生說法（實無此境界，此乃假設之說），衆生尚不能親見 世尊，又何能聽受正法？是故，衆生不應以佛語開示而責於 佛，所以者何？ 佛以名與相之示現故，衆生方得親炙 世尊，方得親聞 世尊說法而得法益。若不如是，衆生何能受法得益？諸菩薩亦復如是，余亦如是，所證如來藏雖離見聞覺知，雖是出三界者，雖是本住涅槃者，然爲廣利衆生故，要藉名與相中之覺知心起念，及受想行陰、六塵諸法，方得利益衆生也。若人悟後唯住自心如來藏自境，不起名與相等身行心行，衆生能於此人得益乎？

由是正理，諸 佛菩薩已得正智，已證離「名、相」法，心中不立名與相，然卻不離名與相，非不立名與相，而爲衆生廣說諸法。如是菩薩不立名相，而非不立名相，廣爲衆生說法者，永離二見：建立見及誹謗見。

建立見者，謂以非實之法，建立爲實；譬如一神教外道，建立子虛烏有之創造萬物之主人爲唯一之眞神；亦如常見外道建立易起易斷之覺知心，建立易起易斷之離念靈知心，作爲常恆不壞之法界眞實體；或如外道之建立四大極微爲法界因，或如建立時節、大自在天爲法界因，或如印順、達賴、宗喀巴、月稱、寂天：等應成派中觀師之建立意識細心爲常住不壞之法界因；如是等人所說者，皆是意識思維所建立者，非是如實法，非是法界之眞實體，純是名詞建立，非是法界之實相體，故名建立見。

誹謗見者，謂如印順、達賴、宗喀巴、月稱、寂天…等西藏密宗諸師，聞三乘諸經中 佛所宣說第八識如來藏之理，以如是正理與彼等所弘之密宗應成派中觀見互異，不能安忍，亦不肯改易彼等原有邪見，故對 佛所宣說第八識如來藏之深妙法義，橫加否定；印順更昧於四阿含諸經所載 世尊隱說第八識如來藏之歷史事實，強謂「**原始佛法**」中不曾說有第八識心，如此作為者名為**誹謗見**。亦如印順將本來同是一識之如來藏名與阿賴耶識名，強行分割為二心，再誣指《楞伽經》將二心合併為一，如是違於法義史實之說，亦是**誹謗見**；皆屬誹謗 世尊所說正法義理故。

菩薩若得證悟自心如來藏，便能現前觀照如來藏之所在，亦能現前觀照如來藏如何運作，亦能現觀如來藏之種種體性，亦能漸漸深入細觀如來藏之無量種子、功能差別，如是漸次貫通三乘佛法，由此緣故而了知**名**與**相**皆是本來不生—本是如來藏中所含之法性，本屬如來藏；既屬如來藏，因此而轉依如來藏，則如來藏有時現起**名**與**相**，有時不現起**名**與**相**，同皆是如來藏性；既如是，如來藏本來不生，則如來藏中所含藏之**名**與**相**，亦屬本來不生之法，何有生滅可言？如是轉依如來藏，而現觀**名**與**相**之本屬如來藏性，則無生滅，則知名與相之本來不生；菩薩如是證、如是現觀者，即是證得如如者。

如是如如之境界，乃是本已如是，衆生不知，謂爲悟後方有；然實非是，乃是無始劫以來本已如是，唯是衆生不知，是故不能證得，要假諸 佛菩薩示現宣明，然後實修，方能證得。證得之後，方知如是聖境本已存在，非由修行而轉變成就；修行佛法等事，唯是令人證知如是聖境，唯是令人得住如是聖境而已，證得如是聖境時，方知實無所得，乃是衆生本來自有之聖境爾。如是證，如是現觀者，名爲菩薩初地。是故，佛言：「大慧！菩薩摩訶薩住於如如境界者，得無所有境界故，得菩薩歡喜地。」

然余於此必須重申：若未證得自心如來藏，未能如是悟後次第漸修而至如如境界者，誤會「無所得」之意旨，妄謂爲無所悟、無所知、無所證，即是無所得；便以凡夫身、外道見，自謂已得上人法，自謂已得初地菩薩之證境，以上人自居者，則是大妄語。此乃地獄重罪，未悟之人、少聞寡智之人、部份名聞利養心深重之大法師，於此務須在意。莫錯會無所得之眞義，自墮大妄語罪中，捨壽時業報現前，欲要懺悔，已不可及也。

於此亦廣勸諸菩薩：若已眞實證悟，亦能通達三乘法義，復又口才辯給者，雖得正智不立名與相，卻當依 佛所囑：非不立名與相，捨離二見而為眾生廣說正法，以利有緣眾生。不可便住不立名相境界中，安閑度日，要當共同荷擔如來家業，住持正法，令世間有眼。

「得菩薩歡喜地已，永離一切外道惡趣，正住出世間趣。法相成熟，分別幻等一切法，自覺法趣相，離諸妄想見性異相，次第乃至法雲地。於其中間，三昧力自在，神通開敷，得如來地已，種種變化，圓照示現，成熟眾生；如水中月，善究竟滿足十無盡句，為種種意解眾生分別說法，法身離意所作；是名菩薩入如如所得。」

菩薩證得歡喜地（初地）之智慧境界已，永離一切外道所墮邪惡之法道中，從此便可眞正安住於出世間法之境界中，了知眞正出世間法之意趣，非如二乘聖人之唯能了知無餘涅槃之表相意趣。如是菩薩，方名眞實佛子，不論在家抑或出家，已能眞知三乘菩提意趣故，已能荷擔如來家業，而不被一切佛門內外之外道見所動轉故，能破斥一切佛門內之外道見，亦能破斥一切外教之外道見故。是人或住寺院，或不住於寺院，皆是眞佛子，已住 如來所說之眞實出世間趣故。

如是菩薩，對於三乘佛法之種種法相，皆已成熟；若得經文，便能解義，便能隨宜而爲衆生宣說正法義理。亦能爲衆生分別解說十住菩薩之如幻觀、十行菩薩之陽焰觀、十迴向菩薩之如夢觀、初地之鏡像觀、二地之光影觀、三地之谷響觀、四地之水月觀……等一切法相，住於自覺自悟之佛法意趣相中，遠離凡夫及聲聞緣覺等愚人心中虛妄想所見之種種法性異趣等外相；如是次第進修諸地所應修證之無生法忍，地地增上，最後乃至第十法雲地。

於第十法雲地中安住時，由於久遠劫前明心時所證得之金剛三昧力，在悟後進修無生法忍之地地增上故，至今而得自在；復因十方世界諸佛所共加持故，令此菩薩開發出生三界世間中所有神通，具足無餘。復又進入等覺位中，百劫廣修福德，漸漸具足三十二相及種種隨形好。福德滿足已，示現於兜率陀天，示現福德滿足之天界妙色身，眷屬廣大圓滿，接引有緣衆生；觀察人間衆生因緣成熟時，則示現受生於人間，以人身而成佛道。如是進入如來地已，示現種種神通變化，圓滿照耀於人間，藉以成熟有緣衆生之善根。復又猶如水中月之示現，普現化身於諸世界之有緣衆生心中，而爲說法，或爲之指示善道，令得離於三惡道苦，漸向證悟見道之途。

住於佛地，由善於究竟滿足初地所發十無盡句之大願故，永不取滅，而為種種異想異觀之衆生，分別解說世間法之人乘天乘，亦分別解說出世間之二乘菩提佛法，亦分別解說世間出世間、含攝五乘法之大乘佛菩提，宣說如是正理：「藏識法身遠離意根意識所作諸法」，令諸學人遠離意根意識所作諸法，令證佛菩提道。如是修證正智與如如之境界，復能了知佛地圓成之道，而住於如如境界者，名為菩薩進入如如境界之所得境界。如是菩薩，方名初地菩薩摩訶薩，心得歡喜，心多踴躍。由歡喜踴躍故，能忍諸方障重無智者之種種罵詈與誣蔑，堅忍不拔而破斥外道見，將外道見驅離佛門，如是住持如來正法，令不滅絕於人間。

爾時大慧菩薩白佛言：「世尊！云何世尊，為三種自性入於五法？為各有自相宗？」佛告大慧：「三種自性及八識、二種無我，悉入五法。大慧！彼名及相，是妄想自性；大慧！若依彼妄想，生心、心法，名俱時生；如日光俱，種種相各別分別持，是名緣起自性。大慧！正智如如者，不可壞故，名成自性。復次大慧！自心現妄想，八種分別：謂識藏、意、意識，及五識身。相者，不實相妄想故。我、我所二攝受滅，二無我生。是故大慧！此五法者，聲聞、緣覺、菩薩、如來自覺聖智、諸地相續次第一切佛法，悉入其中。」

疏：《爾時大慧菩薩白佛言：「世尊！請問世尊：是三種自性入於五法之中？爲五法所含攝？或是三種自性與五法，各自都有自己的法相與宗旨？」佛告訴大慧菩薩：「三種自性及八識心王、二種無我法，全部都由五法所含攝。大慧！衆生所有的名與相，都是妄想自性；大慧！如果依於妄想之自性，就會出生七識心而使得第八識也出現在三界中，而八識心王的種種心所有法，就會與受想行陰等名同時出生於三界中；然後就像是日與光同在一處一樣，七識心就會各別分別的取持種種的六塵相，這就是我所說的緣起的自性。大慧啊！正智與如如這兩個法，由於是不可毀壞的法，所以名爲圓成實自性。

復次，大慧！自心如來藏顯現了往世所熏習的妄想以後，就會有八種的分別法性出現在衆生身上：這就是說識藏在三界內的離見聞覺知之分別性，意根對法塵遍計執的粗劣分別性，意識對法塵及五塵之粗細分別性，以及五識對五塵之粗劣分別性。六塵相之所以會在衆生心中出生，都是由於不實的『相妄想』的緣故。如果對於『我、我所』這二種攝受已經滅除了的話，那麼二種無我的智慧就可以出生了。由這個緣故，大慧啊！我所說的這五法，聲聞所證的佛法智慧、緣覺所證的佛法智慧、菩薩以及如來所證得的自覺聖智、以及悟後進修諸地的地地相續次第等一切佛法，全部都攝入五法之內。」》

解：爾時大慧菩薩白佛言：「世尊！云何世尊，爲三種自性入於五法？爲各有自相宗？」

佛法之前後次第連貫性，及其含攝性，對於修學大乘佛法而欲了知三乘菩提之全部內涵者，極爲重要；若不能了知前後次第及其連貫性，則悟後欲求進修諸地無生法忍，乃至最後成就究竟佛道，悉無可能。由於 佛所說諸法間之互相關係與前後次第，有如是重要性，是故大慧菩薩爲諸已悟之菩薩，及後世已悟諸菩薩，故問於 佛，請 佛開示。

佛告大慧：「三種自性及八識、二種無我，悉入五法。大慧！彼名及相，是妄想自性；大慧！若依彼妄想，生心、心法，名俱時生；如日光俱，種種相各別分別持，是名緣起自性。大慧！正智如如者，不可壞故，名成自性。」

三種自性者，謂依他起自性、遍計執自性、圓成實自性。依他起自性者，謂眼識乃至意識等六識心，皆是依於衆緣方得出生現起：依自心如來藏本體，及如來藏所含藏之六識種子流注爲因，依意根、法塵爲俱有依，復依意識與如來藏之觸心所…等，以及如來藏所生之五根爲緣，藉如是因、依及緣，方能生起現行，故以如是諸法爲其俱有之因、依、緣，方得生起現行，非有自己本自存在之不生滅法性，故說前六識爲**依他起性**，以依他起爲其自性故。

遍計執自性者，謂第七識意根—唯識種智中說爲末那識，由於此識種子自如來藏中不斷流注而出，無始劫以來未曾剎那間斷，故說爲**恆存而不斷思量諸法**者。此識由如是緣故，說爲「**恆、審、思量**」體性。雖然無始劫以來**恆審思量**一切法而不曾剎那間斷，然是可斷者；是故二乘無學聖人斷此識之自我執著已，捨壽時便斷此識之自己，得入無餘涅槃，此識永不復現，無有再行生起運作之時，故非實有常住不壞之自體性者。復次，此識唯有第八識阿賴耶爲俱有依，除第八識如來藏以外，別無俱有依，非如意識等六心之須有其餘俱有依，非必須依五根方得生起，是故，死亡之後，意根種子仍得從如來藏中流注而出，令意根繼續現行而導致中陰身之從如來藏出生。

意根云何是**遍計執性**心？謂意根恆於依他起性之諸法中，普遍計度而執著之，故名**遍計執性**：譬如眠熟無夢時，意根恆緣法塵境而不休息，若法塵境有重大變易時，意根便令如來藏流注前六識種子，而令前六識現行，了別諸法，然後再作決定：應繼續睡眠，不須理會現前境界；或應清醒，採取對應作爲。亦如眠熟位中，意根恆緣如來藏所現之身體法塵境，了知身根之是否已消除疲勞，是否應清醒？或應繼續睡眠？乃至悶絕位、滅盡定位、正死位、無想定位中皆無意識心時，亦復如是恆審思量。清醒位中，則亦同時假藉意識等六心而遍緣六塵萬法，遍緣身心萬法；而此遍計所執之對象，皆是依他起性諸法，故說意根恆於依他起性中遍計及執著。意根恆具如是自體性，名爲遍計執自性。

圓成實自性者，謂萬法皆由此心而現行及顯現，故名圓成實性。此謂凡夫位之第八識心，名爲阿賴耶識，亦名異熟識，此名乃是說：十方世界一切眾生法界，都由此識之含藏輪轉生死之一念無明種子，隨眠於此第八識中，故令眾生意根不肯自息，故有三世六道生死之輪轉，令諸眾生受分段生死之異熟果，是名阿賴耶性，故名阿賴耶識；亦名異熟識，必受異熟果故，阿賴耶識名亦攝在異熟識名中故。若得斷盡一念無明之現行，便得出離分段生死輪迴，唯餘異熟性：雖然仍舊能受分段生死，然已無復執藏能受分段生死之阿賴耶性，唯餘異熟果之體性在，是故改名異熟識。

若繼續進修，斷盡分段生死之習氣種子隨眠，亦斷盡無始無明之隨眠，則成永遠不再變易所含種子之心識，究竟清淨圓滿，永無異熟果報必須親受——唯除爲度衆生而示現受異熟果報者——如是名爲斷盡異熟性者，是故捨異熟識名，改名眞如、無垢識。如是證得**正智**者，以及如是證得**如如**境界者，皆是由此第八識如來藏而得，離此第八識心體，則無一切**正智**與**如如**境界之可修證；由第八識如來藏有如是圓滿成就一切有漏法及無漏法之體性故，說此識之自體性爲**圓成實自性**。

八識心王如前所說已多，不復贅語。二種無我法，謂**人無我**與**法無我**。人無我者，謂純粹觀察蘊處界法虛妄不實，並無常恆不壞之自體性，故名人無我；蘊處界即是衆生之人我故，蘊處界中之一一法皆是易起易斷之法，或如意根是可斷之法故，不得謂爲眞實有**我**也。二乘法中亦曾說**法無我**，然二乘法中之**法無我**者，悉依蘊處界之**人我**爲中心，由此**人我**而衍生之諸法，現觀其無有**實我**存在其中，現觀如是諸法之**無我性**，故名**法無我**；推究二乘法**無我**所說者，其實未曾稍離蘊處界之**我**而說。

大乘佛法則不然，雖然亦依二乘法而說如是無我，然將如是二乘法所說法無我攝在大乘人無我內，悉皆不離陰界入我而說諸法無我故。大乘菩提則由親證自心如來藏，現觀如來藏之無我性、本來性、常住性、清淨性、涅槃性，此等無我觀，非是從蘊處界而觀陰界入等法之無我，故名眞實之法無我。復觀蘊處界及一切有爲法，悉皆由此第八識自心如來藏，而直接或間接出生，現觀此等諸法，實無一法爲有自體恆存之常住不壞性者，故非有我，是名法無我。亦觀虛空無爲、不動無爲、擇滅無爲、非擇滅無爲、想受滅無爲、眞如無爲……等六無爲、九無爲等法，悉是由自心如來藏，藉七轉識、色法、五十一心所法、不相應行法等，而輾轉顯示，方能令吾人證知，而得出離三界分段生死，或得出離變易生死；由如是緣故，大乘之法無我現觀，迥異二乘之法無我。如是略說法無我者，即是余於《成唯識論》詳解課程中所說之法也。

世尊爲令衆生全面了知佛法之意涵，故將八識心王亦攝歸五法之中，令衆生得以了知全盤佛法之要義。若從法界實相之根源而說時，則攝歸自心如來藏，是故此經中處處說一切法皆是自心現量——一切法皆是自心如來藏所顯現之事實。然而，若學人唯能得證自心如來藏，則唯能停留於總相智中，不能發起後得智之別相智與種智，則將永處七住菩薩位中，不能進修佛地功德。是故，衆生若已證知法界實相，證知法界萬法之根源已，便施設成佛法道之次第，令知修行成佛之修道次第。由如是緣故，應以五法而攝諸法，令得易與佛道之進修次第相應，而不混亂。是故 佛說：「三種自性、八識心王、二種無我法，都由五法所含攝。」如是則易宣說大乘菩提，而令衆生了知及進修故。

三界一切衆生，函蓋諸天天主與天人之名與相，下至地獄衆生之所有名與相，皆是妄想自性；此謂衆生由於妄想執著故，不知有念靈知與離念靈知悉是虛妄法，誤計爲常住不壞之實有法，故於陰界入中執著蘊處界我，計爲實有。由如是誤計而執著故，令衆生出生天法界之天主身、天人身，……乃至出生地獄法界中之地獄衆生純苦報身；出生受世間樂、或受純苦報之粗細色身已，便隨之出生六塵相，而受種種苦樂果報；由是緣故，說三界中一切衆生之名與相，悉是妄想自性；若已修除妄想自性，則不復受生於三界六道之中，則成就解脫果。菩薩於如是修證中，已離如是妄想自性，而復發起受生願：願世世常住人間修證佛法、利益衆生，自度度他乃至成佛，而亦不捨一切衆生。

衆生由於不了陰界入萬法悉皆有生有滅，非是常住不壞之眞實我，是故不離妄想自性；由如是依於妄想自性之故，則必受生於人間等六道中，具足受報之五根或無色根：等；由如是受報之無色根或五根具足故，便出生六七二識，乃至人間衆生一至七識心具足，而使得第八識也出現在三界六道中。由八識心王悉皆出現在三界中故，非唯前七識之心所法現行運作而受苦樂報，第八識心之五遍行心所法，及種種性自性等，亦將配合前七識之貪厭而運作，如是而令八識心王之種種心行在三界中示現運作。若無妄想自性，而不再出生於三界中，則不復有八識心王在三界中現行運作，則無受陰與想陰、行陰，則無五陰之正受異熟果報與依報。若不離妄想自性，則捨壽之後仍將繼續受生於三界中，則因色陰故（譬如人間衆生）必將導致識陰七識心與受想行陰具足，受想行識四陰具足時，即謂「名俱時生」。

「名俱時生」已，則如日與光俱，令種種相分別顯現：謂五識各自分別執持五塵粗相，意識藉五識而同時分別五塵之粗相，亦藉五識而分別五塵之細相與種種法塵細相；意根則藉意識而緣六塵細相以作審度思量與取捨，亦同時取六塵一切法之粗相而審度思量；第八識心亦因此故，不得不緣於身根色法，而使其大種性自性之心行持續運作不斷，不得不緣於五根而觸外五塵，配合示現與外五塵完全無二之內相分五塵，如是而於五塵上顯現法塵相；乃至不得不配合前七識之運作，而作種種配合之心行（如是第八識心之心行，雖以如是言語說之，唯有眞悟之人方能知余所說意涵，未悟之人唯能臆想而不能知，淺悟之人則唯知其中之少分，不能多知。唯佛具足了知）。

如是八識心王之種種心行，有其各別所持之法，不斷在衆生身中運行不輟，而諸外道之敎主、大自在天主…等，悉皆不能了知，必須親從　佛學，或親從人間證悟而有種智之菩薩修學，方能多分了知。如是第八識心在世間之種種心行，亦屬緣起自性；若無自心如來之如是種種緣起自性，則衆生身心尚不能一刹那住於世間，何況能生存及造作善惡業？如是第八識之自性，所爲皆是三界中之緣起法，是故，緣起法非唯七識心王有之，第八識心亦復有之，然非未悟之人所能知之，亦不共二乘無學聖人。如是，八識心王，各各有其緣起自性，八識心王於世間種種六塵相中，各別分別執持其所相應之自性，而各自運行不輟，是名緣起自性。如是緣起自性，非諸二乘無學聖人所能知之，何況印順、昭慧、傳道、星雲、證嚴等凡夫大衆，云何能知？

正智與如如二法，非是一切大力衆生所能毀壞，故名圓成實自性。不論衆生是否已經證悟佛菩提，如是如如境界始終常存，法住法位，法爾如是；不因衆生之未悟而不存在，亦不因衆生之證悟而有增加，始終如是常住。證得如如境界者，隨即出生正智；隨其所悟深淺差別，隨其過去世之久學抑或新學，而令此世悟後之正智深淺有別。然而如是正智與如如二法，本來常住，法爾如是，十方世界一切天主天人神力合爲一力，亦復不能毀壞任一微劣有情之如是本有如如境界與正智種子，由第八識如來藏恆持如是功德，故說爲成自性。

「復次大慧！自心現妄想，八種分別：謂識藏、意、意識，及五識身。相者，不實相妄想故。」

自心如來藏顯現往世所熏習之妄想已，必定重又受生於三界中。譬如受生爲人之後，必有八種分別性之法性，出現於人類身中：此謂第八識如來藏在三界內有其遠離六塵見聞覺知之分別性，能了知意根與意識心之心行，能了知妄心七轉識之作意……等，亦能了知身根四大種之變化等，亦能了知業種之異熟果報次第……等，能作種種六塵以外之種種分別，是故《金剛三昧經》說：「無分別中能廣分別」，即是此意也。此即是第八識心，外於三界六塵之分別性，乃是離於衆生七識所識知之六塵萬法分別，是故此無分別心能廣分別，而其分別皆非七識心等所能知之，要須親證一切種智而發起道種智已，方得少分多分知之也。

復次，意根對法塵有遍計執性故，於一切法皆普遍計度分別，故其分別性分散於六塵中之一切法塵上，是故不如意識心之善於詳細了別，故意根之了別性極爲粗劣，是故意根之心性不與別境五心所之前四相應，而其第五心所之慧性，復又極劣，是故唯能作簡單之分別——有無重大異動。意識對法塵及五塵之粗細分別性，以及五識對五塵之粗劣分別性者謂：前五識唯能於五塵之粗相而作分別，不能分別細相；譬如眼識，依較淺之佛法層次而言，或唯依眼識心體自身而言，唯能分別顯色青黃赤白，至於形色之長短方圓遠近……等，以及表色之行來去止，無表色之姿態神韻等，皆唯有意識心方能分別；而於眼識所能分別之顯色細相，亦須意識方能分別，眼識所不能爲。眼識如是，耳識乃至身識亦復如是，皆唯能於五塵之粗相而作分別，不能於細相而作分別，要由意識爲之。是故前六識之分別性亦復有所差異，故說諸識有八種分別：八識心王各自有其分別之對象，一一互異。

相妄想者謂：六塵相之所以會在衆生心中出生，都是由於不實的『相妄想』的緣故。於六塵相不了其幻，誤以爲是眞實法，執爲實故，不肯頓捨或漸捨，由是墮於三界中最粗糙境界之欲界中，受欲界中之粗顯六塵相。修行人則於欲界之六塵粗相，不生樂欲，是故捨離，是故由定法而證得初禪境界，住於離味塵香塵及細滑觸塵之境界中；進一步者，則住於一識處，唯住意識相應之定境中法塵處，不觸五塵境；如是上進乃至非想非非想處，仍是一識處，唯是不起意識心之證自證分爾，仍然未離定境中之法塵相，仍非是眞正離相者。如是，凡夫衆生以及一切外道中之修行者，皆未能離凡夫境界，其故即是不能認知相之虛妄，是故墮於定境之法塵相中，以如是六塵相爲眞實有而不能捨離貪著，誤認如是定境中之法塵相爲無相，誤認如是三界中境界爲無餘涅槃境界，執以爲實，便墮三界有法之中，不能出離生死。如是等人，悉由相妄想故，輪轉生死，攝受種種相，而不能自知已墮於相之攝受中故。

「我、我所二攝受滅，二無我生。是故大慧！此五法者，聲聞、緣覺、菩薩、如來自覺聖智、諸地相續次第一切佛法，悉入其中。」

由如是等相妄想故，便致後世之三界有繼續不斷出現。若人能確實現觀蘊處界我虛妄不實，則不復攝受人我為眞實法，是名我攝受滅，則能出生人無我智；若能確實現觀諸六塵相之虛幻不實，亦確實現觀：蘊處界我配合六塵相所生之六入亦是虛妄不實，非唯蘊處界我虛妄而已，則我所之攝受亦滅，則能隨之現觀一切法無我，則能出生法無我智。如是我攝受滅、我所攝受滅，即是已離能取與所取者，是名我、我所攝受已滅除者，則謂是人已證人無我與法無我智。

由如是次第性，可知學人應先觀察人無我，應先觀察相虛妄，先證得人無我智；而後再觀諸法無我，是故 世尊施設名、相、妄想、正智、如如之五法次第。修學佛法之人，若不知法之內涵與次第，則不能知二乘菩提之道，則不能知大乘佛菩提之道，則將永絕於佛法之親證門外，永處外門修學佛法。是故，佛法之內涵與道之次第內涵，極為重要，一切學佛人悉應知之；由是緣故，大慧菩薩為衆生而問於 佛， 佛隨即為衆生而作如是宣示。

今時亦然，欲證二乘菩提者，當現觀覺知心之虛妄，不論處於有念抑或無念狀態中，皆是依他起性之緣起法，非常住不壞之法；如是現觀者，名爲斷我見者，成爲聲聞初果人。更作細觀而進斷意根對覺知心之執著，對色身之執著，並進斷意根對自己之執著，則令意根所相應之我貪、我慢、我見、我癡、及涅槃之疑皆斷（非唯意識覺知心之我貪…等斷除而已），則能成爲斷盡五上分結之聲聞羅漢。此謂二乘菩提以斷除我見與我執爲修行之正道，然亦知無餘涅槃之中有其本際不滅不壞不斷，是故滅除十八界而入無餘涅槃時，不墮斷滅見中，而不須修證涅槃之實際—如來藏心。

若人欲證大乘佛菩提，則須了知大乘法中以何法爲見道？當知大乘法唯以證得涅槃之實際—如來藏，因此發起現觀實相之智慧，住於般若中道見中，以此爲其見道；由此見道之般若智慧，再進修一切種智…等，方能進入初地通達位。若有學人欲見此道，而發起般若中道智慧者，當知應修學禪宗之開悟法門，應以禪宗之知見與法門而求明心—親證如來藏。若證如來藏已，般若智慧隨即發起，無有不知中道實相智慧者，無有不能現觀般若中道實相者。證得如來藏之後，則依成佛之**道次第**而進修，則知成佛之道非是虛想、空想。

所謂成佛之道，即是以如來藏爲依、爲因，藉著親證如來藏所發起之般若實相智慧，而由五十二位之次第，進修增上也。除此以外，而謂別有成佛之道者，悉屬妄想臆度之言也。

妄想臆度之言者，謂印順所造《成佛之道》一書，如彼否定成佛之根本因如來藏，言可見道者，言有佛道可成者，即是妄想臆度之言，與成佛之道背道而馳故。云何謂印順《成佛之道》書中所說爲妄想臆度？謂大乘般若之見道，既以親證如來藏爲其內涵，爲其見道，而印順否定如來藏之親證已，則無大乘見道之可言也。既無大乘見道可言，則無大乘法之修道可言也，云何得有成佛之道耶？成佛法道之初始，及最後證悟而斷盡極細所知障隨眠者，悉以如來藏爲其根本因故。

大乘法之人無我修證，與法無我修證，既皆依於自心如來藏而證、而修，則一切修學大乘佛教正法者，即應依 世尊所說如是正道而熏、而修、而證，方能眞實斷除我與我所眞實常住不壞之邪見。若有學人如是親證如來藏，則於我、我所二種邪見之攝受，必可確實滅除，則大乘法中二種無我之智慧，即可因此而出生。由此緣故， 佛宣示云：「此五法者，聲聞、緣覺、菩薩、如來所證得之自覺聖智，以及悟後進修諸地之地地相續次第等一切佛法，全部都攝入五法之內。」以此五法而含攝一切佛法，則易於為眾生宣說三乘菩提之正理故。不違背五法所說者，方是眞正之三乘菩提正法故。

「復次大慧！五法者：相、名、妄想、如如、正智。大慧！相者，若處所、形相、色像等現，是名為相。若彼有如是相，名為瓶等，即此非餘，是說為名。施設眾名，顯示諸相—瓶等、心、心法，是名妄想。彼名彼相，畢竟不可得；始終無覺，於諸法無展轉，離不實妄想，是名如如。眞實、決定、究竟，自性不可得，彼是如相；我及諸佛隨順入處，普為眾生如實演說，施設顯示於彼，隨入正覺；不斷不常，妄想不起，隨順自覺聖趣；一切外道、聲聞、緣覺所不得相，是名正智。大慧！是名五法，三種自性、八識、二種無我、一切佛法悉入其中。是故大慧！當自方便學，亦教他人勿隨於他。」

疏：《復次大慧！此五法者，尚可從另一層次而說：即是相、名、妄想、如如、正智。大慧啊！所謂相，是說譬如處所、形相、色像等顯現出來時，名之為相。如果某一法有如是等相，而名為瓶子等等，這就名之為相，以此瓶子之名而說此物即是瓶子，此名不得說是其餘之物，此名詞即說之爲名。以如是施設之種種名詞，而顯示種種物相——譬如瓶子等名詞一樣之心名、心所法等名，即是妄想。那些名詞與名詞所顯示的種種法相，畢竟虛妄而不可得；若能親自證得那自始至終都無覺觀的自心如來，證得那個在諸法中都沒有輾轉出生的自心如來，因此而捨離了虛妄不實的妄想，這就是如如的境界。而自心如來是眞實的、決定存在的、究竟了義的，然而祂的自性卻是空性，以世間法而言，想要求得祂的世間自性，終究是不可得的，祂就是這樣的如如之相；我釋迦牟尼及諸佛，隨順如是證入此實相之法，普遍的爲衆生如實的演說，施設種種的名相與方法，而顯示於彼等衆生眼前，令諸衆生隨順如是法要而進入眞正覺悟之境界；然後住在不斷不常之現觀正見中，虛妄想不再生起，而隨順於如是自覺聖智之義趣；像這種一切外道、聲聞、緣覺所不能證得之實相，這就是正智。大慧啊！出這個緣故，所以說這個五法，是三種自性、八識、二種無我、一切佛法，全部都含攝入這五法之中的。由此緣故，大慧啊！應當各自以種種方便而修學這五法，也應當教導他人同樣以種種方便而學這五法，教他們不可隨於其他人悖離這五法而修學佛法。》

解：「復次大慧！五法者：相、名、妄想、如如、正智」：隨順於衆生所墮之名等妄想，是故 世尊先前施設「名、相、妄想、正智、如如」五法之次第；此法由於衆生每多墮於名中，以爲實有，是故先說名之虛妄。譬如印順……等人，以爲般若之法要即是性空唯名，以爲名實有，而一切法虛妄，實無常住不壞之法可名空性，唯有一切法空可名空性。彼等諸人以爲般若所說者，其義在此，是故主張般若法義即是性空唯名，墮於斷滅見中。爲恐他人責之爲斷滅見，是故又復建立子虛烏有之「不可知、不可證之意識細心」說，又建立妄想所得之「滅相不滅」說，作爲不墮斷滅之法；然而如是說法，乃是名之建立相，根本屬於子虛烏有之法，故說印順……等人所說諸法悉屬妄想。

亦如外道等人，妄想有一創造萬物之上帝，或妄想由一不可知、不可證之冥性而成就世間萬物與有情衆生，或妄想……等；由有如是衆多執著於名之法相，而不能了達眞實相即是自心如來者，是故施設「名、相、妄想、正智、如如」五法之次第，令如是類衆生了知名皆虛妄，了知「唯有現前可以觸證，可以現前觀察其出生萬法之自心如來，方是一切法界之眞實相」。衆生不知外道依於世間種種數名而施設之造物主……等名悉是虛妄，渴求確有如是名所說之實體存在，而希冀如是名所說之實體法顯示於眼前，而救其超脫於世間衆苦，因此轉墮於相中，由是緣故，施設「名」於五法之最先。然後復因如是施設，而爲衆生說：了知名與種種相之虛妄，而能證知一切法皆是自心現量者，名爲已離妄想，是名正智；離妄想而生起正智已，住於自心現量境界而捨離建立見與誹謗見者，心中雖不立名相，而能隨順衆生之心量，以種種名相爲衆生隨宜說法，即是住於如如之境界者。此是爲令學人得入正法之中，安住於實相境界，進住初地實相智慧之道種智境界，故作如是次第建立。今爲令諸已悟之菩薩，了知其中施設之道理，故作另一次第之施設：相、名、妄想、如如、正智。

「大慧！相者，若處所、形相、色像等現，是名爲相」：所謂相者，譬如物之所在處所、物之長短方圓高低遠近等形相，以及青黃赤白黑等色像顯現出來之時，即名之爲相。處所與形相屬於色法之形色，意識之所了別，非眼識所能了別；色像屬於色法之顯色，眼識與意識之所了別。

「若彼有如是相，名爲瓶等，即此非餘，是說爲名」：假使某一物具有如是瓶子之形相色像，而名之爲瓶子者；乃至假使有一具備人之色身體性之人體，此人體名之為人，此「人」之色身，即名之為相。即此人之身體，即此瓶子之物，施設人與瓶子之名；而說此物即是人、即是瓶子，如是等名，不得說為其餘之物體，此等名詞即說之為名。此謂所有名，皆由相而來；若離於相，即無名之可言；是故，相即是名所由來之根本；是故，名皆虛假，非是眞實。

「施設衆名，顯示諸相—瓶等、心、心法，是名妄想」：以如是施設之種種名詞，而顯示種種物相—譬如以瓶子等名詞，代替瓶子之物而顯示瓶子之法相，即此瓶子之名詞一法，說之為妄想，與法界實相無關故。物質上之色法如是，衆生為表示能覺知諸法之心，而施設意識心之名；為表示依眼根而生，能見青黃赤白黑等顯色之心，而施設眼識之名；施設耳鼻舌身識等名，乃至施設眼等六識相應之貪、瞋、癡、慢、疑……等名，以為心所法；以如是等名，而顯示眼等六識及諸心所法等煩惱者，亦復同屬施設之名。如是等名，悉依自心如來之本際而生起，皆是唯「名」，非眞實法；然而未證自心現量者，不了此意，以為如是等名實有，故執離念靈知為常住法，則成妄想。

名之一法，非唯如是，乃至佛法中，亦多施設如是名，以利衆生；然而末世眾生，去聖日遙，便生誤解，由此執著佛法種種「名」之法相，不能捨離；乃至據以誤導眾生，不肯捨棄。譬如 世尊因眾生之執著世間物象，故依世間物象之緣起必壞，而施設緣起性空法義，以緣起性空法義而為眾生說法，令眾生了知萬法之緣起性空。然而如是緣起性空之法義，實由物象之「依於眾緣而起、終必毀壞」而來，緣於種種物之緣起相，方有性空之理。是故，緣起性空之理，非實有法，乃是緣於物相而有；物相尚且性空，何況緣起性空之理，其性必是緣起之法而無實性；物相尚且性空，何況依於物相而有之緣起性空等名，云何可謂為眞實法？而印順……等人不了其妄，執著緣起性空之理為實有法，向大眾謂：緣起性空之理是眞實法，如來藏是虛妄法。如是便墮於妄想之中。

殊不知緣起性空之理，純是名相，依於蘊處界所顯之五陰六入等法，而說有緣起性空之理；若離蘊處界……等世間物象法，何處有緣起性空之可言者？蘊處界……等法既是虛妄法，當知依於蘊等而有之緣起性空法定是虛妄法，印順何得謂之為實相、為般若？而印順、昭慧、傳道、星雲、證嚴……等人，竟隨順印順之邪見而謂般若即是一切法緣起性空，而說般若法義即是性空唯名；如是等人，皆是不知緣起性空正理者也。

緣起性空之理，所以能成爲世俗諦，乃因三界一切世俗法，悉皆依於衆緣而起，故其性空，無有一法是實體法，故皆是無常變異必壞之法，是名緣起性空。緣起性空則是無常法、斷滅法，乃是虛相法，非是實相法。云何緣起性空一法非是實相法？當知緣起性空者，實依第八識自心如來爲因，加以往世所造業種，及往世所熏習之無明種、父母四大等爲緣，方有此世之蘊處界及山河大地等法，方有蘊處界及山河大地之緣起性空可言也；由是正理，即知緣起性空一法實乃依附於蘊處界等有爲無常之法而有，非是自有常住不壞之法性者，既無常住不壞之法性，當知蘊處界諸法壞已而名爲緣起性空者，此緣起性空之法即是唯名無實之法，即是虛相法，緣起性空一法依無常必壞之蘊處界法而有故，蘊處界法是無常敗壞之法故。

然而四阿含諸經中，佛所說之緣起性空法者，乃依無餘涅槃之實際、本際，而說緣起性空，非如印順…等應成派中觀師之「外於實際而單說蘊處界緣起性空」，亦非如印順等人所說「有獨立存在之緣起性空法」，將緣起性空外於蘊處界法而建立爲常恆不壞之法；印順由是錯會故，便將緣起性空之蘊處界滅壞後之**滅相**，建立為常恆不壞之法，是故便於書中主張：「蘊處界滅失後之**滅相**為不滅法」，建立子虛烏有而唯是**名相之滅相**，以為常住不壞法；此即是對於般若正法之妄想也，緣起性空之法乃是唯名之施設故，依無常之蘊處界法必定滅失之事相，而施設其為緣起性空也；是故，緣起性空絕非是實相法，自身非法故，唯名施設故。如是等人所說諸法，唯是佛法之名相，皆未觸及第一義諦之實體——自心如來，悉名妄想。

「**彼名彼相，畢竟不可得；始終無覺，於諸法無展轉，離不實妄想，是名如如**」：如是，瓶、人、五蘊、十二處、十八界、七識心王、心所法之貪瞋……等、乃至出世間法之世俗諦緣起性空等法相，悉是假名施設之名詞，藉諸名詞而顯示種種法相，皆是虛妄法，皆非常住不壞之法界眞實體性；乃至此等名詞所顯示之種種法相之自體相，亦復畢竟虛妄而不可得。若佛弟子中之精進行者，能如是了知，亦能親證自己始終皆離覺觀之自心如來，證得自心如來之後，於一切境界中，現觀自心如來於諸法中皆不曾輾轉執著，皆不曾起心動念者，即是《大集經》所說之心性。

《大集經》言：「一切諸法無覺無觀，無覺觀者是名心性。」如是親證自心如來，現觀其於一切六塵境中皆離覺觀而不曾起心動念、不曾起執著性，隨即轉依此清淨心之體性，則於諸法悉無貪著，乃至輾轉之貪著亦悉遠離，是故捨離種種虛妄不實之妄想，心得解脫；佛子若得安住如是境界者，即是住於如如之境界，方得名為初地菩薩，非如證嚴法師《心靈十境》書中，依於妄想、不離妄想而作之胡說者，可名為初地菩薩也。

是故，大乘佛菩提之見道，唯有一種：禪宗之明心—親證自心如來；唯有一種：淨土宗之親見自性彌陀—親證自心如來。唯有一種：西藏密宗古時之覺朗派他空見—蘊處界我空無不實，另一個他—自心如來—方是眞實空性。唯有一種：法相唯識宗所證得之第八識阿賴耶—自心如來；唯有一種：三論宗之三論中所說之非心心、無心相心—自心如來。除此以外，無別空性可證，二乘菩提所說空者非是空性故，乃是空相故—蘊處界等法悉皆緣起故空，即是大乘法中《心經》所說之「諸法空相」也。

唯有自心如來，方是具有常住不壞之自體性者，方是不墮緣起性空之空相中者；除此自心如來以外，一切眾生之蘊處界，及其所生法，悉屬名與相所攝之法，求其不壞性者終不可得，唯有自心如來方是於諸法無展轉者。如是親證已，便得遠離一切不實妄想，若人親證法界如是眞實相，而遠離不實妄想者，即是住於如如境界之人。

「眞實、決定、究竟，自性不可得，彼是如相；我及諸佛隨順入處，普爲衆生如實演說，施設顯示於彼，隨入正覺；不斷不常，妄想不起，隨順自覺聖趣；一切外道、聲聞、緣覺所不得相，是名正智」：自心如來—自性彌陀，乃是眞實法；此法決定存在，非是印順所誣言之純爲名相施設，亦不因印順、宗喀巴、達賴等人之否定，便不存在；祂是實有可證的，決定存在的，乃至彼等諸人否定此第八識自心如來時，祂仍隨著印順…等人之意識、末那之心行而運行不輟，然而印順、昭慧、傳道、星雲、證嚴等人，日用而不知，乃以己意而作否定之說，是故自心如來非是虛妄之唯名施設法也。

自心如來復是究竟了義之自性，可以親證、領受，及現前觀察其眞實性、決定性故；悟後亦可現前觀察其究竟性，一切法悉皆直接及間接從此自心如來出生及壞滅故。由有如是眞實性、決定性、究竟性故，方得名爲眞實空性。若以世間法而言，欲於自心如來自體上，尋覓其世間六塵萬法上之自性，終究不可得；自心如來恆離六塵見聞覺知，恆離六塵萬法之貪厭、善惡、斷常…

等二邊心行故；由如是體性，說自心如來之自體性即是如如之相。釋迦牟尼佛及十方諸佛，悉皆隨順如是證入此實相之法，而爲衆生普遍如實演說，復又施設種種名與相等法，顯示於衆生眼前，令諸衆生悉皆了知名與相之內涵，遠離名與相之妄想與執著，漸次進向大乘佛菩提道，終得親證自心如來，因此而隨順如是法要，進入眞正覺悟之境界；然後常住於不斷不常之現觀與正見中，從此不再生起虛妄想，普能隨順於如是自覺聖智之義趣，常住於如如之境界中。如是如如境界之親證，如是正智之智慧，非是一切外道、聲聞、緣覺、佛門凡夫所能證得；如是法界萬法體性之實相，即是正智。

「大慧！是名五法；三種自性、八識、二種無我、一切佛法悉入其中。是故大慧！當自方便學，亦教他人勿隨於他」：由上述所說正理，佛說相、名、妄想、如如、正智等五法，含攝一切佛法；故說三種自性法、八識法、二種無我法、以及一切佛法，全部含攝於此五法之中。由此五法含攝一切世間出世間法之緣故，佛咐囑大慧菩薩：「一切菩薩皆應各自以種種方便而修學此五法，亦應教導他人如是以種種方便修學此五法。」非唯如是，世尊更咐囑大慧菩薩等人：「亦應教導眾生：不可隨於他人而悖離此五法。」若人悖違如是五法，亦教人悖違如是五法而修學佛法者，皆是 佛所不許者。

如今印順、昭慧、傳道、星雲、證嚴⋯等人，既然信受印順之邪見，而悖離 世尊所多方宣示之如來藏等八識心王之五法三自性等理，而且廣作開示宣傳，廣泛誤導眾生者，則是 佛所不許者，吾人既已親證自心如來而了知 世尊之旨意，云何卻將 世尊正法取來作人情？云何眼見彼等誤導眾生如是嚴重而作人情放過？云何眼見彼等諸人將三乘佛法之根本加以否定砍除，而作人情放過不言？豈眞欲故意違背 世尊之告誡耶？

爾時世尊欲重宣此義而說偈言：

五法三自性，及與八種識，二種無有我，悉攝摩訶衍。

名相虛妄想，自性二種相，正智及如如，是則為成相。

疏：《爾時世尊想要重新宣示如是眞正之義理，而說偈言：

相、名、妄想、如如與正智，依他起自性、遍計執自性、圓成實自性，以及眼耳鼻舌身意等六識，第七意根及第八眞相識等八識，

人無我與法無我等二種無我法，
全部都含攝大乘法。
名、相及虛妄想，在三自性中來說：即是依他起及遍計執自性；
正智及如如等二法，即是圓成實之法相。》

解：「五法三自性，及與八種識，二種無有我，悉攝摩訶衍」：相、名、妄想、正智、如如，如是五法，可以攝盡大乘法；若人親得證悟自心如來已，有緣親隨大善知識修學一切種智者，則能以此五法爲主軸，如上述經文中之佛說而加以細說，爲衆生廣泛宣說大乘佛菩提，故說此五法含攝大乘法。如是之以五法而說者，前來諸輯中已曾廣說，故今略而不述。

三自性亦復如是，攝盡大乘法。譬如依他起自性，即是名與相；名則含攝蘊處界萬法，若細說之，即已函蓋一切世間法，廣說而無窮盡。遍計執自性，則是於依他起自性中，不了其妄，誤以爲實，故產生了錯誤之妄想；若人能了其意，並現觀之，則能爲人宣說二乘菩提之四聖諦、八正道、十二因緣法等緣起性空之理，是故遍計執自性一法，則已函蓋世俗諦之二乘菩提法要。

八識心王之中，本自函蓋五法、三自性、二種無我法等大乘法；前六識乃是依他起自性，本無自體性，悉是依於自心如來之因，以及意根、無明種及業種、父母四大等法爲緣，方得生起與現行運作，則是五法中之名與相，則是三自性中之依他起性，則是虛妄不實之世間人我。第七識意根，則是於依他起自性中，不了其依他起自性，故於依他起性中起種種執著而執爲自己，則是妄想；了知如是，則是二乘菩提法，則是斷除遍計執自性，則是斷除我執而具足證得人無我。第八識心，能生萬法；蘊處界…等萬法悉從第八識自心而直接或間接出生，輾轉演變故有無量無數諸法現行；由如是緣故，於自性清淨性中，卻能令眾生隨業、隨一念無明種子、隨無始無明隨眠而流轉生死、永無窮盡，而仍保持其無爲無漏之涅槃法性，故名圓成實性。

此外，此第八識心亦含藏無漏法種，由其本來清淨之自性所執持，眾生因之能藉如是清淨自性而證二乘菩提果之解脫三界生死流轉，亦可因之而藉大乘佛菩提之法道而進修成佛之智慧境界；由第八識自心具備如是流轉生死及出離生死而成佛之功德故，說名圓成實自性。如是八識心王之法，若一一具說者，則已函蓋大乘諸法。

二種無我法含攝一切大乘佛法者，謂人無我含攝二乘菩提，含攝前六識與第七識意根，含攝依他起自性及遍計執自性，含攝名、相、妄想等三法；法無我者，則含攝正智與如如，含攝大乘菩提及二乘菩提，含攝圓成實自性，亦因含攝第八識故而含攝前七識等二種自性與世俗諦。如是，人無我與法無我等二種無我法，亦悉含攝大乘法。若能證得道種智，則可了知五法、三自性、八識心王、二種無我法，悉皆如是含攝大乘法。了知如是含攝之體性已，則能隨宜而為衆生廣說經法。

「名、相、虛妄想，自性二種相，正智及如如，是則為成相」：名者，謂受想行識等四陰；相者，謂「色、心」上所顯現之六塵相等，凡此皆是依他起自性。意根與六識心和合運作故，由於不了眞實相故，生諸無量虛妄想，故成遍計執自性。由是故說：名、相、虛妄想等三法，即是識陰七識心於依他起性上起遍計執性，而在六塵萬法中作諸妄想，成就遍計執性之現行，故說受想行陰之名、自心輾轉而生之色身與六塵相等、以及虛妄想，如是三法具有前二種自性之法相：所謂依他起自性，遍計執自性。至於正智及如如之境界，則是由於自心如來恆處於自性清淨之本位中，卻能圓滿地隨業、隨無明而出生依他起自性及遍計執自性，無有不能示現者；亦能出生圓滿成就佛道之自性。如是了知及親證故，即是正智與如如，故說正智與如如二法即是圓成實自性。

爾時大慧菩薩復白佛言：「世尊！如世尊所說句：過去諸佛如恒河沙，未來現在亦復如是。云何世尊爲如說而受？爲更有餘義？惟願如來哀愍解說。」

佛告大慧：「莫如說而受。三世諸佛量，非如恒河沙。所以者何？過世間望，非譬所譬。以凡愚計常，外道妄想，長養惡見，生死無窮；欲令厭離生死趣輪、精勤勝進故，爲彼說言諸佛易見，非如優曇鉢華；難得見故，息方便求。有時復觀諸受化者，作是說言：佛難值遇，如優曇鉢華。優曇鉢華無已見、今見、當見；如來者，世間悉見。不以建立自通故，說言如來出世如優曇鉢華，大慧！自建立自通者，過世間望，彼諸凡愚所不能信。自覺聖智境界，無以爲譬：眞實如來，過心、意、意識所見之相，不可爲譬。

大慧！然我說譬『佛如恒沙』，無有過咎：大慧！譬如恒沙，一切魚鱉、輸收魔羅、師子、象馬、人獸踐踏；沙不念言彼惱亂我，而生妄想；自性清淨，無諸垢污。如來應供等正覺，自覺聖智恆河、大力、神通、自在等沙，一切外道諸人獸等一切惱亂，如來不念而生妄想。如來寂然，無有念想；如來本願，以三昧樂安眾生故，無有惱亂，猶如恆沙等無有異；又斷貪恚故。譬如恆沙，是地自性，劫盡燒時，燒一切地；而彼地大不捨自性，與火大俱生故，其餘愚夫作地燒想，而地不燒，以火因故；如是大慧！如來法身，如恆沙不壞。大慧！譬如恆沙無有限量，如來光明亦復如是無有限量，為成熟眾生故，普照一切諸佛大眾。

大慧！譬如恆沙，別求異沙，永不可得；如是大慧！如來應供等正覺，無生死生滅，『有』因緣斷故。大慧！譬如恆河沙，增減不可得知；如是大慧！如來智慧成熟眾生，不增不減，非身法故；身法者有壞，如來法身非是身法。如壓恆沙，油不可得；如是，一切極苦眾生逼迫如來，乃至眾生未得涅槃，不捨法界、自三昧願樂，以大悲故。大慧！譬如恆沙隨水而流，非無水也；如是大慧！如來所說一切諸法，隨涅槃流，是故說言如恆河沙。如來不隨諸去流轉，去是壞義故；大慧！生死本際不可知，不知故，云何說去？大慧！去者斷義，而愚夫不知。」

疏：《大慧菩薩聞佛開示已，又白佛言：「世尊！譬如世尊所說法句：『過去諸佛猶如恆河沙，未來與現在亦復如是。』這是什麼道理呢？是應該如言句所說而信受呢？或者是另外有別的意義呢？惟願如來哀愍大衆，爲大衆解說。」

佛告訴大慧菩薩：「不可如言說表相而信受之。三世諸佛之數量，並非眞的猶如恆河沙那麼多。爲什麼這樣說呢？因爲諸佛之自覺境界，超過世間衆生之所想像，並非以各種譬喻所能譬喻得清楚的。

由於凡夫與愚癡人誤計而執著種種錯誤不實的『常』法，以及種種外道所產生的虛妄想，長養偏邪的惡見，所以輪迴生死無窮無盡；我爲了讓這些人厭離生死五趣的輪轉，以及爲令這些人精勤修行，以及爲了讓他們殊勝地進修的緣故，所以爲這些人說言：『諸佛易於親見，並非猶如優曇鉢花一般難以遇見。』若不是這樣爲這些衆生方便而說，則這些衆生將會因爲諸佛難得遇見的緣故，而以爲自己無緣見佛，便息滅了種種的方便，不肯精進的求證佛法。

有時候，我又觀察諸多受我度化的人們的根性，所以對他們說：『佛是很難得值遇的，猶如優曇鉢花之出現一般，很快就過去了。』然而優曇鉢花，只是一種譬喻，其實不曾有人見過，今時亦無人見過，未來亦無人當見；但是如來呢！卻是世間人都看得見的。我不以建立法及自己所通達的法，而說如來出現於世間猶如優曇鉢花。大慧啊！依照自己所證悟的聖智，而自己建立法義，自己通達法義的人，那是超過世間人所能想像的境界的，所以是那些凡夫與一部份的愚癡二乘人所不能信受的。如來自己所覺悟的聖智境界，是沒有什麼方法與事例可以拿來作譬喻的：**真實的如來，超過阿賴耶識及異熟識心、意根、意識所見的法相，是沒有辦法用譬喻而說得清楚的。**

大慧啊！但是我所說的譬喻—佛猶如恆河沙，這一句話是沒有過咎的：大慧！譬如恆河沙，一切魚、鱉、龍神、獅子、大象、馬等人獸悉來踐踏之，而恆河沙不作如是念：『彼等人獸來惱亂我』，不因此而產生虛妄想；恆河沙的自性如是清淨而無種種的污垢穢染。如來是世間應供的無上正等正覺，如來的自覺聖智大力神通自在等恆河沙，縱使一切外道、諸人及獸等，一切眾生都來惱亂，如來也不會因此而起念、而產生虛妄之想。如來一向住於寂然之境界中，從來不起如是妄念與想法；如來由於本曾發願，要以金剛三昧來安樂衆生的緣故，所以心中無有惱亂，猶如恆河沙一般不起念與虛妄想，從這一點來說，與恆河沙是沒有差別的；而且也是因爲已經斷了貪欲與瞋恚的緣故。

譬如恆河沙，乃是地大之自性，當住劫已盡時，劫火燃燒一切大地；而彼地大雖然被燒，卻仍然沒有捨棄地大的自性，因爲它只是與火大同時存在的緣故；其餘愚癡衆生心裡面產生了地大被燒了的想法，而其實地大並沒有被燒，這是因爲火燒的『緣因』而有這種現象；如是大慧！如來的法身，猶如恆河沙一般永不毀壞。大慧！譬如恆河沙的數量極多，無法用數目來數清楚；如來的光明也是同樣的道理，一樣是沒有辦法用數目來數得清楚的；如來爲了要成熟衆生的學法因緣的緣故，所以將光明普遍的來照耀一切諸佛與一切衆生。

大慧！譬如恆河沙常住於恆河沙之自性中，若想離於恆河沙之外，而另外再尋求別的物質同樣有恆河沙的自性，這是永遠不可能成功的；如是，大慧！如來應供等正覺，沒有生死，也沒有生滅，諸『有』的因緣已經斷除了的緣故。大慧！譬如恆河沙之數量衆多，其增減是無法知道的；同樣的道理，大慧啊！如來以智慧來成熟衆生的學法因緣，但是自身卻是不增亦不滅的，如來不是色身之法的緣故；色身之法必有壞滅，而如來之法身，並不是色身之法。

譬如燒烤壓榨恆河沙，想要榨出油來，是不可能的；同樣的道理，一切受到極苦果報的衆生，以種種苦而前來逼迫如來時，如來也是不捨衆生的；乃至若有低賤之毛蟲蠢動等生物，尚未證得涅槃時，如來終究不會捨棄一切法界中之衆生，而以自己所住的金剛三昧法樂及增上意樂之無盡願力，而繼續廣度衆生，這是因爲如來具有大悲心的緣故。

大慧！譬如恆河沙隨水而流動，並非無水而流動也；同樣的道理，大慧啊！如來所說的一切法，都是猶如恆河沙，隨於涅槃之水流而流動，由這個緣故，所以說諸佛如來猶如恆河沙。如來不隨種種有去的法而流轉，因爲『去』的意思就是壞滅的緣故，大慧！生死的本際是不可知的，由於不可知的緣故，如何可以說如來是有去的呢？大慧！去的意思就是斷滅的意思，而愚癡的凡夫們卻不瞭解這個道理。》

解：爾時大慧菩薩復白佛言：「世尊！如世尊所說句：過去諸佛如恆河沙，

未來現在亦復如是。云何世尊爲如說而受？爲更有餘義？惟願如來哀愍解說。」

一般人聞法讀經，每每依文解義；依文解義故，更責平實之廣說經法，來函責余曰：「佛無說法，汝爲何廣說諸法？但得一念不生就對了。汝不斷起念，如何可謂爲悟？」皆是錯會 佛旨之無智凡夫也！

衆生亦復如是，常有誤解 佛旨之人，於 佛所說法處處誤解，便謂十方世界諸佛猶如恆河沙數之多。由是緣故，大慧菩薩聞 佛開示已，爲除衆生之愚癡，乃又白 佛言：「世尊！譬如 世尊所說法句：『過去諸佛猶如恆河沙，未來與現在亦復如是。』此是何意？學佛者應該如言句所說而信受之？抑或別有意義？惟願如來哀愍大衆，爲大衆解說。」

佛告大慧：「莫如說而受。三世諸佛量，非如恆河沙。所以者何？過世間望，非譬所譬。以凡愚計常，外道妄想，長養惡見，生死無窮；欲令厭離生死趣輪、精勤勝進故，爲彼說言諸佛易見，非如優曇鉢華；難得見故，息方便求」：

佛所開示之言語，若是第一義悉檀，悉皆以隱覆密意之方式而說，皆不明說，此乃爲防因緣未成熟、福德未具足、智慧力不足者，聽聞已，不能信受，又無智慧加以分辨，則聞　佛明說已，必定心生不信而誹謗之，是故多以隱語而說之，故有《金剛經、心經、勝鬘經……》等大乘諸經之隱覆密意而說。乃至四阿含中所說大乘法更爲隱密，皆是一語帶過，不作說明，唯在二乘菩提上廣作說明。然若佛子有智，親證如來藏已，便將發覺：世尊於第二、第三轉法輪諸經中，實已明說；唯是衆生智慧未開，是故讀之不解而生錯會爾。若有道種智，則於四阿含諸經中發覺：其實　佛已處處宣說一切種智妙理，自是衆生愚癡無智，不能了知其意爾。是故，三乘菩提諸經中，佛所說第一義悉檀等言句，悉有密意，一切學人皆當了知其中所藏密意，不可便如言說表相而信受之。

譬如　佛說：「三世諸佛，如恆河沙。」然而事實上，三世諸佛並非眞似言句所說之猶如恆河沙數量。何故余作是言？此因諸佛自覺境界，遠超世間衆生之所想像；衆生雖然欲想成佛，然而衆生所以爲成佛之境界，往往極爲粗淺，與諸佛所證實際境界相去甚遠；縱以種種譬喻宣說，衆生亦不能於所說譬喻中了知諸佛所證實際境界。

猶如今時諸方大師居士，於平實所證如是般若與種智境界，已難以想像；莫道平實，亦莫道我會中諸親教師，乃至我會中初悟菩薩之般若智慧，彼諸不迴心大阿羅漢尚且不能了知，縱使廣作種種譬喻言說，亦難了知，何況尚未證得解脫果最粗淺之初果之印順、昭慧、傳道、星雲、證嚴……等大法師、大居士，皆是墮於我見之中而牢不可拔之凡夫，云何能知？對於初悟菩薩之般若智慧，彼等諸人尚且不能了知，何況我會中諸親教師之智慧？何況平實之智慧？

然而平實以如是深妙種智智慧，反觀自身之智慧，去 佛猶尚遙遠，眞可謂遙不可及也；何況二乘愚人與印順、昭慧、傳道、星雲、證嚴等凡夫，皆是未知、未解、未證聲聞初果之解脫智，亦未曾證知般若總相智者，云何能知 釋迦世尊佛地之絕妙廣大甚深智慧？似此甚深難解、難修、難證之 佛境界，要待三大阿僧祇劫之廣修深修與累積福德，方得成就；少慧少福、性障深重之無德衆生，如何能知能證？如是甚深而不可思議之諸 佛境界，如何可能有無量無數之人已經成就究竟佛道？如何可以說十方諸佛之數量猶如恆河沙數之多？乃至函蓋未來世之衆生在內，亦不可能有恆河沙數衆生成就究竟佛道；極難知、極難解、極難修、極難證、極難究竟故。

由於凡夫愚癡之世人，誤計而執著種種錯誤不實，自以爲『常』之法，以及種種外道所產生之虛妄想，自我熏習而長養偏邪之惡見，不能了知一切法皆是自心現量，而作種種妄想：以爲是大自在天造物主所造，以爲是四大元素所造，以爲是冥性二十五法所造，以爲是時節所造，以爲是有一極微物所造，以爲是……等等邪見，皆不能了知唯是自心如來所造。墮於如是邪見，是故不能斷除我見與我執，是故輪迴生死無窮無盡。世尊爲令如斯等人厭離生死五趣輪轉，復爲令彼精勤修行，除斷我見我執，及爲令彼悉能殊勝進修而證佛菩提之故，方便說言：『諸佛易於親見，非如優曇缽花難以遇見。』衆生聞之，生歡喜心—諸 佛世尊易可得見，聞已輒能戮力精進，速進諸地，漸成佛果。

《法華文句》卷四所云大略如是：「優曇缽華，三千年一敷，開敷時則金輪王出世，彼時則有菩薩受生出世，於人間成佛，故優曇缽華之開敷乃是佛出人間之瑞應。」此喻極難遇見之事物，乃是譬喻之說，非必如實，同於「佛如恆河沙」之說也。亦如《法華經》卷一云：「如是妙法，諸佛如來時乃說之，如優曇缽華時一現耳。」亦復如是譬喻而說也，非必三千年便得開敷一次也。

世尊若不如是爲彼衆生方便而說，則彼諸衆生將因諸佛難得值遇故，自責無緣見佛，輒便息滅修證佛法之種種精進方便，不肯精進求證佛法；由是緣故，爲令衆生精進修行佛法，故說諸 佛世尊易見——量如恆河沙。

「有時復觀諸受化者，作是說言：佛難值遇，如優曇缽華。優曇缽華無已見、今見、當見；如來者，世間悉見。不以建立自通故，說言如來出世如優曇缽華，大慧！自建立自通者，過世間望，彼諸凡愚所不能信。自覺聖智境界，無以爲譬：眞實如來，過心、意、意識所見之相，不可爲譬」：

然而有時 世尊復觀受度衆生之根性，屬於懶散懈怠者，若不令生難得之想，輒生逸心，故又如實而說：『諸佛極難值遇，猶如優曇缽花之久時方乃一現，復又速滅，難得一見。』以如是實語，令生警覺，生難逢想，速得親近諸 佛，一生精進修學。

然而，優曇缽花唯是譬喻，人間實無優曇缽華可見；一切人間之衆生，過去未曾有人得見，今時亦無人能見，未來仍是無人當見；然而 如來世尊，卻是世間一切人都可値遇者，意謂人人各有如來世尊，在於身中常住不斷，即是自心如來也；自心如來不曾有一剎那間斷，有智之人隨時皆可得見，無有不能見者。

世尊不以建立之施設法，而說如來出現於人間猶如優曇鉢花；若以施設之法而說如是言者，則成無義，施設建立之法者，非是眞實法故；若非眞實法者，皆是易得修證了知之法故。此說者，譬如今時印順與達賴所說法，亦如古時宗喀巴、寂天、月稱等人所說之法，皆是唯憑意識思惟即可得知之法；如是建立施設之法，余唯數年時間，便已悉皆了知，是故今時已成爲「印順學」之專家，於昭慧、傳道、星雲、證嚴等人所不能知之印順法義正訛，悉皆了知；並於印順法義之悖逆佛旨之處，悉能加以舉例檢點，並以諸經佛語而證明其謬，令其不能置辯。此謂印順、昭慧、傳道、星雲、證嚴等人所說諸法，悉是施設建立之法，乃是唯憑意識思惟所得之世間妄想法，學人若有般若慧之別相智或道種智，極易了知其意而廣破之。然而 世尊終不能以如是建立施設之法，而說「諸佛難得值遇，如優曇鉢花時乃一現」，諸 佛所證諸法非是建立施設之法故，諸 佛所證者乃是法界實際體性之智慧故，如是實相智慧之法，非是施設法之易可得値故。

世尊亦不以自己所通達之深妙法，而說如來出現於世間猶如優曇鉢花。此謂諸 佛世尊雖依自己所證悟之深妙廣大聖智，建立自己所弘揚之法義；然而諸 佛世尊各自通達之法義，如是甚深廣大智慧境界，超過一切世間人所能想像之境界，絕非彼諸凡夫所能信受，亦非部份愚癡之二乘聖人所能信受。

彼諸凡夫唯以自己之臆想境界，揣度如來究竟境界，未知未解未證如來之總相智境界，卻往往自以爲已知已證如來之一切種智境界，作種種大妄語；乃至更作極大妄語，自謂其法其宗超勝於 釋迦如來境界。如是之人，所在多有，即是今時西藏密宗諸多法王、上師、喇嘛，以及諸多信徒。睽其所證，則是外道凡夫境界，尚且不能斷除聲聞初果人所斷之我見，遑論成佛？竟敢自謂所學所修之法超勝於 釋迦世尊，眞可謂爲愚癡無知、大膽狂妄之人也。

如是凡夫往往以自意所想，作爲眞實法，比擬自己所知所證同於如來；猶如貧窮之狂乞，了知行乞之法已，自稱同於轉輪聖王法。今時往往有諸未解佛法之初學人，自比於平實，私心以爲平實所證般若同於自己，卻完全不能檢點：自己所墮尚在常見外道所墮之我見中；西密諸師更加膽大，妄比於 世尊，乃至妄言更勝於 世尊，皆是未知未解佛法之大妄語者，何況能修之？能證之？

如來所覺悟之自證聖智境界，無有世間之法可以舉爲事例，而作譬喻說明者。眞實究竟位之一切如來世尊，超過第八識心、意根、意識所見之法相，無法以譬喻而善爲解說，令人究竟了知。

云何如來自證聖智超過阿賴耶識、異熟識之心境界？謂衆生之第八識心，有如是三種含藏：具有能藏分段生死種子現行之功能，已經含藏分段生死現行之種子，並且牢牢地執藏如是令分段生死現行之種子，由是緣故，致令衆生常在三界六道中生死輪迴，不能休止，如是名爲阿賴耶識境界；如來早已遠離所見如是第八識之阿賴耶性之境界，乃至超過第八識之異熟性境界，轉入無垢識之究竟眞如境界。

如是能藏、所藏、執藏之體性，亦含藏一念無明等分段生死之習氣種子，是故如來絕無阿羅漢所有之種種習氣現行；早已遠離如是第八識心所現境界，是故如來之第八識不復名爲異熟識，改名無垢識，或名眞如。

第八識心亦含藏無始無明之一切上煩惱隨眠，如是上煩惱者，非是種子，唯是不能了知法界體性之究竟微細處，故名無明，非干三界分段生死，亦與一念無明之習氣種子迴異，唯可謂爲隨眠，不得謂爲種子隨眠也。諸佛如來於如是無始無明隨眠之一切極微細處，亦皆全部究竟斷盡，故其第八識心中已無一切種子可再變易轉換者，亦無一切無明隨眠，究竟清淨，第八識所含一切法種無可再變易者，故離變易生死，是故遠離衆生第八識心境界，非諸衆生所能知之。

由如是緣故，諸佛如來第八識心生起大圓鏡智；由大圓鏡智故，能與二十一心所法相應，可以逕由第八識而與衆生之七轉識，在五別境心所法境界中運作，如是而利衆生；非如等覺位以下菩薩，其第八識心唯能與五遍行心所法相應，不能與五別境心所法相應，更何況能與善十一心所法相應？由如是緣故，說諸佛如來超過衆生之第八識心境界，尚非等覺位菩薩所能知之，何況諸地菩薩？何況不迴心之二乘無學聖人？何況諸多未悟錯悟之凡夫？云何能知？是故，諸佛如來不以自證聖智境界，而爲衆生說「諸佛如優曇缽華，時乃一現。」衆生難以了知如來之如是境界故。

云何如來之意根所見相，不可爲喻？謂如來地之意根迴異衆生之意根故。如來地之意根，已離衆生之我執相，我執永不現行；亦離我執之細相，不復有我執之習氣種子現起，亦無任何極微細之習氣種子隨眠，是故永無煩惱障之習氣現行。如來地之意根，所證之平等性智亦已圓滿具足，不復如諸地菩薩之唯有中品平等性智，亦非如初地以下及三賢位菩薩之唯有下品平等性智，更非如二乘愚人及與凡夫之完全錯會平等性智，而在世間人我之平等性上說之。譬如星雲、證嚴法師說平等性智時，往往唯在世俗法上著眼，謂應等視一切衆生，而非從親證自心如來之實證智慧上，現觀「衆生同有如來藏，各衆生之如來藏體性同等無異」之平等性上著眼而說。如是七住至初地入地心位之下品平等性智，諸大法師已難知解，何況淺學衆生？更何況諸地之平等性智及如來地之平等性智，彼等更云何能知？是故，如來地之意根所見，衆生完全無法了知，難以思議，亦難以譬喻而說之，由是緣故，世尊不以如來自證聖智之難以言傳境界，而爲衆生作如是說：「如來出世如優曇缽華，時乃一現」，如來境界難可思議故，難以譬喻故。

云何如來意識所見之相不可爲譬？謂如來之意識所見之種種法相，究竟深妙，微細究竟，衆生難以了知。譬如如來地之上品妙觀察智，究竟了知自心如來之一切種子，善能觀察一切法實相而究竟無餘，故名證得一切種智；

等覺以下菩薩所不能具知，諸地菩薩不能臆度，何況初悟之別教七住菩薩云何能知？已悟之七住菩薩尚不能臆測，何況不迴心之二乘無學聖人，尚未證得自心如來，云何能知？二乘無學聖人尚不能知，何況凡夫地之印順：等人焉能知之？是故如來意識所見之相，非諸菩薩、聲聞、緣覺、凡夫所能知之。如是境界相，甚深極甚深，不能以任何譬喻而令衆生了知，是故 世尊不以如來自證境界，而爲衆生宣示：「難得逢遇如來出世，猶如優曇鉢花時乃一現，不易值遇。」如來境界非衆生所知故，衆生難以臆想而知故，是故，若以如來境界之難思議而說如優曇鉢花之難以得見者，即爲無義，是故 世尊不以自覺聖智境界而作是說也。

「大慧！然我說譬『佛如恆沙』，無有過咎：大慧！譬如恆沙，一切魚鱉、輸收魔羅、師子、象馬、人獸踐踏；沙不念言彼惱亂我，而生妄想；自性清淨，無諸垢污」：世人無智，總於 世尊諸經文字表相上用心，總是依文解義，不肯眞參實究而瞭解 世尊眞意所在，但見 世尊說三世諸佛如恆河沙，便依文字表相而信受之；信受已，便執之不捨，以爲此說如實，而不知其中尚有種種密意，便於聽聞他人如實說法時，以先入爲主之惡見故，不能信受，大加撻伐。

然而 佛所說之譬喻——三世諸佛猶如恆河沙，如是之語實無過咎：譬如恆河沙，一切魚、鱉、龍神、獅子、大象、馬等人獸悉來踐踏之，而恆河沙不作如是念：『彼等人獸來惱亂我』，亦不因此而心生不平，不作種種虛妄想；恆河沙之自性本自如是清淨，而無種種污垢穢染。

三世如來亦復如是：眾生每多貪樂厭苦，由貪樂厭苦故，造作種種求樂離苦之行；然而正當眾生覺知心中生起貪樂厭苦之心行時，自心如來仍然本其清淨自性，而不於種種苦樂境界起諸貪愛或厭惡之心；正當眾生為求遠離世間苦受，故造作種種善惡業時，自心如來依舊本其清淨自性，不對世間苦樂境界起諸心行而造作種種善惡行。

平實繕造諸書，評論印順、昭慧、傳道與四大法師之過失，而廣流通之；正當印順、昭慧、傳道與四大法師閱讀拙著，或聞人講述平實辨正彼等之法義時，彼等覺知心中輒生種種苦受，復因苦受而生厭惡心時，彼等諸人之自心如來依舊本其清淨自性而住，不於如是苦受稍起一絲一毫貪厭之心行。彼等諸人之自心如來，於如是情境下，仍永遠不作是念：「平實居士惱亂於我，著實可惡。」其心依舊本於無始劫以來之清淨自性，而不起如是念，何況能起惡念而生瞋恚憤恨，乃至生怨生惱而設計報復之法，欲行報復？

修行人亦然，每多求淨捨垢，欲捨一切污垢境界；每多以意識心─覺知心─而作取捨，以為覺知心住於清淨無想境界，即是無住之心；殊不知覺知心一旦了知淨垢，即是取法也；了知即是取故，了知即是分別故，了知即已是住故。

末法之世，有眾多佛教中之修行人，每欲修令覺知心不動，以為保持覺知心不動時即是佛法之正修行；而不知如是修行之法，悉是修定之法，唯是制心一處爾，不能發起般若智慧也。禪宗門下說此修行之法為：冷水泡石頭，黑山鬼窟裡作活計。

今此經文中，世尊宣示正理：「一切佛如恆河沙，一切魚、鱉、龍神、牛、羊、獅子、大象、人及馬等悉來踐踏，而沙不念言：彼惱亂我。」三世如來─自心如來─亦復如是，一切眾生為諸苦所逼時，此自心如來從不念言：「一切眾生惱亂於我，一切境界惱亂於我。」仍舊依其本來自性清淨體性，而安住於性淨涅槃境界之中。

眾生亦復如是，三世如來一語即已函蓋凡夫眾生故。是故，一切凡夫眾生於他人對其惱亂時，其自心如來依舊不動於心，依舊不於如是違心之境而生瞋惱，乃至依舊不生一念而謂眾生惱亂之。是故，一切大師居士受平實評論，而起違心之覺受時，覺知心雖生惱怒，思欲報復而不可得，是故鬱悶難過時，其自心如來仍然本於無始劫以來之清淨本性而住，不曾稍起一念：「平實居士惱亂於我。」如是自性清淨心，一向與彼等大師居士同時同處，不曾稍離，日夜相伴；而彼等大師居士悉皆不能解知如是正義，每欲將虛妄而緣起之覺知心意識，經由修定之法而制心一處，妄自以為一念不生時之覺知心，即是《金剛經》所說之「應無所住而生其心」之眞實心，其實皆是誤會之想。

彼諸大師居士不了如是觀念為是妄想，更以如是邪見而教人修之，更以之為人印證為悟，致令師徒同墮大妄語中，後世難免尤重純苦長劫果報。乃至更因不能忍於平實之說如實語，更因平實之言令其頓失悟者身分，是故生怨生惱於平實，作諸無根誹謗，非唯謗於平實之人，乃至更謗於平實之法，絲毫不曾顧念平實之法實與世尊所說完全無異，都不顧念平實所說法即是世尊所弘之法。如是之人，每欲修假成眞；而不能知　世尊所說之實相心本是原已有之，非是將虛妄緣起法之意識心轉變成眞實常住之心也；如是等人，悉皆不能了知第八識自心如來本已是常住於本來自性清淨涅槃境界之中，更欲轉變意識而入住性淨涅槃中，皆是誤會《金剛經》佛語者。

所以者何？謂如是等大師居士，悉皆嚴重缺乏正知正見，不知 世尊所說八識並行之理故。是故每欲制令第六意識之覺知心不起妄念，以爲如是一念不生時即變成第八識實相心，皆墮緣起法中，實有大過，分述如下：

一者，世尊於四阿含諸經中，皆是隱說八識並行之理；於大乘諸經中，更是顯說八識並行之理。譬如大衆耳熟能詳之唯識偈：「八個兄弟共一胎，一個伶俐一個呆，五個門前作買賣，一個家裡把帳開。」此偈類似打油詩，極易背誦。此偈意謂：一切人皆是八識同時同處而共同運行，故名八個兄弟共一胎。八識之中，第七識極爲伶俐，處處思量一切法，時時思量一切法，時時決斷而處處作主，故名伶俐，即是末那識，四阿含諸經中說之爲意或意根也；至於第八識心，則於六塵境界極爲遲鈍，乃至根本已非遲鈍可形容之，實是對於六塵境界根本不曾起心動念，根本不會加以了別，根本不於六塵境界相起心動念，故名爲呆，是故偈曰：「一個伶俐一個呆」。

至於前五識，則是面對五塵外境而作觀察者，一旦覺醒現起之後，便於各人之面門上，不斷面對五塵外境（實是如來藏所顯現之內相分五塵境，然而眾生不知，以為是外五塵）作種種攝取與了別，是故偈說：「五個門前作買賣。」前五識如是攝取外境而作簡單之了別時，意識則住於內身之境界中，而依於前五識之了別，對五塵境作更細之了別，並於其中了別五塵境界上之法塵；如是詳細觀察已，然後分析思惟：應當如是，應當不如是，應當收存，應當捨棄……等；觀察分析已，方由最伶俐之意根而作取捨；如是，意識從來住於身中，而作種種觀察分析思惟等事，是故偈曰：「一個家裡把帳開。」如是一偈，人人能背誦之；人人皆能了知各人悉有八識心王並行不悖。

而今台海兩岸諸大法師、大居士竟然不能知悉，不亦怪哉！而諸學人雖亦能背誦之，及至參禪時，卻又信受諸方大師居士之胡言亂語，卻又忽忘此偈，欲將第六意識覺知心，修行轉變成第八識眞心。而諸方大師，今時因於平實之廣述意識心體性，而令大眾週知，不便再宣稱自己已經證得第八識實相心，便以不承認七八識，唯承認意識，作為手段，以令大眾不再分辨離念靈知之意識心與第八識心之異同，便不再分辨彼大法師之是否有悟。如是之人，所在多有，非唯台灣一地，大陸亦復如是。譬如河北柏林禪寺之淨慧法師作如是云：

《什麼叫做離心意識參？我們先來把心意識的含義弄清楚。「集起名心、思量名意、了別名識」。**同是一心**，而有三名，作用不同，故名心意識。集起就是生滅，因為我們這個心是生滅不停的。參公案就是不要在生滅心上用工夫，不要在思量心上（用）工夫，不要在分別心上用工夫，在沒有任何出路的情況下去參，這就叫離心意識參。離了心意識，就能做到一念不生。一念不生就是銅牆鐵壁。》（河北佛協《禪》雜誌 2002.8.15.第七十期第五頁）

然而淨慧法師大錯特錯了也，如是作為，即是**欲將六七八識併為一識**之心態也。若得成功，則大眾即不必修證第八識如來藏，則以意識心之離念無念作為證悟之境界，則大眾亦不得言淨慧法師之未悟也。然而 佛既隱說顯說人類悉有八識心王並行不悖，前舉唯識名偈中，亦復宣說八識心王並行之理，淨慧法師何得睜眼而不見耶？如上所舉開示之語，更顯示其對於佛法之無知也，謂其將六七八識心之體性混為一譚故，將六七八識心合併為一識故。

「集起名心」者，謂第八識阿賴耶心——自心如來，具有能藏、所藏、集藏之自體性；有如是性故，集藏分段生死之業種與一念無明種子，如是集藏之後，便致種種法從第八識自心如來中現行，名之爲起，故名集起心。如是集起心之體性，非是意識覺知心所有，不論覺知心之有念抑或無念，皆無如是功能，是故絕非淨慧法師所言之「以意識爲集起心」也。

復次，「思量名意」者，謂第七識心，唯識種智中說之爲末那識，四阿含中說之爲意或意根。此識自無始劫以來不曾中斷，於眠熟、悶絕、正死位、無想定中（及無想天中）、滅盡定中，悉皆不曾剎那間斷過。如是一心，無始劫以來常恆不斷，而於一切時中悉皆思量一切法，普遍緣於一切法而作思量。意識則不能普遍緣於一切法而作思量，唯能制心一處而作思量，當其思量時，則於他法難作思量；復又不恆，夜夜斷滅，於眠熟等五位中悉皆斷滅不現，是故非恆；不論是有念之意識心，或是無念之意識心，悉皆如是，絕非是「恆審思量」之心。如今淨慧法師身爲河北省佛教協會會長，卻將恆審思量之第七識心，說爲與意識心爲同一心，佛法知見之極度欠缺，無知若此，令人深覺訝異。

復次，「了別是識」者，謂第六識覺知心也，即是意識心也。然而如何是意識之了別性？淨慧法師復又不知而誤會之也，是故教人於一念不生之上用功，卻成以定爲禪之徒。覺知心一念不生時，仍然是意識心，乃至有人生於非非想天中，八萬大劫中常不起念，仍然是意識心也，不因其無念離念而轉變成實相心也。實相心乃是本與第六識覺知心同時同處之第八識集起心，焉得謂與意識心是同一心？集起心自從無始劫以來，本就不曾稍起一念而了別六塵萬法，從來不改易如是無念自性；然而離念靈知心卻是時時處處皆在了別六塵萬法，絕非離分別之心也。

譬如有人坐至一念不生之際，忽聞引磬聲，便知此聲是引磬聲，然而無妨心中依舊不起一念也；如是聞聲時即能知是引磬聲者，即已是分別也；若是眞不分別者，則不能了知此是引磬聲也。彼諸大法師、大居士等人，不能了知分別之正理，總以爲心中不起語言文字之思惟時，即是不分別心；卻不知覺知心中不起語言文字之思惟時，仍是分別心也，此覺知心現起之後，時時皆在運作五別境之心所法故，是故於六塵境悉能了知也，能了知者即是已經分別完成也。此即是意識心能離於語言文字而作了知之分別性，故說「了別爲識」。

如是，「集起爲心、思量爲意、了別爲識」者，乃是第八七六識心，共是三心，非是淨慧法師所云之「一心而有三名」，三心之體性迥異故，各自相應之心所法亦不相同故，現實修證上亦可親證其爲三心故。衡於三乘諸經所說者，莫非如是；非唯 佛語如是，一切證悟之菩薩所說，亦復完全如是無異。然而號稱「禪之故鄉」之河北省柏林禪寺淨慧法師所說者，竟將六七八識三心合而爲一，竟然公開解爲一心，乃至印於書中流通全世界，廣泛誤導衆生；淨慧法師如是所說，完全異於 佛在三乘諸經所說者，亦復異於諸菩薩在諸論中所說者，云何可謂爲眞實佛法？如是錯認意識心爲眞心者，如是錯解佛法至如是嚴重地步者，云何可以說爲住持佛法者？公開住持佛教正法之淨慧法師，公開住持趙州祖庭之淨慧法師，所說竟然迥異趙州禪師，竟然同於常見外道之知見，同認意識心爲眞實心，令人深覺訝異！

若意識心修行一念不生之境，而可以轉變成眞心，而且是永遠皆不再生起語言文字之念者，假使眞能如是成爲永遠一念不生、永遠不起煩惱之覺知心，而可以說是眞心者，則再加上原有能夠集起業種無明種之第八識眞心，顯然成爲眞心有二，則已違背實相非絕待之正理，墮入實相有二法之窘境中。

復次，實相心若非是本來已自有之，而是經由修行，將本來是緣起法之妄心意識轉變而成者，則此變成之實相心仍然是緣起法；實相心若是緣起法，顯然未來仍將隨於修行之緣散壞而復變異，必定隨之而毀壞其實相心之體性。此事乃是可以證實者：譬如淨慧法師與聖嚴法師一般，同以無念爲悟，同以一念不生之際作爲證悟實相，以離念覺知心作爲實相心，由能證得一念不生境故，自以爲悟；然於後來下座，或坐中忽聞他人呼喚時，便已了知是他人呼喚自己，不待另起語言文字之思惟而後方知，即已復變爲分別之心也。

復次，如是一念不生之境，乃是修而後成者，後時必將因於不復靜坐而毀壞之；既然後時必定毀壞，則非是常住法，則是有壞有滅之境界，云何可謂爲實相境界？譬如他人覓其議事，則淨慧、聖嚴等人心中必起語言文字，則必藉諸語言文字而與問者互答，則是已離一念不生之境界，則又成爲未悟之人。是故彼等諸人同皆錯會 佛意，誤以爲一念不生、不起語言分別時，即是禪宗般若禪之證悟。然而如是見解，名爲邪見，墮在緣起法中。

是故，諸方大師居士如是修行者，在靜坐時覺知心一念不生，或是不起煩惱妄念；然至下座之後，隨於與人言談及說法等事，便又起諸言語思惟、分析、觀察、分別等等心行，則又成爲非是證悟者。如是，有時證悟，有時非是證悟，則成變易法，變易法則必非是眞正之證悟實相法也。眞實之證悟者，悟後於一切時中皆是常住於證悟之境界中，與人言語之際、寫作佛法書籍之際、爲衆生勞累奔波之際、爲衆生廣說佛法、廣作佛事之際，皆如是住於證悟之境界中，絕無退失於悟境之事，與淨慧法師所說者迥然有異也。

何以能如是耶？謂眞悟之人，絕非以意識覺知心之一念不生而謂之爲悟，乃是以意識覺知心處在無念離念境界之中，而運作其分別性、了別性，於四威儀中尋覓同時同處之自心如來—第八識如來藏所在。覓得之後，必定於一切時中，欲見則見，不欲見之亦不消失，隨時隨地皆在，自從無始劫以來從不間斷，乃至眠熟、悶絕…等五位中，亦復悉皆明顯示現，絕未消失。由於意識覺知心存在時，必能現觀第八識自心如來之常住不斷；乃至於衆生悶絕等五位中，一切證悟者皆能眼見彼悶絕衆生之如來藏分明現前，炯無遮隱，是故，一悟永悟，無有悟後退失不見之過失。若以一念不生作爲悟境者，則違如是證境，成變易法，則非眞實之證悟也。

唯有證悟之後，因其所悟是從人而聞者，非是自參自悟者，亦因自身慧力不足，不能加以檢擇者，方有退失之事，自己不能承擔此心即是如來藏心故。然而退失而不肯承認此心即是如來藏眞心時，彼人仍然能隨時隨地而見之，從無遮隱之處。如是所悟，乃是與第六識覺知心意識心同在之第八識心，乃是本來就已存在之第八識心，乃是本來就已離念無念之離見聞覺知心，非是將第六識轉變而成者，非是將第六識意識心住於離念境界中而變成眞心者。

若如淨慧與聖嚴法師所說：是以第六識住入一念不生之境中，便可說爲實相心者；則 世尊復說同時同處有所熏之第八識集起心者，便爲無義；無義之說，即成戲論。則 世尊復於四阿含諸經中，廣說意識心之了別性，便爲無義；則 世尊於四阿含諸經中廣說能了別之意識心是緣起法，又細說其俱有依等，便爲無義；無義之說則是戲論，何須 世尊金口說之？是故，一切學人當須建立正知正見：眞實法乃是本自眞實存在之法，非是經由修行而始有者，非是經由修行而將妄心轉變而成者，非是本來緣起之法而轉變成眞實法，緣起法不可能轉變成眞實法故。

如是， 世尊既然於四阿含諸經中，處處隱說第八識法；復於大乘方廣諸經中，廣說八識心王等法；亦於般若系列諸經中，廣說第八識心之體性。則吾人當加以詳審思惟：應以藉緣而生之能了別諸法之第六識心爲眞？或以恆審思量之第七識末那識爲眞？或以從來本離見聞覺知、從來本不分別之第八識如來藏爲眞？於此細思已，則能知所進趣，則必不受淨慧與聖嚴…等師之所誤導也，則知應以親證第八識自心如來，作爲佛法般若智慧之證悟目標也。

如是而說證悟之理，一般凡夫愚人已不能了知其意；已悟之七住菩薩所證自心如來之般若智慧境界，一般人更不能知之；初地、二地…之所親證無我現觀境界，凡夫衆生更不能知；何況諸地所不能知之諸 佛自證聖智境界，彼等淨慧、聖嚴、惟覺、印順、昭慧、傳道、星雲、證嚴等人，更云何能知？由是緣故，世尊不以自證聖智境界，而爲衆生宣示：「如來出世如優曇鉢華，時乃一現。」衆生完全不能了知 世尊如是說法之意義故。不能了知之言，說之徒增誤會，是故 世尊不以自證聖智境界之緣故而說如來如優曇鉢華之難值也。如是之證境，超過等覺及諸地菩薩所知之第八識心境界故，超過衆生所知之六七識境界故；如來之證境，非唯一切凡愚不能思議，乃至諸菩薩衆亦復深覺其不可思議故。

如是，如來住世弘法時，雖然常有外道及諸凡夫衆生惱亂如來，然而如來之自心法身，從來不生妄想，不作種種念想；非唯諸如來如是，諸菩薩眾亦復如是，其第八識自性彌陀絕不因眾生惱亂而生念想；非唯諸菩薩眾如是，平實亦如是；非唯平實如是，我會中諸師、諸已悟同修亦復如是，不因眾生之惱亂故，便致其第八識自心如來起於念想；非唯我會中諸已悟者如是，乃至前來惱亂於平實之眾生，乃至前來惱亂於我會中諸證悟者之眾生亦復如是：正當彼等眾生大肆惱亂平實之際，彼眾生之自心如來亦復如是不生一切念想，自性清淨而常住於其身中，分明顯現其清淨自性；如是不曾改易其性，如是不曾隱藏其清淨心體之運作心行，如是不曾隱藏其清淨心體之離見聞覺知性。

如是惱亂於平實之眾生等人，聞平實此說已，應當慶幸自己實有如是心體等同於佛，應當速覓自己本有之如是心，不必成日裡盤腿靜坐而與腿痛對抗，以求意識心之無念離念；如是輕鬆悟得自心，不必每日時時刻刻觀察覺知心之起念與否，悟後亦不必觀察覺知心有無妄念生起；如是隨緣任運而行者，同於六祖慧能大師所說：「不斷百思想，菩提恁麼長」，豈不省便而且穩當？何須如淨慧法師與聖嚴、星雲、證嚴法師⋯等人之與妄念對抗？何須如是勞心勞力？亦是悟後永悟，永無「因爲再起一念而成爲不悟」之事，如是悟得，豈不是省事、省力底事？如是悟得，方是有智之人，所悟必同 佛說故，必定不違 佛說諸經中種種正理故。

由是緣故，所悟之心，必須是本來自性清淨之心，必須是受人惱亂而致覺知心起念想時，此心仍然是自性清淨而永無念想者；必須是無始劫以來本無念想，而悟後之未來無量劫中亦是永無念想者，如是之心方是無諸垢污者。絕不可將有時有垢污，有時離垢污之意識心，錯認爲眞實心。

「如來應供等正覺，自覺聖智恆河、大力、神通、自在等沙，一切外道諸人獸等一切惱亂，如來不念而生妄想。如來寂然，無有念想；如來本願，以三昧樂安衆生故，無有惱亂，猶如恆沙等無有異；又斷貪恚故。」

如來是世間應供的無上正等正覺，如來的自覺聖智大力神通自在等恆河沙，縱使一切外道、諸人及獸等，一切衆生都來惱亂，如來也不會因此而起念、而產生虛妄之想。如來一向住於寂然之境界中，從來不起如是妄念與想法；如來由於本曾發願，要以金剛三昧來安樂衆生的緣故，所以心中無有惱亂，猶如恆河沙一般不起一切念、不起虛妄想，從這一點來說，與恆河沙是沒有差別的；而且也是因爲已經斷了貪欲與瞋恚的緣故。

「譬如恆沙，是地自性，劫盡燒時，燒一切地；而彼地大不捨自性，與火大俱生故，其餘愚夫作地燒想，而地不燒，以火因故；如是大慧！如來法身，如恆沙不壞。大慧！譬如恆沙無有限量，如來光明亦復如是無有限量，爲成熟衆生故，普照一切諸佛大衆。」

譬如恆河沙，乃是地大之自性，是故具有地大之堅硬性。住劫若盡之時，劫火燃燒一切大地；而彼恆河沙之地大雖然被燒，仍未捨棄地大之自性，只是顯示被燒之相，此因恆河沙唯是因爲被燒故，而與火大同時存在之故，其地大之性實未被燒盡，仍然存在不壞。

然而彼諸愚癡衆生，心中卻產生地大被燒之想，其實地大並未被燒，只是由於火燒之『緣』爲因，故有如是火燒地大之現象，其實絕無毀壞之時。如是，如來之第八識法身，猶如恆河沙一般永不毀壞，無有一法能毀之壞之。

亦如恆河沙之數量極多，不能以數目而計數之；如來之光明亦復如是，不能以任何方法而用數目計數之。復次，如來之放光照耀者，乃是爲欲成熟衆生之學法因緣，故以光明普遍照耀一切諸佛世界，證成十方世界有諸佛存在說法之事，亦因此而令彼諸世界聞法衆生於彼世界之佛具足信心，因此而成熟彼諸衆生之善根。

「大慧！譬如恆沙，別求異沙，永不可得；如是大慧！如來應供等正覺，無生死生滅，『有』因緣斷故。大慧！譬如恆河沙，增減不可得知；如是大慧！如來智慧成熟衆生，不增不減，非身法故；身法者有壞，如來法身非是身法」：

譬如恆河沙，常住於恆河沙之自性中，永不改易其性；若有人外於恆河沙，別求其餘物質具有恆河沙如是自性者，欲成其功，殆無可能。同理，如來應供等正覺，實無生死，亦無生滅，一切三界諸『有』之因緣悉已斷除故。

亦如恆河沙其數衆多，難以計數，何況能知其增減？同理，如來雖然常住世間，而以智慧成熟衆生之學法因緣，然其自身終無增減，何以故？此謂如來非是色身之法故；一切有形有色之身，必有壞滅，然而如來之法身，本非色身之法，是故如來無滅。

若人不了佛法眞意，妄謂意識覺知心修成無念離念，而可轉變爲自性法身者，而認作即是第八識自心如來者，則此離念靈知心應與原有之第八識如來合併爲一；既屬同一識性，則必合併爲一故。譬如汽油與水，本不能相容和合，然若有法令水轉變爲汽油之體性者，則彼水轉變爲汽油體性，加入汽油之後，必定與汽油和合爲一，不可置於一處之後仍然分離爲二；意識覺知心亦然，既已轉變爲第八識實相心，則與原有之第八識實相心同時同處之際，必定會與第八識自心如來合併爲一，理必如是故。審如是者，則吾人之實相心是可合併者，則有大過，違於《心經》所說之不增不減、不生不滅故。

是故，意識恆爲意識，從來不能轉變爲第八識實相心；第八識自心如來，則永遠是第八識自心如來，永遠不能轉變爲意識心；意根永遠是意根，不可能轉變爲第六識體性，亦永遠不可能轉變爲第八識體性；是故，集起心永遠是集起心，思量心永遠是思量心，了別心永遠是了別心，其體性始終不改，猶如恆河沙之自性永遠不改易其性。是故，衆生之如來法身，永遠是第八識法性身之自性，永遠不會改變其從來離見聞覺知、從來離思量性之清淨體性，唯除究竟佛地方與21心所法相應。如是法身從來皆無生死生滅，菩薩依之漸修而至如來究竟地，一切三界有之因緣悉斷，永離分段生死及變易生死。

「如壓恆沙，油不可得；如是，一切極苦衆生逼迫如來，乃至衆生未得涅槃，不捨法界、自三昧願樂，以大悲故」：譬如燒烤壓榨恆河沙，求有油出，終無可能；同理，一切受極苦果報之衆生，以種種苦而逼迫如來時，如來終究不捨衆生，誓欲救度之；乃至若有低賤之毛蟲蠢動等生物，尚未能證得涅槃解脫境界之前，如來終究不捨一切法界衆生，始終願以所住之金剛三昧法樂，以及增上意樂之無盡願力，繼續廣度衆生，如來因地已發如是增上意樂故，如來恆有如是大悲心故。

一切極苦受之衆生，若逼迫一切有情之自心如來，一切有情之自心如來終究不動於心；平實雖造如是諸書，廣說諸方大師之嚴重過失，而令諸方大師之離念靈知心，或有念靈知心悉起大煩惱，受極大苦受；諸方大師受平實所作法義辨正之如是逼迫時，彼等之自心如來仍始終住於猶如恆河沙之自性中，絕不改易其性，始終常住於本來自性清淨涅槃之中，從來不動於心，非是任何人所能逼迫者，是故 佛說：「三世如來如恆河沙。」

「大慧！譬如恆沙隨水而流，非無水也；如是大慧！如來所說一切諸法，隨涅槃流，是故說言如恆河沙。如來不隨諸去流轉，去是壞義故；大慧！生死本際不可知，不知故，云何說去？大慧！去者斷義，而愚夫不知」：譬如恆河沙，隨水而流動，並非無水而流動也；同理，如來所說一切法，悉如恆河沙，隨於涅槃之水而流動之，由斯之故，世尊言三世諸佛如來猶如恆河沙，三世諸佛所說諸法，無不隨於恆河涅槃水而流動故。

如來不隨種種有去之法而流轉，此因『去』者即是壞滅故。今者末法時節，諸大法師居士不解涅槃，妄作斷滅之想；以爲十八界俱滅之後，無有一法能存，以如是斷滅見作爲無餘涅槃之證境。印順、昭慧、傳道、星雲、證嚴…等人所說者，即屬如是斷滅見。然印順爲離如是斷滅見故，復又施設「滅相不滅」一法，以爲十八界俱滅之後不墮斷滅之說法。然而印順其實完全不解涅槃，以爲如是斷滅境界即是無餘涅槃。而其所施設之「滅相不滅」說，唯是名相施設，焉得作爲無餘涅槃之本際？故說印順、昭慧、傳道、星雲、證嚴…等人非是隨於涅槃流者，乃是墮於斷滅見者。斷滅見則非眞實佛法，是斷見外道法故。

必也親證本自存在而永無刹那間斷之常住法，此法從來離見聞覺知，從來離一切法之思量，從來不了別一切六塵萬法，是故由此常住之心，能令彼從來不能執持業種之末那識意根夜夜不斷，於悶絕等五位中悉皆不斷，故能以此爲緣，而於次晨由自心如來中復生意識覺知心之了別性，方得成就世間與出世間萬法。若無如是常住不壞之法，衆人之覺知心於眠熟之際則斷，斷已則是無法，無法之中焉能於次晨復生覺知心等法？

涅槃之理亦然，若無常住不斷、不間之法，則十八界俱滅已，應成斷滅，不得謂爲非斷滅也；「滅相」乃是已滅之法，不得謂爲非滅也；滅相乃是依緣起法之十八界法消滅而言故，十八界法消滅已，何得有滅相之法爲不滅者？此說邪謬。譬如有人言：「吾有千萬台幣，而台幣是緣起法，必有滅時；既如是，吾今先行滅之，以火燒之，燒已悉滅；然而千萬台幣燒滅之後，其滅相不滅，所以吾今擁有千萬台幣之滅相，他人悉不能奪。」印順亦復如是幼稚無知，以此觀念上之滅相作爲不滅者；而不知滅相依蘊處界而有，蘊處界既滅已，滅相亦無復存在；唯是人未死之前所分別之名相爾，滅相非是實相法故，滅相是施設之虛相法故，性空唯名故。

由是正理，說印順完全不懂佛法正義，佛所說涅槃非是斷滅法故，有去者即是斷滅法故，滅相即是有去之法故，印順所說者乃是有去之法故，以斷滅之滅相爲涅槃故。佛所開示之涅槃乃是不生不滅之法故，三乘諸經中悉如是說故。是故，世尊所說「三世諸佛如恆河沙」之說者，乃是依涅槃恆河水而說者，而諸如來不隨壞滅之法，諸如來不來亦不去，去者即是壞滅之義；涅槃非是壞滅之法故，涅槃者即是第八識自心如來自住境界故。

復次，生死之本際，非是可知之法；由於不可知之緣故，如何可言如來是有去之法？若是有去之法，即墮斷滅見中；是故，去者即是斷滅之意，然而愚癡凡夫悉皆不能瞭解如是正理。

大慧白佛言：「世尊！若衆生生死本際不可知者，云何解脫可知？」佛告大慧：「無始虛偽過惡妄想習氣因滅，自心現，知外義，妄想身轉，解脫不滅。是故無邊，非都無所有；爲彼妄想，作無邊等異名。觀察內外，離於妄想，無異衆生；智及爾燄、一切諸法，悉皆寂靜。不識自心現妄想，故妄想生，若識則滅。」爾時世尊欲重宣此義而說偈言：

觀察諸導師，猶如恆河沙，不壞亦不去，亦復不究竟，是則爲平等。

觀察諸如來，猶如恆沙等，悉離一切過，隨流而性常，是則佛正覺。

疏：待續於第十輯中詳解。

佛菩提二主要道次第概要表——二道並修，以外無別佛法

佛菩提道——大菩提道

遠波羅蜜多

十信位修集信心——一劫乃至一萬劫

資糧位

初住位修集布施功德（以財施爲主）。

二住位修集持戒功德。

三住位修集忍辱功德。

四住位修集精進功德。

五住位修集禪定功德。

六住位修集般若功德（熏習般若中觀及斷我見，加行位也）。

外門廣修六度萬行

見道位

七住位明心般若正觀現前，親證本來自性清淨涅槃。

八住位起於一切法現觀般若中道。漸除性障。

十住位眼見佛性，世界如幻觀成就。

一至十行位，於廣行六度萬行中，依般若中道慧，現觀陰處界猶如陽焰，至第十行滿心位，陽焰觀成就。

一至十迴向位熏習一切種智；修除性障，唯留最後一分思惑不斷。第十迴向滿心位成就菩薩道如夢觀。

內門廣修六度萬行

初地：第十迴向位滿心時，成就道種智一分（八識心王一一親證後，領受五法、三自性、七種第一義、七種性自性、二種無我法）復由勇發十無盡願，成通達位菩薩。復又永伏性障而不具斷，能證慧解脫而不取證，由大願故留惑潤生。此地主修法施波羅蜜多及百法明門。證「猶如鏡像」現觀，故滿初地心。

二地：初地功德滿足以後，再成就道種智一分而入二地；主修戒波羅蜜多及一切種智。滿心位成就「猶如光影」現觀，戒行自然清淨。

解脫道：二乘菩提

→ 斷三縛結，成初果解脫

→ 薄貪瞋癡，成二果解脫

→ 斷五下分結，成三果解脫

入地前的四加行令煩惱障現行悉斷，成四果解脫，留惑潤生。分段生死已斷，煩惱障習氣種子開始斷除，兼斷無始無明上煩惱。

圓滿成就究竟佛果

佛子蕭平實 謹製
（二〇〇九、〇二 修訂）
（二〇一二、〇二 增補）

近波羅蜜多

三地：二地滿心再證道種智一分，故入三地。此地主修忍波羅蜜多及四禪八定、四無量心、五神通。能成就俱解脫果而不取證，留惑潤生。滿心位成就「猶如谷響」現觀及無漏妙定意生身。

四地：由三地再證道種智一分故入四地。主修精進波羅蜜多，於此土及他方世界廣度有緣，無有疲倦。進修一切種智，滿心位成就「如水中月」現觀。

五地：由四地再證道種智一分故入五地。主修禪定波羅蜜多及一切種智，斷除下乘涅槃貪。滿心位成就「變化所成」現觀。

修道位

六地：由五地再證道種智一分故入六地。此地主修般若波羅蜜多——依道種智現觀十二因緣一一有支及意生身化身，皆自心眞如變化所現，「非有似有」，成就細相觀，不由加行而自然證得滅盡定，成俱解脫大乘無學。

七地：由六地「非有似有」現觀，再證道種智一分故入七地。此地主修一切種智及方便波羅蜜多，由重觀十二有支一一支中之流轉門及還滅門一切細相，成就方便善巧，念念隨入滅盡定。滿心位證得「如犍闥婆城」現觀。

七地滿心斷除故意保留之最後一分思惑時，煩惱障所攝色、受、想三陰有漏習氣種子全部斷盡。

大波羅蜜多

八地：由七地極細相觀成就故再證道種智一分而入八地。此地主修一切種智及願波羅蜜多。至滿心位純無相觀任運恆起，故於相土自在，滿心位復證「如實覺知諸法相意生身」故。

九地：由八地再證道種智一分故入九地。主修力波羅蜜多及一切種智，成就四無礙，滿心位證得「種類俱生無行作意生身」。

十地：由九地再證道種智一分故入此地。此地主修一切種智——智波羅蜜多。滿心位起大法智雲，及現起大法智雲所含藏種種功德，成受職菩薩。

等覺：由十地道種智成就故入此地。此地應修一切種智，圓滿等覺地無生法忍；於百劫中修集極廣大福德，以之圓滿三十二大人相及無量隨形好。

煩惱障所攝行、識二陰無漏習氣種子任運漸斷，所知障所攝上煩惱任運漸斷。

圓滿波羅蜜多

究竟位

妙覺：示現受生人間已斷盡煩惱障一切習氣種子，並斷盡所知障一切隨眠，永斷變易生死無明，成就大般涅槃，四智圓明。人間捨壽後，報身常住色究竟天利樂十方地上菩薩；以諸化身利樂有情，永無盡期，成就究竟佛道。

斷盡變易生死成就大般涅槃

佛教正覺同修會〈修學佛道次第表〉

第一階段

* 以憶佛及拜佛方式修習動中定力。
* 學第一義佛法及禪法知見。
* 無相拜佛功夫成就。
* 具備一念相續功夫—動靜中皆能看話頭。
* 努力培植福德資糧，勤修三福淨業。

第二階段

* 參話頭，參公案。
* 開悟明心，一片悟境。
* 鍛鍊功夫求見佛性。
* 眼見佛性〈餘五根亦如是〉親見世界如幻，成就如幻觀。
* 學習禪門差別智。
* 深入第一義經典。
* 修除性障及隨分修學禪定。
* 修證十行位陽焰觀。

第三階段

* 學一切種智真實正理—楞伽經、解深密經、成唯識論…。
* 參究末後句。
* 解悟末後句。
* 透牢關—親自體驗所悟末後句境界，親見實相，無得無失。
* 救護一切衆生迴向正道。護持了義正法，修證十迴向位如夢觀。
* 發十無盡願，修習百法明門，親證猶如鏡像現觀。
* 修除五蓋，發起禪定。持一切善法戒。親證猶如光影現觀。
* 進修四禪八定、四無量心、五神通。進修大乘種智，求證猶如谷響現觀。

佛教正覺同修會 共修現況 及 招生公告 2020/05/03

一、共修現況：（請在共修時間來電，以免無人接聽。）

台北正覺講堂 103 台北市承德路三段 277 號九樓 捷運淡水線圓山站旁 Tel..**總機** 02-25957295（晚上）（**分機：九樓**辦公室 10、11；知客櫃檯 12、13。 **十樓**知客櫃檯 15、16；書局櫃檯 14。 **五樓**辦公室 18；知客櫃檯 19。**二樓**辦公室 20；知客櫃檯 21。）
Fax..25954493

第一講堂 台北市承德路三段 277 號九樓

禪淨班：週一晚班、週三晚班、週四晚班、週五晚班、週六下午班、週六上午班（共修期間二年半，全程免費。皆須報名建立學籍後始可參加共修，欲報名者詳見本公告末頁。）

增上班：瑜伽師地論詳解：單週六晚班。雙週六晚班（重播班）。17.50～20.50。平實導師講解，2003 年 2 月開講至今，僅限已明心之會員參加。

禪門差別智：每月第一週日全天 平實導師主講（事冗暫停）。

不退轉法輪經詳解 本經所說妙法極爲甚深難解，時至末法，已然無有知者；而其甚深絕妙之法，流傳至今依舊多人可證，顯示佛法眞是義學而非玄談，其中甚深極妙令人拍案稱絕之第一義諦妙義。已於 2019 年元月底開講，由平實導師詳解。每逢週二晚上開講，第一至第六講堂都可同時聽聞，歡迎菩薩種性學人，攜眷共同參與此殊勝法會現場聞法，不限制聽講資格。本會學員憑上課證進入第一至第四講堂聽講，會外學人請以身分證件換證進入聽講（此爲大樓管理處安全管理規定之要求，敬請諒解）；第五及第六講堂（B1、B2）對外開放，不需出示任何證件，請由大樓側門直接進入。

第二講堂 台北市承德路三段 267 號十樓。

不退轉法輪經詳解：平實導師講解。每週二 18.50~20.50 影像音聲即時傳輸

禪淨班：週一晚班。

進階班：週三晚班、週四晚班、週五晚班、週六早班、週六下午班。禪淨班結業後轉入共修。

第三講堂 台北市承德路三段 277 號五樓。

不退轉法輪經詳解：平實導師講解。每週二 18.50~20.50 影像音聲即時傳輸

禪淨班：週六下午班。

進階班：週一晚班、週三晚班、週四晚班、週五晚班。

第四講堂 台北市承德路三段 267 號二樓。

不退轉法輪經詳解：平實導師講解。每週二 18.50~20.50 影像音聲即時傳輸

進階班：週一晚班、週三晚班、週四晚班（禪淨班結業後轉入共修）。

第五、第六講堂

不退轉法輪經詳解：平實導師講解。每週二 18.50~20.50 影像音聲即時傳

輪。第五、第六講堂為**開放式講堂**，不需以身分證件換證即可進入聽講，台北市承德路三段 267 號地下一樓、地下二樓。每逢週二晚上講經時段開放給會外人士自由聽經，請由大樓側面梯階逕行進入聽講。**聽講者請尊重講者的著作權及肖像權，請勿錄音錄影，以免違法；若有錄音錄影被查獲者，將依法處理**。

念佛班 每週日晚上，第六講堂共修（B2），一切求生極樂世界的三寶弟子皆可參加，不限制共修資格。

進階班：週一晚班、週三晚班、週四晚班。

正覺祖師堂 桃園市大溪區美華里信義路 650 巷坑底 5 之 6 號（台 3 號省道 34 公里處 妙法寺對面斜坡道進入）電話 03-3886110 傳眞 03-3881692 本堂供奉 克勤圓悟大師，專供會員每年四月、十月各三次精進禪三共修，兼作本會出家菩薩掛單常住之用。開放參訪日期請參見本會公告。教內共修團體或道場，得另申請其餘時間作團體參訪，務請事先與常住確定日期，以便安排常住菩薩接引導覽，亦免妨礙常住菩薩之日常作息及修行。

桃園正覺講堂（第一、第二講堂）：桃園市介壽路 286、288 號 10 樓（陽明運動公園對面）電話：03-3749363（請於共修時聯繫，或與台北聯繫）

禪淨班：週一晚班（1）、週一晚班（2）、週三晚班、週四晚班、週五晚班。

進階班：週四晚班、週五晚班、週六上午班。

增上班：雙週六晚班（增上重播班）。

不退轉法輪經詳解：平實導師講解。每週二晚上，以台北正覺講堂所錄 DVD 放映；歡迎會外學人共同聽講，不需出示身分證件。

新竹正覺講堂 新竹市東光路 55 號二樓之一 電話 03-5724297（晚上）

第一講堂：

禪淨班：週五晚班。

進階班：週三晚班、週四晚班、週六上午班（由禪淨班結業後轉入共修）。

增上班：單週六晚班。雙週六晚班（重播班）。

不退轉法輪經詳解：平實導師講解。每週二晚上，以台北正覺講堂所錄 DVD 放映。歡迎會外學人共同聽講，不需出示身分證件。

第二講堂：

禪淨班：週一晚班、週三晚班、週四晚班、週六上午班。

不退轉法輪經詳解：每週二晚上與第一講堂同步播放講經 DVD。

第三、第四講堂：裝修完畢，即將開放。

台中正覺講堂 04-23816090（晚上）

第一講堂 台中市南屯區五權西路二段 666 號 13 樓之四（國泰世華銀行樓上。鄰近縣市經第一高速公路前來者，由五權西路交流道可以快速到達，大樓旁有停車場，對面有素食館）。

禪淨班：週四晚班、週五晚班。

進階班：週一晚班、週三晚班、週六上午班（由禪淨班結業後轉入共修）。

增上班：單週六晚班。雙週六晚班（重播班）。

不退轉法輪經詳解：平實導師講解。每週二晚上，以台北正覺講堂所錄 DVD 放映。歡迎會外學人共同聽講，不需出示身分證件。

第二講堂　台中市南屯區五權西路二段 666 號 4 樓

禪淨班：週一晚班、週三晚班。

第三講堂台中市南屯區五權西路二段 666 號 4 樓

禪淨班：週一晚班。

第四講堂台中市南屯區五權西路二段 666 號 4 樓。

進階班：週一晚班、週四晚班、週六上午班。由禪淨班結業後轉入共修。

不退轉法輪經詳解：每週二晚上與第一講堂同步播放講經 DVD。

嘉義正覺講堂　嘉義市友愛路 288 號八樓之一　電話：05-2318228

第一講堂：

禪淨班：週四晚班、週五晚班、週六上午班。

進階班：週一晚班、週三晚班（由禪淨班結業後轉入共修）。

增上班：單週六晚班。雙週六晚班（重播班）。

不退轉法輪經詳解：平實導師講解。每週二晚上，以台北正覺講堂所錄 DVD 放映。歡迎會外學人共同聽講，不需出示身分證件。

第二講堂　嘉義市友愛路 288 號八樓之二。

第三講堂　嘉義市友愛路 288 號四樓之七。

禪淨班：週一晚班、週三晚班。

台南正覺講堂

第一講堂　台南市西門路四段 15 號 4 樓。06-2820541（晚上）

禪淨班：週一晚班、週三晚班、週四晚班、週五晚班、週六下午班。

增上班：單週六晚班。雙週六晚班（重播班）。

第二講堂　台南市西門路四段 15 號 3 樓。

不退轉法輪經詳解：每週二晚上與第三講堂同步播放講經 DVD。

第三講堂　台南市西門路四段 15 號 3 樓。

進階班：週一晚班、週三晚班、週四晚班、週五晚班（由禪淨班結業後轉入共修）。

不退轉法輪經詳解：平實導師講解。每週二晚上，以台北正覺講堂所錄 DVD 放映。歡迎會外學人共同聽講，不需出示身分證件。。

高雄正覺講堂　高雄市新興區中正三路 45 號五樓 07-2234248（晚上）

第一講堂（五樓）：

禪淨班：週一晚班、週三晚班、週四晚班、週五晚班、週六上午班。

增上班：單週六晚班。雙週六晚班（重播班）。

不退轉法輪經詳解：平實導師講解。每週二晚上，以台北正覺講堂所錄 DVD 放映。歡迎會外學人共同聽講，不需出示身分證件。

第二講堂（四樓）：

進階班：週三晚班、週四晚班、週六上午班（由禪淨班結業後轉入共修）。

不退轉法輪經詳解：每週二晚上與第一講堂同步播放講經 DVD。

第三講堂（三樓）：

進階班：週四晚班（由禪淨班結業後轉入共修）。

香港正覺講堂

九龍觀塘，成業街 10 號，電訊一代廣場 27 樓 E 室。

（觀塘地鐵站 B1 出口，步行約 4 分鐘）。電話：(852) 23262231

英文地址：Unit E，27th Floor, TG Place, 10 Shing Yip Street, Kwun Tong, Kowloon

禪淨班：雙週六下午班、雙週日下午班、單週六下午班、單週日下午班

進階班：雙週五晚上班、雙週日早上班（由禪淨班結業後轉入共修）。

增上班：每月第一週週日，以台北增上班課程錄成 DVD 放映之。

增上重播班：每月第一週週六，以台北增上班課程錄成 DVD 放映之。

大法鼓經詳解：平實導師講解。每週六、日 19:00～21:00，以台北正覺講堂所錄 DVD 放映；歡迎會外學人共同聽講，不需出示身分證件。

美國洛杉磯正覺講堂　☆已遷移新址☆

825 S. Lemon Ave Diamond Bar, CA 91789 U.S.A.

Tel. (909) 595-5222（請於週六 9:00~18:00 之間聯繫）

Cell. (626) 454-0607

禪淨班：每逢週末 16：00~18：00 上課。

進階班：每逢週末上午 10：00~12：00 上課。

不退轉法輪經詳解：平實導師講解。每週六下午 13：30~15：30 以台北所錄 DVD 放映。歡迎各界人士共享第一義諦無上法益，不需報名。

二、招生公告　**本會台北講堂及全省各講堂、香港講堂，每逢四月、十月下旬開新班，每週共修一次**（每次二小時。開課日起三個月內仍可插班）；**但美國洛杉磯共修處之禪淨班得隨時插班共修。各班共修期間皆爲二年半，全程免費，欲參加者請向本會函索報名表**（各共修處皆於共修時間方有人執事，非共修時間請勿電詢或前來洽詢、請書），**或直接從本會官方網站(http://www.enlighten.org.tw/newsflash/class)或成佛之道網站下載報名表**。共修期滿時，若經報名禪三審核通過者，可參加四天三夜之禪三精進共修，有機會明心、取證如來藏，發起般若實相智慧，成爲實義菩薩，脫離凡夫菩薩位。

三、新春禮佛祈福 農曆**年假**期間停止共修：自農曆新年前七天起停止共修與弘法，正月 8 日起回復共修、弘法事務。新春期間正月初一～初七 9.00～17.00 開放台北講堂、正月初一~初三開放新竹、台中、嘉義、台南、高雄講堂，以及大溪禪三道場（正覺祖師堂），方便會員供佛、祈福及會外人士請書。美國洛杉磯共修處之休假時間，請逕詢該共修處。

密宗四大派修雙身法，是外道性力派的邪法；又以生滅的識陰作為常住法，是常見外道，是假的藏傳佛教。

西藏覺囊巴以他空見弘揚第八識如來藏勝法，才是真藏傳佛教

佛教正覺同修會　弘法行事表

2019/02/18

1、**禪淨班**　以無相念佛及拜佛方式修習動中定力，實證一心不亂功夫。傳授解脫道正理及第一義諦佛法，以及參禪知見。共修期間：二年六個月。每逢四月、十月開新班，詳見招生公告表。

2、**進階班**　禪淨班畢業後得轉入此班，進修更深入的佛法，期能證悟明心。各地講堂各有多班，繼續深入佛法、增長定力，悟後得轉入增上班修學道種智，期能證得無生法忍。

3、**增上班 瑜伽師地論**詳解　詳解論中所言凡夫地至佛地等 17 師之修證境界與理論，從凡夫地、聲聞地……宣演到諸地所證無生法忍、一切種智之眞實正理。由平實導師開講，每逢一、三、五週之週末晚上開示，僅限已明心之會員參加。2003 年二月開講至今，預定 2019 年講畢。

4、**不退轉法輪經**詳解　本經所說妙法極爲甚深難解，時至末法，已然無有知者；而其甚深絕妙之法，流傳至今依舊多人可證，顯示佛法眞是義學而非玄談，其中甚深極妙令人拍案稱絕之第一義諦妙義。已於 2019 年元月底開講，由平實導師詳解。不限制聽講資格。

5、**精進禪三**　主三和尚：平實導師。於四天三夜中，以克勤圓悟大師及大慧宗杲之禪風，施設機鋒與小參、公案密意之開示，幫助會員剋期取證，親證不生不滅之眞實心——人人本有之如來藏。每年四月、十月各舉辦三個梯次；平實導師主持。僅限本會會員參加禪淨班共修期滿，報名審核通過者，方可參加。並選擇會中定力、慧力、福德三條件皆已具足之已明心會員，給以指引，令得眼見自己無形無相之佛性遍佈山河大地，眞實而無障礙，得以肉眼現觀世界身心悉皆如幻，具足成就如幻觀，圓滿十住菩薩之證境。

6、**阿含經**詳解　選擇重要之阿含部經典，依無餘涅槃之實際而加以詳解，令大眾得以現觀諸法緣起性空，亦復不墮斷滅見中，顯示經中所隱說之涅槃實際—如來藏—確實已於四阿含中隱說；令大眾得以聞後觀行，確實斷除我見乃至我執，證得**見到**眞現觀，乃至**身證**……等眞現觀；已得大乘或二乘見道者，亦可由此聞熏及聞後之觀行，除斷我所之貪著，成就慧解脫果。由平實導師詳解。不限制聽講資格。

7、**解深密經**詳解　重講本經之目的，在於令諸已悟之人明解大乘法道之成佛次第，以及悟後進修一切種智之內涵，確實證知三種自性性，並得據此證解七眞如、十眞如等正理。每逢週二 18.50~20.50 開示，由平實導師詳解。將於《**不退轉法輪經**》講畢後開講。不限制聽講資格。

8、**成唯識論**詳解　詳解一切種智眞實正理，詳細剖析一切種智之微細深妙廣大正理；並加以舉例說明，使已悟之會員深入體驗所證如來藏之微密行相；及證驗見分相分與所生一切法，皆由如來藏—阿賴耶識—直接或展轉而生，因此證知一切法無我，證知無餘涅槃之本際。將於增上班《瑜伽師地論》講畢後，由平實導師重講。僅限已明心之會員參加。

9、**精選如來藏系經典**詳解　精選如來藏系經典一部，詳細解說，以此完全印證會員所悟如來藏之眞實，得入不退轉住。另行擇期詳細解說之，由平實導師講解。僅限已明心之會員參加。

10、**禪門差別智**　藉禪宗公案之微細淆訛難知難解之處，加以宣說及剖析，以增進明心、見性之功德，啓發差別智，建立擇法眼。每月第一週日全天，由平實導師開示，僅限破參明心後，復又眼見佛性者參加（事冗暫停）。

11、**枯木禪**　先講智者大師的《小止觀》，後說《釋禪波羅蜜》，詳解四禪八定之修證理論與實修方法，細述一般學人修定之邪見與岔路，及對禪定證境之誤會，消除枉用功夫、浪費生命之現象。已悟般若者，可以藉此而實修初禪，進入大乘通教及聲聞教的三果心解脫境界，配合應有的大福德及後得無分別智、十無盡願，即可進入初地心中。親教師：平實導師。未來緣熟時將於正覺寺開講。不限制聽講資格。

註：本會例行年假，自 2004 年起，改爲每年農曆新年前七天開始停息弘法事務及共修課程，農曆正月 8 日回復所有共修及弘法事務。新春期間（每日 9.00~17.00）開放台北講堂，方便會員禮佛祈福及會外人士請書。大溪區的正覺祖師堂，開放參訪時間，詳見〈正覺電子報〉或成佛之道網站。本表得因時節因緣需要而隨時修改之，不另作通知。

佛教正覺同修會　贈閱書籍 目錄　2018/10/20

1.**無相念佛**　平實導師著　回郵 36 元
2.**念佛三昧修學次第**　平實導師述著　回郵 52 元
3.**正法眼藏—護法集**　平實導師述著　回郵 76 元
4.**真假開悟簡易辨正法&佛子之省思**　平實導師著　回郵 26 元
5.**生命實相之辨正**　平實導師著　回郵 31 元
6.**如何契入念佛法門**（附：印順法師否定極樂世界）平實導師著　回郵 26 元
7.**平實書箋**—答元覽居士書　平實導師著　回郵 52 元
8.**三乘唯識**—如來藏系經律彙編　平實導師編　回郵 80 元
（精裝本　長 27 cm　寬 21 cm　高 7.5 cm　重 2.8 公斤）
9.**三時繫念全集**—修正本　回郵掛號 52 元（長 26.5 cm×寬 19 cm）
10.**明心與初地**　平實導師述　回郵 31 元
11.**邪見與佛法**　平實導師述著　回郵 36 元
12.**甘露法雨**　平實導師述　回郵 36 元
13.**我與無我**　平實導師述　回郵 36 元
14.**學佛之心態**—修正錯誤之學佛心態始能與正法相應　孫正德老師著　回郵52元
附錄：平實導師著《**略說八、九識並存…等之過失**》
15.**大乘無我觀**—《悟前與悟後》別說　平實導師述著　回郵 36 元
16.**佛教之危機**—中國台灣地區現代佛教之真相（附錄：公案拈提六則）
平實導師著　回郵 52 元
17.**燈　影**—燈下黑（覆「求教後學」來函等）　平實導師著　回郵 76 元
18.**護法與毀法**—覆上平居士與徐恒志居士網站毀法二文
張正圜老師著　回郵 76 元
19.**淨土聖道**—兼評**選擇本願念佛**　正德老師著　由正覺同修會購贈　回郵52元
20.**辨唯識性相**—對「紫蓮心海《辯唯識性相》書中否定阿賴耶識」之回應
正覺同修會 台南共修處法義組 著　回郵 52 元
21.**假如來藏**—對法蓮法師《如來藏與阿賴耶識》書中否定阿賴耶識之回應
正覺同修會 台南共修處法義組 著　回郵 76 元
22.**入不二門**—公案拈提集錦 第一輯（於平實導師公案拈提諸書中選錄約二十則，
合輯爲一冊流通之）平實導師著　回郵 52 元
23.**真假邪說**—西藏密宗索達吉喇嘛《破除邪說論》真是邪說
釋正安法師著　上、下冊回郵各 52 元
24.**真假開悟**—真如、如來藏、阿賴耶識間之關係　平實導師述著　回郵 76 元
25.**真假禪和**—辨正釋傳聖之謗法謬說　孫正德老師著　回郵 76 元
26.**眼見佛性**—駁慧廣法師**眼見佛性的含義**文中謬說
游正光老師著　回郵 52 元

27.**普門自在**—公案拈提集錦 第二輯（於平實導師公案拈提諸書中選錄約二十則，合輯爲一冊流通之）平實導師著　回郵 52 元

28.**印順法師的悲哀**—以現代禪的質疑為線索　恒毓博士著　回郵 52 元

29.**識蘊真義**—現觀識蘊內涵、取證初果、親斷三縛結之具體行門。

—依《成唯識論》及《惟識述記》正義，略顯安慧《大乘廣五蘊論》之邪謬

平實導師著　回郵 76 元

30.**正覺電子報** 各期紙版本　免附回郵　每次最多函索三期或三本。

（已無存書之較早各期，不另增印贈閱）

31.**現代人應有的宗教觀**　蔡正禮老師 著　回郵 31 元

32.**遠惑趣道**—正覺電子報般若信箱問答錄　第一輯　回郵 52 元

33.**遠惑趣道**—正覺電子報般若信箱問答錄　第二輯　回郵 52 元

34.**確保您的權益**—器官捐贈應注意自我保護　游正光老師 著　回郵 31 元

35.**正覺教團電視弘法三乘菩提 DVD 光碟（一）**

由正覺教團多位親教師共同講述錄製 DVD 8 片，MP3 一片，共 9 片。有二大講題：一爲「三乘菩提之意涵」，二爲「學佛的正知見」。內容精闢，深入淺出，精彩絕倫，幫助大眾快速建立三乘法道的正知見，免被外道邪見所誤導。有志修學三乘佛法之學人不可不看。（製作工本費 100 元，回郵 52 元）

36.**正覺教團電視弘法 DVD 專輯（二）**

總有二大講題：一爲「三乘菩提之念佛法門」，一爲「學佛正知見（第二篇）」，由正覺教團多位親教師輪番講述，內容詳細闡述如何修學念佛法門、實證念佛三昧，以及學佛應具有的正確知見，可以幫助發願往生西方極樂淨土之學人，得以把握往生，更可令學人快速建立三乘法道的正知見，免於被外道邪見所誤導。有志修學三乘佛法之學人不可不看。（一套 17 片，工本費 160 元。回郵 76 元）

37.**喇嘛性世界**—揭開假藏傳佛教譚崔瑜伽的面紗　張善思 等人合著

由正覺同修會購贈　回郵 52 元

38.**假藏傳佛教的神話**—性、謊言、喇嘛教　張正玄教授編著

由正覺同修會購贈　回郵 52 元

39.**隨　緣**—理隨緣與事隨緣　平實導師述　回郵 52 元。

40.**學佛的覺醒**　正枝居士 著　回郵 52 元

41.**導師之真實義**　蔡正禮老師 著　回郵 31 元

42.**淺談達賴喇嘛之雙身法**—兼論解讀「密續」之達文西密碼

吳明芷居士 著　回郵 31 元

43.**魔界轉世**　張正玄居士 著　回郵 31 元

44.**一貫道與開悟**　蔡正禮老師 著　回郵 31 元

45.**博愛**—愛盡天下女人　正覺教育基金會 編印　回郵 36 元

46.**意識虛妄經教彙編**—實證解脫道的關鍵經文　正覺同修會編印　回郵 36 元

47.**邪箭囈語**—破斥藏密外道多識仁波切《破魔金剛箭雨論》之邪説
陸正元老師著　上、下冊回郵各 52 元

48.**真假沙門**—依 佛聖教闡釋佛教僧寶之定義
蔡正禮老師著　俟正覺電子報連載後結集出版

49.**真假禪宗**—藉評論釋性廣《印順導師對變質禪法之批判及對禪宗之肯定》以顯示真假禪宗
附論一：凡夫知見 無助於佛法之信解行證
附論二：世間與出世間一切法皆從如來藏實際而生而顯
余正偉老師著　俟正覺電子報連載後結集出版　回郵未定

★ 上列贈書之郵資，係台灣本島地區郵資，大陸、港、澳地區及外國地區，請另計酌增（大陸、港、澳、國外地區之郵票不許通用）。尚未出版之書，請勿先寄來郵資，以免增加作業煩擾。

★ 本目錄若有變動，唯於後印之書籍及「成佛之道」網站上修正公佈之，不另行個別通知。

函索書籍請寄：佛教正覺同修會　103 台北市承德路 3 段 277 號 9 樓
台灣地區函索書籍者請附寄郵票，無時間購買郵票者可以等值現金抵用，但不接受郵政劃撥、支票、匯票。大陸地區得以人民幣計算，國外地區請以美元計算（請勿寄來當地郵票，在台灣地區不能使用）。欲以掛號寄遞者，請另附掛號郵資。

親自索閱：正覺同修會各共修處。　★請於共修時間前往取書，餘時無人在道場，請勿前往索取；共修時間與地點，詳見書末正覺同修會共修現況表（以近期之共修現況表爲準）。

註：正智出版社發售之局版書，請向各大書局購閱。若書局之書架上已經售出而無陳列者，請向書局櫃台指定洽購；若書局不便代購者，請於正覺同修會共修時間前往各共修處請購，正智出版社已派人於共修時間送書前往各共修處流通。 郵政劃撥購書及 大陸地區 購書，請詳別頁正智出版社發售書籍目錄最後頁之説明。

成佛之道 網站：http://www.a202.idv.tw　正覺同修會已出版之結緣書籍，多已登載於 成佛之道 網站，若住外國、或住處遙遠，不便取得正覺同修會贈閱書籍者，可以從本網站閱讀及下載。　書局版之《宗通與説通》亦已上網，台灣讀者可向書局洽購，售價 300 元。《狂密與眞密》第一輯~第四輯，亦於 2003.5.1.全部於本網站登載完畢；台灣地區讀者請向書局洽購，每輯約 400 頁，售價 300 元（網站下載紙張費用較貴，容易散失，難以保存，亦較不精美）。

＊＊假藏傳佛教修雙身法，非佛教＊＊

正智出版社 籌募弘法基金發售書籍目錄 2020/07/13

1.**宗門正眼**—公案拈提 第一輯 重拈 平實導師著 500元
因重寫內容大幅度增加故，字體必須改小，並增為576頁 主文546頁。比初版更精彩、更有內容。初版《禪門摩尼寶聚》之讀者，可寄回本公司免費調換新版書。免附回郵，亦無截止期限。（2007年起，每冊附贈本公司精製公案拈提〈超意境〉CD一片。市售價格280元，多購多贈。）
2.**禪淨圓融** 平實導師著 200元（第一版舊書可換新版書。）
3.**真實如來藏** 平實導師著 400元
4.**禪—悟前與悟後** 平實導師著 上、下冊，每冊250元
5.**宗門法眼**—公案拈提 第二輯 平實導師著 500元
（2007年起，每冊附贈本公司精製公案拈提〈超意境〉CD一片）
6.**楞伽經詳解** 平實導師著 全套共10輯 每輯250元
7.**宗門道眼**—公案拈提 第三輯 平實導師著 500元
（2007年起，每冊附贈本公司精製公案拈提〈超意境〉CD一片）
8.**宗門血脈**—公案拈提 第四輯 平實導師著 500元
（2007年起，每冊附贈本公司精製公案拈提〈超意境〉CD一片）
9.**宗通與說通**—成佛之道 平實導師著 主文381頁 全書400頁售價300元
10.**宗門正道**—公案拈提 第五輯 平實導師著 500元
（2007年起，每冊附贈本公司精製公案拈提〈超意境〉CD一片）
11.**狂密與真密** 一～四輯 平實導師著 西藏密宗是人間最邪淫的宗教，本質不是佛教，只是披著佛教外衣的印度教性力派流毒的喇嘛教。此書中將西藏密宗密傳之男女雙身合修樂空雙運所有祕密與修法，毫無保留完全公開，並將全部喇嘛們所不知道的部分也一併公開。內容比大辣出版社喧騰一時的《西藏慾經》更詳細。並且函蓋藏密的所有祕密及其錯誤的中觀見、如來藏見……等，藏密的所有法義都在書中詳述、分析、辨正。每輯主文三百餘頁 每輯全書約400頁 售價每輯300元
12.**宗門正義**—公案拈提 第六輯 平實導師著 500元
（2007年起，每冊附贈本公司精製公案拈提〈超意境〉CD一片）
13.**心經密意**—心經與解脫道、佛菩提道、祖師公案之關係與密意 平實導師述 300元
14.**宗門密意**—公案拈提 第七輯 平實導師著 500元
（2007年起，每冊附贈本公司精製公案拈提〈超意境〉CD一片）
15.**淨土聖道**—兼評「選擇本願念佛」 正德老師著 200元
16.**起信論講記** 平實導師述著 共六輯 每輯三百餘頁 售價各250元
17.**優婆塞戒經講記** 平實導師述著 共八輯 每輯三百餘頁 售價各250元
18.**真假活佛**—略論附佛外道盧勝彥之邪說（對前岳靈犀網站主張「盧勝彥是證悟者」之修正） 正犀居士（岳靈犀）著 流通價140元
19.**阿含正義**—唯識學探源 平實導師著 共七輯 每輯300元

20.**超意境** CD 以平實導師公案拈提書中超越意境之頌詞，加上曲風優美的旋律，錄成令人嚮往的超意境歌曲，其中包括正覺發願文及平實導師親自譜成的黃梅調歌曲一首。詞曲雋永，殊堪翫味，可供學禪者吟詠，有助於見道。內附設計精美的彩色小冊，解說每一首詞的背景本事。每片 280 元。【每購買公案拈提書籍一冊，即贈送一片。】

21.**菩薩底憂鬱** CD 將菩薩情懷及禪宗公案寫成新詞，並製作成超越意境的優美歌曲。 1.主題曲〈菩薩底憂鬱〉，描述地後菩薩能離三界生死而迴向繼續生在人間，但因尚未斷盡習氣種子而有極深沈之憂鬱，非三賢位菩薩及二乘聖者所知，此憂鬱在七地滿心位方才斷盡；本曲之詞中所說義理極深，昔來所未曾見；此曲係以優美的情歌風格寫詞及作曲，聞者得以激發嚮往諸地菩薩境界之大心，詞、曲都非常優美，難得一見；其中勝妙義理之解說，已印在附贈之彩色小冊中。 2.以各輯公案拈提中直示禪門入處之頌文，作成各種不同曲風之超意境歌曲，值得玩味、參究；聆聽公案拈提之優美歌曲時，請同時閱讀內附之印刷精美說明小冊，可以領會超越三界的證悟境界；未悟者可以因此引發求悟之意向及疑情，眞發菩提心而邁向求悟之途，乃至因此眞實悟入般若，成眞菩薩。 3.正覺總持咒新曲，總持佛法大意；總持咒之義理，已加以解說並印在隨附之小冊中。本 CD 共有十首歌曲，長達 63 分鐘。每盒各附贈二張購書優惠券。每片 280 元。

22.**禪意無限** CD 平實導師以公案拈提書中偈頌寫成不同風格曲子，與他人所寫不同風格曲子共同錄製出版，幫助參禪人進入禪門超越意識之境界。盒中附贈彩色印製的精美解說小冊，以供聆聽時閱讀，令參禪人得以發起參禪之疑情，即有機會證悟本來面目而發起實相智慧，實證大乘菩提般若，能如實證知般若經中的眞實意。本 CD 共有十首歌曲，長達 69 分鐘，每盒各附贈二張購書優惠券。每片 280 元。

23.**我的菩提路**第一輯　釋悟圓、釋善藏等人合著　售價 300 元

24.**我的菩提路**第二輯　郭正益等人合著　售價 300 元（停售，俟改版後另行發售）

25.**我的菩提路**第三輯　王美伶等人合著　售價 300 元

26.**我的菩提路**第四輯　陳晏平等人合著　售價 300 元

27.**我的菩提路**第五輯　林慈慧等人合著　售價 300 元

28.**我的菩提路**第六輯　劉惠莉等人合著　售價 300 元

29.**鈍鳥與靈龜**—考證後代凡夫對大慧宗杲禪師的無根誹謗。

平實導師著　共 458 頁　售價 350 元

30.**維摩詰經講記**　平實導師述　共六輯　每輯三百餘頁　售價各 250 元

31.**真假外道**—破劉東亮、杜大威、釋證嚴常見外道見　正光老師著　200 元

32.**勝鬘經講記**—兼論印順《勝鬘經講記》對於《勝鬘經》之誤解。

平實導師述　共六輯　每輯三百餘頁　售價250 元

33.**楞嚴經講記** 平實導師述 共**15**輯，每輯三百餘頁 售價 300 元
34.**明心與眼見佛性**—駁慧廣〈蕭氏「眼見佛性」與「明心」之非〉文中謬說
正光老師著 共 448 頁 售價 300 元
35.**見性與看話頭** 黃正倖老師 著，本書是禪宗參禪的方法論。
內文 375 頁，全書 416 頁，售價 300 元。
36.**達賴真面目**—玩盡天下女人 白正偉老師 等著 中英對照彩色精裝大本 800 元
37.**喇嘛性世界**—揭開假藏傳佛教譚崔瑜伽的面紗 張善思 等人著 200 元
38.**假藏傳佛教的神話**—性、謊言、喇嘛教 正玄教授編著 200 元
39.**金剛經宗通** 平實導師述 共九輯 每輯售價 250 元。
40.**空行母**—性別、身分定位，以及藏傳佛教。
珍妮·坎貝爾著 呂艾倫 中譯 售價 250 元
41.**末代達賴**—性交教主的悲歌 張善思、呂艾倫、辛燕編著 售價 250 元
42.**霧峰無霧**—給哥哥的信 辨正釋印順對佛法的無量誤解
游宗明 老師著 售價 250 元
43.**霧峰無霧**—第二輯—救護佛子向正道 細說釋印順對佛法的各類誤解
游宗明 老師著 售價 250 元
44.**第七意識與第八意識？**—穿越時空「超意識」
平實導師述 每冊 300 元
45.**黯淡的達賴**—失去光彩的諾貝爾和平獎
正覺教育基金會編著 每冊 250 元
46.**童女迦葉考**—論呂凱文〈佛教輪迴思想的論述分析〉之謬。
平實導師 著 定價 180 元
47.**人間佛教**—實證者必定不悖三乘菩提
平實導師 述，定價 400 元
48.**實相經宗通** 平實導師述 共八輯 每輯 250 元
49.**真心告訴您(一)**—達賴喇嘛在幹什麼？
正覺教育基金會編著 售價 250 元
50.**中觀金鑑**—詳述應成派中觀的起源與其破法本質
孫正德老師著 分為上、中、下三冊，每冊 250 元
51.**藏傳佛教要義**—《狂密與真密》之簡體字版 平實導師 著 上、下冊
僅在大陸流通 每冊 300 元
52.**法華經講義** 平實導師述 共二十五輯 每輯 300 元
已於 2015/05/31 起開始出版，每二個月出版一輯
53.**西藏「活佛轉世」制度**—附佛、造神、世俗法
許正豐、張正玄老師合著 定價 150 元
54.**廣論三部曲** 郭正益老師著 定價 150 元
55.**真心告訴您(二)**—達賴喇嘛是佛教僧侶嗎？
—補祝達賴喇嘛八十大壽
正覺教育基金會編著 售價 300 元

56.**次法**—實證佛法前應有的條件
張善思居士著　分為上、下二冊，每冊 250 元
57.**涅槃**—解說四種涅槃之實證及內涵　平實導師著 上、下冊 各 350 元
58.**山法**—西藏關於他空與佛藏之根本論
篤補巴・喜饒堅贊著　　傑弗里・霍普金斯英譯
張火慶教授、張志成、呂艾倫等中譯　精裝大本 1200 元
59.**假鋒虛焰金剛乘**—揭示顯密正理，兼破索達吉師徒《般若鋒兮金剛焰》
釋正安法師著 簡體字版 即將出版 售價未定
60.**廣論之平議**—宗喀巴《菩提道次第廣論》之平議　正雄居士著
約二或三輯　俟正覺電子報連載後結集出版　書價未定
61.**菩薩學處**—菩薩四攝六度之要義　陸正元老師著　出版日期未定。
62.**八識規矩頌**詳解　○○居士 註解　出版日期另訂　書價未定。
63.**印度佛教史**—法義與考證。依法義史實評論印順《印度佛教思想史、佛教史地考論》之謬說　正偉老師著　出版日期未定　書價未定
64.**中國佛教史**—依中國佛教正法史實而論。○○老師 著　書價未定。
65.**中論正義**—釋龍樹菩薩《中論》頌正理。
孫正德老師著　出版日期未定　書價未定
66.**中觀正義**—註解平實導師《中論正義頌》。
○○法師（居士）著　出版日期未定　書價未定
67.**佛藏經講記**　平實導師述　已於 2019 年 7 月 31 日出版　共 21 輯，每二個月出版一輯，每輯 300 元。
68.**阿含經講記**—將選錄四阿含中數部重要經典全經講解之，講後整理出版。
平實導師述　約二輯　每輯 300 元　出版日期未定
69.**寶積經講記**　平實導師述　每輯三百餘頁 優惠價 300 元 出版日期未定
70.**解深密經講記**　平實導師述 約四輯　將於重講後整理出版
71.**成唯識論略解**　平實導師著　五～六輯　每輯300 元　出版日期未定
72.**修習止觀坐禪法要講記**　平實導師述　每輯三百餘頁
將於正覺寺建成後重講、以講記逐輯出版　出版日期未定
73.**無門關**—《無門關》公案拈提　平實導師著　出版日期未定
74.**中觀再論**—兼述印順《中觀今論》謬誤之平議。正光老師著 出版日期未定
75.**輪迴與超度**—佛教超度法會之真義。
○○法師（居士）著　出版日期未定　書價未定
76.**《釋摩訶衍論》平議**—對偽稱龍樹所造《釋摩訶衍論》之平議
○○法師（居士）著　出版日期未定　書價未定
77.**正覺發願文**註解—以真實大願為因 得證菩提
正德老師著　出版日期未定　書價未定
78.**正覺總持咒**—佛法之總持　正圜老師著　出版日期未定　書價未定
79.**三自性**—依四食、五蘊、十二因緣、十八界法，說三性三無性。
作者未定　出版日期未定

80.**道品**—從三自性說大小乘三十七道品　　作者未定　出版日期未定
81.**大乘緣起觀**—依四聖諦七真如現觀十二緣起 作者未定　出版日期未定
82.**三德**—論解脫德、法身德、般若德。　　作者未定　出版日期未定
83.**真假如來藏**—對印順《如來藏之研究》謬說之平議　作者未定 出版日期未定
84.**大乘道次第**　　作者未定　出版日期未定　書價未定
85.**四緣**—依如來藏故有四緣。　作者未定　出版日期未定
86.**空之探究**—印順《空之探究》謬誤之平議　作者未定 出版日期未定
87.**十法義**—論阿含經中十法之正義　　作者未定　出版日期未定
88.**外道見**—論述外道六十二見　　作者未定　　出版日期未定

正智出版社有限公司　書籍介紹

禪淨圓融：言淨土諸祖所未曾言，示諸宗祖師所未曾示；禪淨圓融，另闢成佛捷徑，兼顧自力他力，闡釋淨土門之速行易行道，亦同時揭櫫聖教門之速行易行道；令廣大淨土行者得免緩行難證之苦，亦令聖道門行者得以藉著淨土速行道而加快成佛之時劫。乃前無古人之超勝見地，非一般弘揚禪淨法門典籍也，先讀為快。平實導師著 200元。

宗門正眼—公案拈提第一輯：繼承克勤圜悟大師碧巖錄宗旨之禪門鉅作。先則舉示當代大法師之邪說，消弭當代禪門大師鄉愿之心態，摧破當今禪門「世俗禪」之妄談；次則旁通教法，表顯宗門正理；繼以道之次第，消弭古今狂禪；後藉言語及文字機鋒，直示宗門入處。悲智雙運，禪味十足，數百年來難得一睹之禪門鉅著也。平實導師著　500元（原初版書《禪門摩尼寶聚》，改版後補充為五百餘頁新書，總計多達二十四萬字，內容更精彩，並改名為《宗門正眼》，讀者原購初版《禪門摩尼寶聚》皆可寄回本公司免費換新，免附回郵，亦無截止期限）（2007年起，凡購買公案拈提第一輯至第七輯，每購一輯皆贈送本公司精製公案拈提〈超意境〉CD一片，市售價格280元，多購多贈）。

禪—悟前與悟後：本書能建立學人悟道之信心與正確知見，圓滿具足而有次第地詳述禪悟之功夫與禪悟之內容，指陳參禪中細微淆訛之處，能使學人明自真心、見自本性。若未能悟入，亦能以正確知見辨別古今中外一切大師究係真悟？或屬錯悟？便有能力揀擇，捨名師而選明師，後時必有悟道之緣。一旦悟道，遲者七次人天往返，便出三界，速者一生取辦。學人欲求開悟者，不可不讀。　平實導師著。上、下冊共500元，單冊250元。

真實如來藏：如來藏眞實存在，乃宇宙萬有之本體，並非印順法師、達賴喇嘛等人所說之「唯有名相、無此心體」。如來藏是涅槃之本際，是一切有智之人竭盡心智、不斷探索而不能得之生命實相；是古今中外許多大師自以爲悟而當面錯過之生命實相。如來藏即是阿賴耶識，乃是一切有情本自具足、不生不滅之眞實心。當代中外大師於此書出版之前所未能言者，作者於本書中盡情流露、詳細闡釋。眞悟者讀之，必能增益悟境、智慧增上；錯悟者讀之，必能檢討自己之錯誤，免犯大妄語業；未悟者讀之，能知參禪之理路，亦能以之檢查一切名師是否眞悟。此書是一切哲學家、宗教家、學佛者及欲昇華心智之人必讀之鉅著。　平實導師著　售價400元。

宗門法眼—公案拈提第二輯：列舉實例，闡釋土城廣欽老和尚之悟處；並直示這位不識字的老和尚妙智橫生之根由，繼而剖析禪宗歷代大德之開悟公案，解析當代密宗高僧卡盧仁波切之錯悟證據，並例舉當代顯宗高僧、大居士之錯悟證據（凡健在者，爲免影響其名聞利養，皆隱其名）。藉辨正當代名師之邪見，向廣大佛子指陳禪悟之正道，彰顯宗門法眼。悲勇兼出，強捋虎鬚；慈智雙運，巧探驪龍；摩尼寶珠在手，直示宗門入處，禪味十足；若非大悟徹底，不能爲之。禪門精奇人物，允宜人手一冊，供作參究及悟後印證之圭臬。本書於2008年4月改版，增寫爲大約500頁篇幅，以利學人研讀參究時更易悟入宗門正法，以前所購初版首刷及初版二刷舊書，皆可免費換取新書。平實導師著　500元（2007年起，凡購買公案拈提第一輯至第七輯，每購一輯皆贈送本公司精製公案拈提〈超意境〉CD一片，市售價格280元，多購多贈）。

宗門道眼—公案拈提第三輯：繼宗門法眼之後，再以金剛之作略、慈悲之胸懷、犀利之筆觸，舉示寒山、拾得、布袋三大士之悟處，消弭當代錯悟者對於寒山大士……等之誤會及誹謗。　亦舉出民初以來與虛雲和尚齊名之蜀郡鹽亭袁煥仙夫子—南懷瑾老師之師，其「悟處」何在？並蒐羅許多眞悟祖師之證悟公案，顯示禪宗歷代祖師之睿智，指陳部分祖師、奧修及當代顯密大師之謬悟，作爲殷鑑，幫助禪子建立及修正參禪之方向及知見。假使讀者閱此書已，一時尚未能悟，亦可一面加功用行，一面以此宗門道眼辨別眞假善知識，避開錯誤之印證及歧路，可免大妄語業之長劫慘痛果報。欲修禪宗之禪者，務請細讀。平實導師著　售價500元（2007年起，凡購買公案拈提第一輯至第七輯，每購一輯皆贈送本公司精製公案拈提〈超意境〉CD一片，市售價格280元，多購多贈）。

楞伽經詳解：本經是禪宗見道者印證所悟眞僞之根本經典，亦是禪宗見道者悟後起修之依據經典；故達摩祖師於印證二祖慧可大師之後，將此經典連同佛缽祖衣一併交付二祖，令其依此經典佛示金言、進入修道位，修學一切種智。由此可知此經對於眞悟之人修學佛道，是非常重要之一部經典。此經能破外道邪說，亦破佛門中錯悟名師之謬說，亦破禪宗部分祖師之狂禪：不讀經典、一向主張「一悟即成究竟佛」之謬執。並開示愚夫所行禪、觀察義禪、攀緣如禪、如來禪等差別，令行者對於三乘禪法差異有所分辨；亦糾正禪宗祖師古來對於如來禪之誤解，嗣後可免以訛傳訛之弊。此經亦是法相唯識宗之根本經典，禪者悟後欲修一切種智而入初地者，必須詳讀。　平實導師著，全套共十輯，已全部出版完畢，每輯主文約320頁，每冊約352頁，定價250元。

宗門血脈—公案拈提第四輯：末法怪象—許多修行人自以爲悟，每將無念靈知認作眞實；崇尚二乘法諸師及其徒眾，則將外於如來藏之緣起性空—無因論之無常空、斷滅空、一切法空—錯認爲 佛所說之般若空性。這兩種現象已於當今海峽兩岸及美加地區顯密大師之中普遍存在；人人自以爲悟，心高氣壯，便敢寫書解釋祖師證悟之公案，大多出於意識思惟所得，言不及義，錯誤百出，因此誤導廣大佛子同陷大妄語之地獄業中而不能自知。彼等書中所說之悟處，其實處處違背第一義經典之聖言量。彼等諸人不論是否身披袈裟，都非佛法宗門血脈，或雖有禪宗法脈之傳承，亦只徒具形式；猶如螟蛉，非眞血脈，未悟得根本眞實故。禪子欲知佛、祖之眞血脈者，請讀此書，便知分曉。平實導師著，主文452頁，全書464頁，定價500元（2007年起，凡購買公案拈提第一輯至第七輯，每購一輯皆贈送本公司精製公案拈提〈超意境〉CD一片，市售價格280元，多購多贈）。

宗通與說通：古今中外，錯誤之人如麻似粟，每以常見外道所說之靈知心，認作眞心；或妄想虛空之勝性能量爲眞如，或錯認物質四大元素藉冥性（靈知心本體）能成就吾人色身及知覺，或認初禪至四禪中之了知心爲不生不滅之涅槃心。此等皆非通宗者之見地。復有錯悟之人一向主張「宗門與教門不相干」，此即尚未通達宗門之人也。其實宗門與教門互通不二，宗門所證者乃是眞如與佛性，故教門與宗門不二。本書作者以宗教二門互通之見地，細說「宗通與說通」，從初見道至悟後起修之道、細說分明；並將諸宗諸派在整體佛教中之地位與次第，加以明確之教判，學人讀之即可了知佛法之梗概也。欲擇明師學法之前，允宜先讀。平實導師著，主文共381頁，全書392頁，只售成本價300元。

宗門正道—公案拈提第五輯：修學大乘佛法有二果須證—解脫果及大菩提果。二乘人不證大菩提果，唯證解脫果；此果之智慧，名爲聲聞菩提、緣覺菩提。大乘佛子所證二果之菩提果爲佛菩提，故名大菩提果，其慧名爲一切種智—函蓋二乘解脫果。然此大乘二果修證，須經由禪宗之宗門證悟方能相應。而宗門證悟極難，自古已然；其所以難者，咎在古今佛教界普遍存在三種邪見：1.以修定認作佛法，2.以無因論之緣起性空—否定涅槃本際如來藏以後之一切法空作爲佛法，3.以常見外道邪見（離語言妄念之靈知性）作爲佛法。如是邪見，或因自身正見未立所致，或因邪師之邪教導所致，或因無始劫來虛妄熏習所致。若不破除此三種邪見，永劫不悟宗門眞義、不入大乘正道，唯能外門廣修菩薩行。平實導師於此書中，有極爲詳細之說明，有志佛子欲摧邪見、入於內門修菩薩行者，當閱此書。主文共496頁，全書512頁。售價500元（2007年起，凡購買公案拈提第一輯至第七輯，每購一輯皆贈送本公司精製公案拈提〈超意境〉CD一片，市售價格280元，多購多贈）。

狂密與眞密：密教之修學，皆由有相之觀行法門而入，其最終目標仍不離顯教經典所說第一義諦之修證；若離顯教第一義經典、或違背顯教第一義經典，即非佛教。西藏密教之觀行法，如灌頂、觀想、遷識法、寶瓶氣、大聖歡喜雙身修法、喜金剛、無上瑜伽、大樂光明、樂空雙運等，皆是印度教兩性生生不息思想之轉化，自始至終皆以如何能運用交合淫樂之法達到全身受樂爲其中心思想，純屬欲界五欲的貪愛，不能令人超出欲界輪迴，更不能令人斷除我見；何況大乘之明心與見性，更無論矣！故密宗之法絕非佛法也。而其明光大手印、大圓滿法教，又皆同以常見外道所說離語言妄念之無念靈知心錯認爲佛地之眞如，不能直指不生不滅之眞如。西藏密宗所有法王與徒衆，都尚未開頂門眼，不能辨別眞僞，以依人不依法、依密續不依經典故，不肯將其上師喇嘛所說對照第一義經典，純依密續之藏密祖師所說爲準，因此而誇大其證德與證量，動輒謂彼祖師上師爲究竟佛、爲地上菩薩；如今台海兩岸亦有自謂其師證量高於 釋迦文佛者，然觀其師所述，猶未見道，仍在觀行即佛階段，尚未到禪宗相似即佛、分證即佛階位，竟敢標榜爲究竟佛及地上法王，誑惑初機學人。凡此怪象皆是狂密，不同於眞密之修行者。近年狂密盛行，密宗行者被誤導者極衆，動輒自謂已證佛地眞如，自視爲究竟佛，陷於大妄語業中而不知自省，反謗顯宗眞修實證者之證量粗淺；或如義雲高與釋性圓…等人，於報紙上公然誹謗眞實證道者爲「騙子、無道人、人妖、癩蛤蟆…」等，造下誹謗大乘勝義僧之大惡業；或以外道法中有爲有作之甘露、魔術……等法，誑騙初機學人，狂言彼外道法爲眞佛法。如是怪象，在西藏密宗及附藏密之外道中，不一而足，舉之不盡，學人宜應愼思明辨，以免上當後又犯毀破菩薩戒之重罪。密宗學人若欲遠離邪知邪見者，請閱此書，即能了知密宗之邪謬，從此遠離邪見與邪修，轉入眞正之佛道。平實導師著 共四輯 每輯約400頁（主文約340頁）每輯售價300元。

宗門正義—公案拈提第六輯：佛教有六大危機，乃是藏密化、世俗化、膚淺化、學術化、宗門密意失傳、悟後進修諸地之次第混淆；其中尤以宗門密意之失傳，爲當代佛教最大之危機。由宗門密意失傳故，易令 世尊本懷普被錯解，易令 世尊正法被轉易爲外道法，以及加以淺化、世俗化，是故宗門密意之廣泛弘傳與具緣佛弟子，極爲重要。然而欲令宗門密意之廣泛弘傳予具緣之佛弟子者，必須同時配合錯誤知見之解析、普令佛弟子知之，然後輔以公案解析之直示入處，方能令具緣之佛弟子悟入。而此二者，皆須以公案拈提之方式爲之，方易成其功、竟其業，是故平實導師續作宗門正義一書，以利學人。全書500餘頁，售價500元（2007年起，凡購買公案拈提第一輯至第七輯，每購一輯皆贈送本公司精製公案拈提〈超意境〉CD一片，市售價格280元，多購多贈）。

心經密意—心經與解脫道、佛菩提道、祖師公案之關係與密意。二乘菩提所證之解脫道，實依第八識心之斷除煩惱障現行而立解脫之名；大乘菩提所證之佛菩提道，實依親證第八識如來藏之涅槃性、清淨自性、及其中道性而立般若之名；禪宗祖師公案所證之眞心，即是此第八識如來藏；是故三乘佛法所修所證之三乘菩提，皆依此如來藏心而立名也。此第八識心，即是《心經》所說之心也。證得此如來藏已，即能漸入大乘佛菩提道，亦可因證知此心而了知二乘無學所不能知之無餘涅槃本際，是故《心經》之密意，與三乘佛菩提之關係極爲密切、不可分割，三乘佛法皆依此心而立名故。今者平實導師以其所證解脫道之無生智及佛菩提之般若種智，將《心經》與解脫道、佛菩提道、祖師公案之關係與密意，以演講之方式，用淺顯之語句和盤托出，發前人所未言，呈三乘菩提之眞義，令人藉此《心經密意》一舉而窺三乘菩提之堂奧，迥異諸方言不及義之說；欲求眞實佛智者、不可不讀！主文317頁，連同跋文及序文…等共384頁，售價300元。

宗門密意—公案拈提第七輯：佛教之世俗化，將導致學人以信仰作爲學佛，則將以感應及世間法之庇祐，作爲學佛之主要目標，不能了知學佛之主要目標爲親證三乘菩提。大乘菩提則以般若實相智慧爲主要修習目標，以二乘菩提解脫道爲附帶修習之標的；是故學習大乘法者，應以禪宗之證悟爲要務，能親入大乘菩提之實相般若智慧中故，般若實相智慧非二乘聖人所能知故。此書則以台灣世俗化佛教之三大法師，說法似是而非之實例，配合眞悟祖師之公案解析，提示證悟般若之關節，令學人易得悟入。平實導師著，全書五百餘頁，售價500元（2007年起，凡購買公案拈提第一輯至第七輯，每購一輯皆贈送本公司精製公案拈提〈超意境〉CD一片，市售價格280元，多購多贈）。

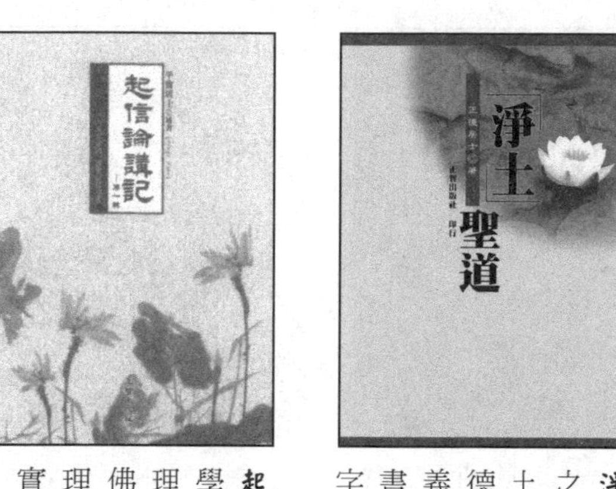

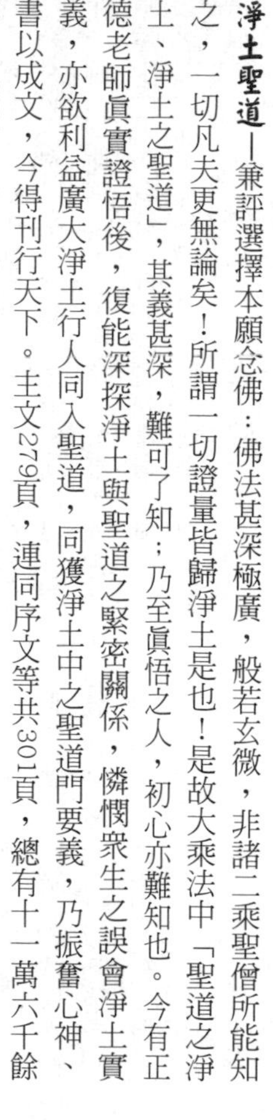

淨土聖道—兼評選擇本願念佛：佛法甚深極廣，般若玄微，非諸二乘聖僧所能知之，一切凡夫更無論矣！所謂一切證量皆歸淨土是也！是故大乘法中「聖道之淨土、淨土之聖道」，其義甚深，難可了知；乃至眞悟之人，初心亦難知也。今有正德老師眞實證悟後，復能深探淨土與聖道之緊密關係，憐憫衆生之誤會淨土實義，亦欲利益廣大淨土行人同入聖道，同獲淨土中之聖道門要義，乃振奮心神、書以成文，今得刊行天下。主文279頁，連同序文等共301頁，總有十一萬六千餘字，正德老師著，成本價200元。

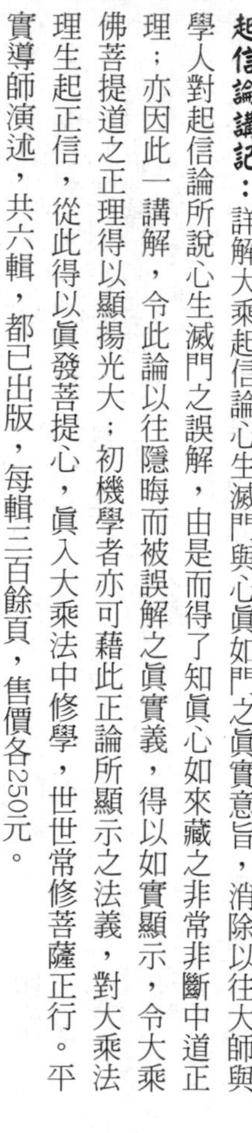

起信論講記：詳解大乘起信論心生滅門與心眞如門之眞實意旨，消除以往大師與學人對起信論所說心生滅門之誤解，由是而得了知眞心如來藏之非常非斷中道正理；亦因此一講解，令此論以往隱晦而被誤解之眞實義，得以如實顯示，令大乘佛菩提道之正理得以顯揚光大；初機學者亦可藉此正論所顯示之法義，對大乘法理生起正信，從此得以眞發菩提心，眞入大乘法中修學，世世常修菩薩正行。平實導師演述，共六輯，都已出版，每輯三百餘頁，售價各250元。

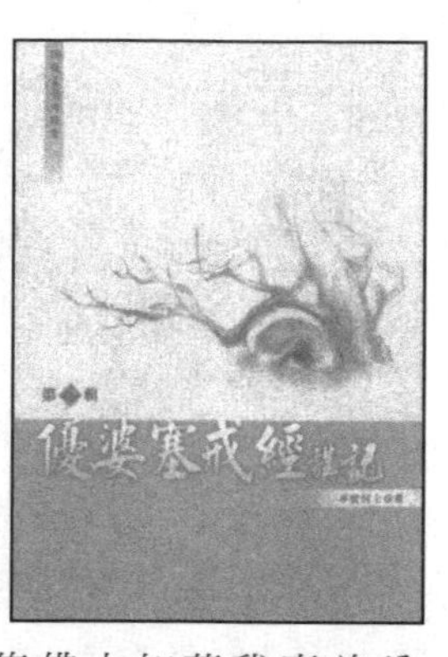

優婆塞戒經講記：本經詳述在家菩薩修學大乘佛法，應如何受持菩薩戒？對人間善行應如何看待？對三寶應如何護持？應如何正確地修集此世後世證法之福德？應如何修集後世「行菩薩道之資糧」？並詳述第一義諦之正義：五蘊非我非異我、自作自受、異作異受、不作不受……等深妙法義，乃是修學大乘佛法、行菩薩行之在家菩薩所應當了知者。出家菩薩今世或未來世登地已，捨報之後多數將如華嚴經中諸大菩薩，以在家菩薩身而修行菩薩行，故亦應以此經所述正理而修之，配合《楞伽經、解深密經、楞嚴經、華嚴經》等道次第正理，方得漸次成就佛道；故此經是一切大乘行者皆應證知之正法。平實導師講述，每輯三百餘頁，售價各250元；共八輯，已全部出版。

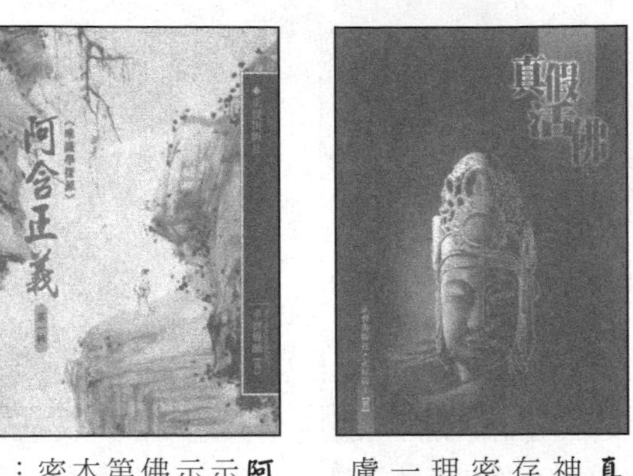

真假活佛—略論附佛外道盧勝彥之邪說：人人身中都有眞活佛，永生不滅而有大神用，但衆生都不了知，所以常被身外的西藏密宗假活佛籠罩欺瞞。本來就眞實存在的眞活佛，才是眞正的密宗無上密！諾那活佛因此而說禪宗是大密宗，但藏密的所有活佛都不知道、也不曾實證自身中的眞活佛。本書詳實宣示眞活佛的道理，舉證盧勝彥的「佛法」不是眞佛法，也顯示盧勝彥是假活佛，直接的闡釋第一義佛法見道的眞實正理。眞佛宗的所有上師與學人們，都應該詳細閱讀，包括盧勝彥個人在內。正犀居士著，優惠價140元。

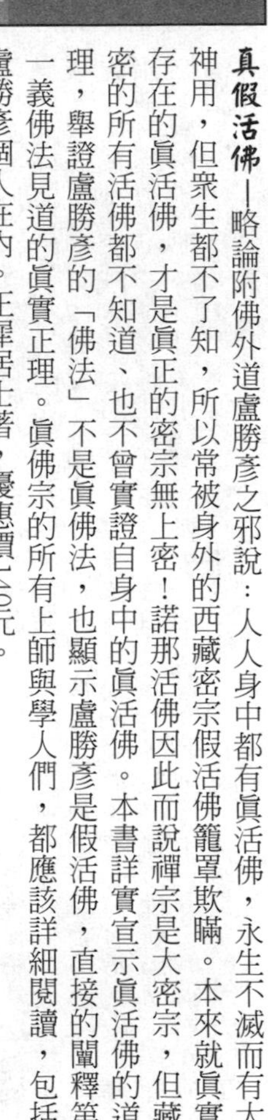

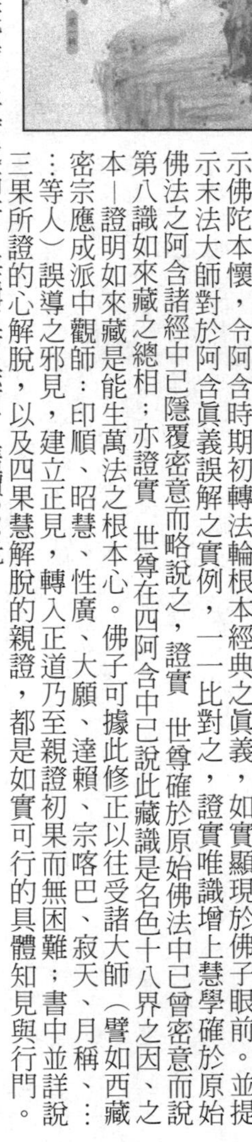

阿含正義—唯識學探源：廣說四大部《阿含經》諸經中隱說之眞正義理，一一舉示佛陀本懷，令阿含時期初轉法輪根本經典之眞義，如實顯現於佛子眼前。並提示末法大師對於阿含眞義誤解之實例，一一比對之，證實唯識增上慧學確於原始佛法之阿含諸經中已隱覆密意而略說之，證實 世尊確於原始佛法中已曾密意而說第八識如來藏之總相；亦證實 世尊在四阿含中已說此藏識是名色十八界之因、之本—證明如來藏是能生萬法之根本心。佛子可據此修正以往受諸大師（譬如西藏密宗應成派中觀師：印順、昭慧、性廣、大願、達賴、宗喀巴、寂天、月稱、……等人）誤導之邪見，建立正見，轉入正道乃至親證初果而無困難；書中並詳說三果所證的心解脫，以及四果慧解脫的親證，都是如實可行的具體知見與行門。全書共七輯，已出版完畢。平實導師著，每輯三百餘頁，售價300元。

超意境CD：以平實導師公案拈提書中超越意境之頌詞，加上曲風優美的旋律，錄成令人嚮往的超意境歌曲，其中包括正覺發願文及平實導師親自譜成的黃梅調歌曲一首。詞曲雋永，殊堪翫味，可供學禪者吟詠，有助於見道。內附設計精美的彩色小冊，解說每一首詞的背景本事。每片280元。【每購買公案拈提書籍一冊，即贈送一片。】

我的菩提路第一輯：凡夫及二乘聖人不能實證的佛菩提證悟，末法時代的今天仍然有人能得實證，由正覺同修會釋悟圓、釋善藏法師等二十餘位實證如來藏者所寫的見道報告，已爲當代學人見證宗門正法之絲縷不絕，證明大乘義學的法脈仍然存在，爲末法時代求悟般若之學人照耀出光明的坦途。由二十餘位大乘見道者所繕，敘述各種不同的學法、見道因緣與過程，參禪求悟者必讀。全書三百餘頁，售價300元。

我的菩提路第二輯：由郭正益老師等人合著，書中詳述彼等諸人歷經各處道場學法，一一修學而加以檢擇之不同過程以後，因閱讀正覺同修會、正智出版社書籍而發起抉擇分，轉入正覺同修會中修學；乃至學法及見道之過程，都一一詳述之。（本書暫停發售，俟改版重新發售流通。）

我的菩提路第三輯：由王美伶老師等人合著。自從正覺同修會成立以來，每年夏初、冬初都舉辦精進禪三共修，藉以助益會中同修們得以證悟明心發起般若實相智慧；凡已實證而被平實導師印證者，皆書具見道報告用以證明佛法之眞實可證而非玄學，證明佛法並非純屬思想、理論而無實質，是故每年都能有人證明正覺同修會的「實證佛教」主張並非虛語。特別是眼見佛性一法，自古以來中國禪宗祖師實證者極寡，較之明心開悟的證境更難令人信受；至2017年初，正覺同修會中的證悟明心者已近五百人，然而其中眼見佛性者至今唯十餘人爾，可謂難能可貴，是故明心後欲冀眼見佛性者實屬不易。黃正倖老師是懸絕七年無人見性後的第一人，她於2009年的見性報告刊於本書的第二輯中，爲大眾證明佛性確實可以眼見；其後七年之中求見性者都屬解悟佛性而無人眼見，幸而又經七年後的2016冬初，以及2017夏初的禪三，復有三人眼見佛性，希冀鼓舞四眾佛子求見佛性之大心，今則具載一則於書末，顯示求見佛性之事實經歷，供養現代佛教界欲得見性之四眾弟子。全書四百頁，售價300元，已於2017年6月30日發行。

我的菩提路第四輯：由陳晏平等人著。中國禪宗祖師往往有所謂「見性」之言，所言多屬看見如來藏具有能令人發起成佛之自性，並非《大般涅槃經》中 如來所說之眼見佛性。眼見佛性者，於親見佛性之時，即能於山河大地眼見自己佛性，亦能於他人身上眼見自己佛性及對方之佛性，如是境界無法爲尚未實證者解釋；勉強說之，縱使眞實明心證悟之人聞之，亦只能以自身明心之境界想像之，但不論如何想像多屬非量，能有正確之比量者亦是稀有，故說眼見佛性極爲困難。眼見佛性之人若所見極分明時，在所見佛性之境界下所眼見之山河大地、自己五蘊身心皆是虛幻，自有異於明心者之解脫功德受用，此後永不思證二乘涅槃，必定邁向成佛之道而進入第十住位中，已超第一阿僧祇劫三分有一，可謂之爲超劫精進也。今又有明心之後眼見佛性之人出於人間，將其明心及後來見性之報告，連同其餘證悟明心者之精彩報告一同收錄於此書中，供養眞求佛法實證之四衆佛子。全書380頁，售價300元，已於2018年6月30日發行。

我的菩提路第五輯：林慈慧老師等人著，本輯中所舉學人從相似正法中來到正覺同修會的過程，各人都有不同，發生的因緣亦是各有差別，然而都會指向同一個目標——證實生命實相的源底，確證自己生從何來、死往何去的事實，所以最後都證明佛法眞實而可親證，絕非玄學；本書將彼等諸人的始修及末後證悟之實例，羅列出來以供學人參考。本期亦有一位會裡的老師，是從1995年即開始追隨 平實導師修學，1997年明心後持續進修不斷，直到2017年眼見佛性之實例，足可證明《大般涅槃經》中世尊開示眼見佛性之法正眞無訛，第十住位的實證在末法時代的今天仍有可能，如今一併具載於書中以供學人參考，並供養現代佛教界欲得見性之四衆弟子。全書四百頁，售價300元，已於2019年12月31日發行。

我的菩提路第六輯：劉正莉老師等人著。書中詳敘學佛路程之辛苦萬端，直至得遇正法之後如何修行終能實證，現觀眞如而入勝義菩薩僧數。本輯亦錄入一位1990年明心後追隨平實導師學法弘法的老師，不數年後又再眼見佛性的實證者，文中詳述見性之過程，欲令學人深信眼見佛性其實不難，冀得奮力向前而得實證。然古來能得明心又得見性之祖師極寡，禪師們所謂見性者往往屬於明心時親見第八識如來藏具備能使人成佛之自性，即名見性，例如六祖等人，是明心時看見了如來藏具有能使人成佛的自性，當作見性，其實只是明心而階眞見道位，尚非眼見佛性。但非《大般涅槃經》中所說之「眼見佛性」之實證。今本書提供十幾篇明心見道報告及眼見佛性者的見性報告一篇，以饗讀者，已於2020年6月30日出版。全書384頁，300元。

鈍鳥與靈龜：鈍鳥及靈龜二物，被宗門證悟者說為二種人：前者是精修禪定而無智慧者，也是以定為禪的愚癡禪人；後者是或有禪定、或無禪定的宗門證悟者，凡已證悟者皆是靈龜。但後者被人虛造事實，用以嘲笑大慧宗杲禪師，說他雖是靈龜，卻不免被天童禪師預記「患背」痛苦而亡：「鈍鳥離巢易，靈龜脫殼難。」藉以貶低大慧宗杲的證量。同時將天童禪師實證如來藏的證量，曲解為意識境界的離念靈知。自從大慧禪師入滅以後，錯悟凡夫對他的不實毀謗就一直存在著，不曾止息，並且捏造的假事實也隨著年月的增加而越來越多，終至編成「鈍鳥與靈龜」的假公案、假故事。本書是考證大慧與天童之間的不朽情誼，顯現這件假公案的虛妄不實；更見大慧宗杲面對惡勢力時的正直不阿，亦顯示大慧對天童禪師的至情深義，將使後人對大慧宗杲的誣謗至此而止，不再有人誤犯毀謗賢聖的惡業。書中亦舉證宗門的所悟確以第八識如來藏為標的，詳讀之後必可改正以前被錯悟大師誤導的參禪知見，日後必定有助於實證禪宗的開悟境界，得階大乘真見道位中，即是實證般若之賢聖。全書459頁，售價350元。

維摩詰經講記：本經係 世尊在世時，由等覺菩薩維摩詰居士藉疾病而演說之大乘菩提無上妙義，所說函蓋甚廣，然極簡略，是故今時諸方大師與學人讀之悉皆錯解，何況能知其中隱含之深妙正義，是故普遍無法為人解說；若強為人說，則成依文解義而有諸多過失。今由平實導師公開宣講之後，詳實解釋其中密意，令維摩詰菩薩所說大乘不可思議解脫之深妙正法得以正確宣流於人間，利益當代學人及與諸方大師。書中詳實演述大乘佛法深妙不共二乘之智慧境界，顯示諸法之中絕待之實相境界，建立大乘菩薩妙道於永遠不敗不壞之地，以此成就護法偉功，欲冀永利娑婆人天。已經宣講圓滿整理成書流通，以利諸方大師及諸學人。全書共六輯，每輯三百餘頁，售價各250元。

真假外道：本書具體舉證佛門中的常見外道知見實例，並加以教證及理證上的辨正，幫助讀者輕鬆而快速的了知常見外道的錯誤知見，進而遠離佛門內外的常見外道知見，因此即能改正修學方向而快速實證佛法。 游正光老師著 。成本價200元。

勝鬘經講記：如來藏爲三乘菩提之所依，若離如來藏心體及其含藏之一切種子，即無三界有情及一切世間法，亦無二乘菩提緣起性空之出世間法；本經詳說無始無明、一念無明皆依如來藏而有之正理，藉著詳解煩惱障與所知障間之關係，令學人深入了知二乘菩提與佛菩提相異之妙理；聞後即可了知佛菩提之特勝處及三乘修道之方向與原理，邁向攝受正法而速成佛道的境界中。平實導師講述，共六輯，每輯三百餘頁，售價各250元。

楞嚴經講記：楞嚴經係密教部之重要經典，亦是顯教中普受重視之經典；經中宣說明心與見性之內涵極爲詳細，將一切法都會歸如來藏及佛性—妙眞如性；亦闡釋佛菩提道修學過程中之種種魔境，以及外道誤會涅槃之狀況，旁及三界世間之起源。然因言句深澀難解，法義亦復深妙寬廣，學人讀之普難通達，是故讀者大多誤會，不能如實理解佛所說之明心與見性內涵，亦因是故多有悟錯之人引爲開悟之證言，成就大妄語罪。今由平實導師詳細講解之後，整理成文，以易讀易懂之語體文刊行天下，以利學人。全書十五輯，全部出版完畢。每輯三百餘頁，售價每輯300元。

明心與眼見佛性：本書細述明心與眼見佛性之異同，同時顯示了中國禪宗破初參明心與重關眼見佛性二關之間的關聯；書中又藉法義辨正而旁述其他許多勝妙法義，讀後必能遠離佛門長久以來積非成是的錯誤知見，令讀者在佛法的實證上有極大助益。也藉慧廣法師的謬論來教導佛門學人回歸正知正見，遠離古今禪門錯悟者所墮的意識境界，非唯有助於斷我見，也對未來的開悟明心實證第八識如來藏有所助益，是故學禪者都應細讀之。游正光老師著　共448頁　售價300元。

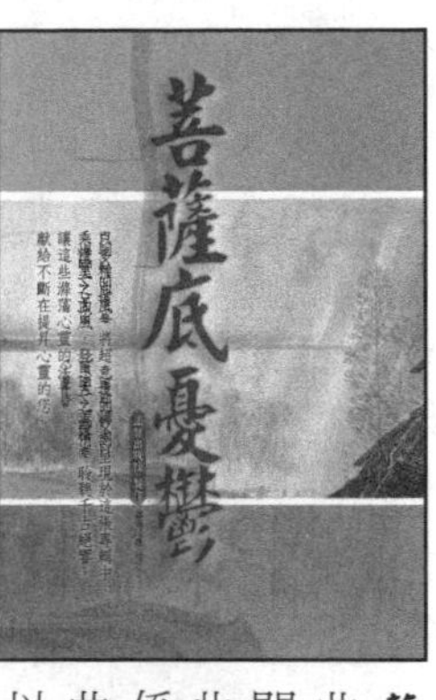

菩薩底憂鬱CD：將菩薩情懷及禪宗公案寫成新詞，並製作成超越意境的優美歌曲。1.主題曲〈菩薩底憂鬱〉，描述地後菩薩能離三界生死而迴向繼續生在人間，但因尚未斷盡習氣種子而有極深沈之憂鬱，非三賢位菩薩及二乘聖者所知，此憂鬱在七地滿心位方才斷盡；本曲之詞中所說義理極深，昔來所未曾見；此曲係以優美的情歌風格寫詞及作曲，聞者得以激發嚮往諸地菩薩境界之大心，詞、曲都非常優美，難得一見；其中勝妙義理之解說，已印在附贈之彩色小冊中。2.以各輯公案拈提中直示禪門入處之頌文，作成各種不同曲風之超意境歌曲，值得玩味、參究；聆聽公案拈提之優美歌曲時，請同時閱讀內附之印刷精美說明小冊，可以領會超越三界的證悟境界；未悟者可以因此引發求悟之意向及疑情，眞發菩提心而邁向求悟之途，乃至因此眞實悟入般若，成眞菩薩。3.正覺總持咒新曲，總持佛法大意；總持咒之義理，已加以解說並印在隨附之小冊中。本CD共有十首歌曲，長達63分鐘，附贈二張購書優惠券。每片280元。

禪意無限CD：平實導師以公案拈提書中偈頌寫成不同風格曲子，與他人所寫不同風格曲子共同錄製出版，幫助參禪人進入禪門超越意識之境界。盒中附贈彩色印製的精美解說小冊，以供聆聽時閱讀，令參禪人得以發起參禪之疑情，即有機會證悟本來面目，實證大乘菩提般若。本CD共有十首歌曲，長達69分鐘，每盒各附贈二張購書優惠券。每片280元。

金剛經宗通：三界唯心，萬法唯識，是成佛之修證內容，是諸地菩薩之所修；般若則是成佛之道（實證三界唯心、萬法唯識）的入門，若未證悟實相般若，即無成佛之可能，必將永在外門廣行菩薩六度，永在凡夫位中。然而實相般若的發起，全賴實證萬法的實相；若欲證知萬法的眞相，則必須探究萬法之所從來，則須實證自心如來—金剛心如來藏，然後現觀這個金剛心的金剛性、眞實性、如如性、清淨性、涅槃性、能生萬法的自性性、本住性，名爲證眞如；進而現觀三界六道唯是此金剛心所成，人間萬法須藉八識心王和合運作方能現起。如是實證

《華嚴經》的「三界唯心、萬法唯識」以後，由此等現觀而發起實相般若智慧，繼續進修第十住位的如幻觀、第十行位的陽焰觀、第十迴向位的如夢觀，再生起增上意樂而勇發十無盡願，方能滿足三賢位的實證，轉入初地；自知成佛之道而無偏倚，從此按部就班、次第進修乃至成佛。第八識自心如來是般若智慧之所依，般若智慧的修證則要從實證金剛心自心如來開始；《金剛經》則是解說自心如來之經典，是一切三賢位菩薩所應進修之實相般若經典。這一套書，是將平實導師宣講的《金剛經宗通》內容，整理成文字而流通之；書中所說義理，迥異古今諸家依文解義之說，指出大乘見道方向與理路，有益於禪宗學人求開悟見道，及轉入內門廣修六度萬行。已於2013年9月出版完畢，總共9輯，每輯約三百餘頁，售價各250元。

空行母—性別、身分定位，以及藏傳佛教：本書作者為蘇格蘭哲學家，因為嚮往佛教深妙的哲學內涵，於是進入當年盛行於歐美的假藏傳佛教密宗，擔任卡盧仁波切的翻譯工作多年以後，被邀請成為卡盧的空行母（又名佛母、明妃），開始了她在密宗裡的實修過程；後來發覺在密宗雙身法中的修行，其實無法使自己成佛，也發覺密宗對女性岐視而處處貶抑，並剝奪女性在雙身法中擔任一半角色時應有的身分定位。當她發覺自己只是雙身法中被喇嘛利用的工具，沒有獲得絲毫應有的尊重與基本定位時，發現了密宗的父權社會控制女性的本質；於是作者傷心地離開了卡盧仁波切與密宗，但是卻被恐嚇不許講出她在密宗裡的經歷，也不許她說出自己對密宗的教義與教制下對女性剝削的本質，否則將被咒殺死亡。後來她去加拿大定居，十餘年後方才擺脫這個恐嚇陰影，下定決心將親身經歷的實情及觀察到的事實寫下來並且出版，公諸於世。出版之後，她被流亡的達賴集團人士大力攻訐，誣指她為精神狀態失常、說謊……等。但有智之士並未被達賴集團的政治操作及各國政府政治運作吹捧達賴的表相所欺，使她的書銷售無阻而又再版。正智出版社鑑於作者此書是親身經歷的事實，所說具有針對「藏傳佛教」而作學術研究的價值，也有使人認清假藏傳佛教剝削佛母、明妃的男性本位實質，因此洽請作者同意中譯而出版於華人地區。珍妮·坎貝爾女士著，呂艾倫 中譯，每冊250元。

霧峰無霧—給哥哥的信　本書作者藉兄弟之間信件往來論義，略述佛法大義；並以多篇短文辨義，舉出釋印順對佛法的無量誤解證據，並一一給予簡單而清晰的辨正，令人一讀即知。久讀、多讀之後即能認清楚釋印順的六識論見解，與眞實佛法之牴觸是多麼嚴重；於是在久讀、多讀之後，於不知不覺之間提升了對佛法的極深入理解，正知正見就在不知不覺間建立起來了。當三乘佛法的正知見建立起來之後，對於三乘菩提的見道條件便將隨之具足，於是聲聞解脫道的見道也就水到渠成；接著大乘見道的因緣也將次第成熟，未來自然也會有親見大乘菩提之道的因緣，悟入大乘實相般若也將自然成功，自能通達般若系列諸經而成實義菩薩。作者居住於南投縣霧峰鄉，自喻見道之後不復再見霧峰之霧，故鄉原野美景一一明見，於是立此書名爲《霧峰無霧》；讀者若欲撥霧見月，可以此書爲緣。游宗明　老師著　已於2015年出版　售價250元。

霧峰無霧—第二輯—救護佛子向正道　本書作者藉釋印順著作中之各種錯謬法義提出辨正，以詳實的文義一一提出理論上及實證上之解析，列舉釋印順對佛法的無量誤解證據，藉此教導佛門大師與學人釐清佛法義理，遠離岐途轉入正道，然後知所進修，久之便能見道明心而入大乘勝義僧數。被釋印順誤導的大師與學人極多，很難救轉，是故作者大發悲心深入解說其錯謬之所在，佐以各種義理辨正而令讀者在不知不覺之間轉歸正道。如是久讀之後欲得斷身見、證初果，即不爲難事；乃至久之亦得大乘見道而得證眞如，脫離空有二邊而住中道，實相般若智慧生起，於佛法不再茫然，漸漸亦知悟後進修之道。屆此之時，對於大乘般若等深妙法之迷雲暗霧亦將一掃而空，生命及宇宙萬物之故鄉原野美景一一明見，是故本書仍名《霧峰無霧》，爲第二輯；讀者若欲撥雲見日、離霧見月，可以此書爲緣。游宗明　老師著　已於2019年出版　售價250元。

假藏傳佛教的神話—性、謊言、喇嘛教：本書編著者是由一首名爲「阿姊鼓」的歌曲爲緣起，展開了序幕，揭開假藏傳佛教—喇嘛教—的神秘面紗。其重點是蒐集、摘錄網路上質疑「喇嘛教」的帖子，以揭穿「假藏傳佛教的神話」爲主題，串聯成書，並附加彩色插圖以及說明，讓讀者們瞭解西藏密宗及相關人事如何被操作爲「神話」的過程，以及神話背後的眞相。作者：張正玄教授。售價200元。

達賴真面目—玩盡天下女人：假使您不想戴綠帽子，請記得詳細閱讀此書；假使您不想讓好朋友戴綠帽子，請您將此書介紹給您的好朋友。假使您想保護家中的女性，也想要保護好朋友的女眷，請記得將此書送給家中的女性和好友的女眷都來閱讀。本書爲印刷精美的大本彩色中英對照精裝本，爲您揭開達賴喇嘛的眞面目，內容精彩不容錯過，爲利益社會大衆，特別以優惠價格嘉惠所有讀者。編著者：白志偉等。大開版雪銅紙彩色精裝本。售價800元。

童女迦葉考—論呂凱文〈佛教輪迴思想的論述分析〉之謬：童女迦葉是佛世率領五百大比丘遊行於人間的歷史事實，是以童貞行而依止菩薩戒弘化於人間的大菩薩，不依別解脫戒（聲聞戒）來弘化於人間。這是大乘佛教與聲聞佛教同時存在於佛世的歷史明證，證明大乘佛教不是從聲聞法中分裂出來的部派佛教的產物，卻是聲聞佛教分裂出來的部派佛教聲聞凡夫僧所不樂見的史實；於是古今聲聞法中的凡夫都欲加以扭曲而作詭說，更是末法時代高聲大呼「大乘非佛說」的六識論聲聞凡夫極力想要扭曲的佛教史實之一，於是想方設法扭曲迦葉菩薩爲聲聞僧，以及扭曲迦葉童女爲比丘僧等荒謬不實之論著便陸續出現，古時聲聞僧寫作的《分別功德論》是最具體之事例，現代之代表作則是呂凱文先生的〈佛教輪迴思想的論述分析〉論文。鑑於如是假藉學術考證以籠罩大衆之不實謬論，未來仍將繼續造作及流竄於佛教界，繼續扼殺大乘佛教學人法身慧命，必須舉證辨正之，遂成此書。平實導師 著，每冊180元。

末代達賴—性交教主的悲歌：簡介從藏傳僞佛教（喇嘛教）的修行核心—性力派男女雙修，探討達賴喇嘛及藏傳僞佛教的修行內涵。書中引用外國知名學者著作、世界各地新聞報導，包含：歷代達賴喇嘛的祕史、達賴六世修雙身法的事蹟，以及《時輪續》中的性交灌頂儀式……等；達賴喇嘛書中開示的雙修法、達賴喇嘛的黑暗政治手段；達賴喇嘛所領導的寺院爆發喇嘛性侵兒童；新聞報導《西藏生死書》作者索甲仁波切性侵女信徒、澳洲喇嘛秋達公開道歉、美國最大假藏傳佛教組織領導人邱陽創巴仁波切的性氾濫，等等事件背後眞相的揭露。作者：張善思、呂艾倫、辛燕。售價250元。

黯淡的達賴—失去光彩的諾貝爾和平獎：本書舉出很多證據與論述，詳述達賴喇嘛不爲世人所知的一面，顯示達賴喇嘛並不是眞正的和平使者，而是假借諾貝爾和平獎的光環來欺騙世人；透過本書的說明與舉證，讀者可以更清楚的瞭解，達賴喇嘛是結合暴力、黑暗、淫欲於喇嘛教裡的集團首領，其政治行爲與宗教主張，早已讓諾貝爾和平獎的光環染污了。　本書由財團法人正覺教育基金會寫作、編輯，由正覺出版社印行，每冊250元。

第七意識與第八意識？—穿越時空「超意識」：「三界唯心，萬法唯識」是佛教中應該實證的聖教，也是《華嚴經》中明載而可以實證的法界實相。唯心者，三界一切境界、一切諸法唯是一心所成就，即是每一個有情的第八識如來藏，不是意識心。唯識者，即是人類各各都具足的八識心王——眼識、耳鼻舌身意識、意根、阿賴耶識，第八阿賴耶識又名如來藏，人類五陰相應的萬法，莫不由八識心王共同運作而成就，故說萬法唯識。依聖教量及現量、比量，都可以證明意識是二法因緣生，是由第八識藉意根與法塵二法爲因緣而出生，又是夜夜斷滅不存之生滅心，即無可能反過來出生第七識意根、第八識如來藏，當知不可能從生滅性的意識心中，細分出恆審思量的第七識意根，更無可能細分出恆而不審的第八識如來藏。本書是將演講內容整理成文字，細說如是內容，並已在〈正覺電子報〉連載完畢，今彙集成書以廣流通，欲幫助佛門有緣人斷除意識我見，跳脫於識陰之外而取證聲聞初果；嗣後修學禪宗時即得不墮外道神我之中，得以求證第八識金剛心而發起般若實智。平實導師 述，每冊300元。

中觀金鑑—詳述應成派中觀的起源與其破法本質：學佛人往往迷於中觀學派之不同學說，被應成派與自續派所迷惑；修學般若中觀二十年後自以為實證般若中觀了，卻仍不曾入門，甫聞實證般若中觀者之所說，則茫無所知，迷惑不解；隨後信心盡失，不知如何實證佛法；凡此，皆因惑於這二派中觀學說所致。自續派中觀所說同於常見，以意識境界立為第八識如來藏之境界，應成派所說則同於斷見，但又同立意識為常住法，故亦具足斷常二見。今者孫正德老師有鑑於此，乃將起源於密宗的應成派中觀學說，追本溯源，詳考其來源之外，亦一一舉證其立論內容，詳加辨正，令密宗雙身法祖師以識陰境界而造之應成派中觀學說本質，詳細呈現於學人眼前，令其維護雙身法之目的無所遁形。若欲遠離密宗此二大派中觀謬說，欲於三乘菩提有所進道者，允宜具足閱讀並細加思惟，反覆讀之以後將可捨棄邪道返歸正道，則於般若之實證即有可能，證後自能現觀如來藏之中道境界而成就中觀。本書分上、中、下三冊，每冊250元，全部出版完畢。

人間佛教—實證者必定不悖三乘菩提：「大乘非佛說」的講法似乎流傳已久，卻只是日本人企圖擺脫中國正統佛教的影響，而在明治維新時期才開始提出來的說法；台灣佛教、大陸佛教的淺學無智之人，由於未曾實證佛法而迷信日本人錯誤的學術考證，錯認為這些別有用心的日本佛學考證的講法為天竺佛教的眞實歷史；甚至還有更激進的反對佛教者提出「釋迦牟尼佛並非眞實存在，只是後人捏造的假歷史人物」，竟然也有少數人願意跟著「學術」的假光環而信受不疑，於是開始有一些佛教界人士造作了反對中國佛教而推崇南洋小乘佛教的行為，使佛教的信仰者難以檢擇，導致一般大陸人士開始轉入基督教的盲目迷信中。在這些佛教及外教人士之中，也就有一分人根據此邪說而大聲主張「大乘非佛說」的謬論，這些人以「人間佛教」的名義來抵制中國正統佛教，公然宣稱中國的大乘佛教是由聲聞部派佛教的凡夫僧所創造出來的。這樣的說法流傳於台灣及大陸佛教界凡夫僧之中已久，卻非眞正的佛教歷史中曾經發生過的事，只是繼承六識論的聲聞法中凡夫僧依自己的意識境界立場，純憑臆想而編造出來的妄想說法，卻已經影響許多無智之凡夫僧俗信受不移。本書則是從佛教的經藏法義實質及實證的現量內涵本質立論，證明大乘佛法本是佛說，是從《阿含正義》尚未說過的不同面向來討論「人間佛教」的議題，證明「大乘眞佛說」。閱讀本書可以斷除六識論邪見，迴入三乘菩提正道發起實證的因緣；也能斷除禪宗學人學禪時普遍存在之錯誤知見，對於建立參禪時的正知見有很深的著墨。　平實導師　述，內文488頁，全書528頁，定價400元。

喇嘛性世界—揭開假藏傳佛教譚崔瑜伽的面紗：這個世界中的喇嘛，號稱來自世外桃源的香格里拉，穿著或紅或黃的喇嘛長袍，散布於我們的身邊傳教灌頂，吸引了無數的人嚮往學習；這些喇嘛虔誠地爲大衆祈福，手中拿著寶杵（金剛）與寶鈴（蓮花），口中唸著咒語：「唵．嘛呢．叭咪．吽……」，咒語的意思是說：「我至誠歸命金剛杵上的寶珠伸向蓮花寶穴之中」！「喇嘛性世界」是什麼樣的「世界」呢？本書將爲您呈現喇嘛世界的面貌。當您發現眞相以後，您將會唸：「噢！喇嘛．性．世界，譚崔性交嘛！」作者：張善思、呂艾倫。售價200元。

見性與看話頭：黃正倖老師的《見性與看話頭》於《正覺電子報》連載完畢，今結集出版。書中詳說禪宗看話頭的詳細方法，並細說看話頭與眼見佛性的關係，以及眼見佛性者求見佛性前必須具備的條件。本書是禪宗實修者追求明心開悟時參禪的方法書，也是求見佛性者作功夫時必讀的方法書，內容兼顧眼見佛性的理論與實修之方法，是依實修之體驗配合理論而詳述，條理分明而且極爲詳實、周全、深入。本書內文375頁，全書416頁，售價300元。

實相經宗通：學佛之目的在於實證一切法界背後之實相，禪宗稱之爲本來面目或本地風光，佛菩提道中稱之爲實相法界；此實相法界即是金剛藏，又名佛法之祕密藏，即是能生有情五陰、十八界及宇宙萬有（山河大地、諸天、三惡道世間）的第八識如來藏，又名阿賴耶識心，即是禪宗祖師所說的眞如心，此心即是三界萬有背後的實相。證得此第八識心時，自能瞭解般若諸經中隱說的種種密意，即得發起實相般若—實相智慧。每見學佛人修學佛法二十年後仍對實相般若茫然無知，亦不知如何入門，茫無所趣；更因不知三乘菩提的互異互同，是故越是久學者對佛法越覺茫然，都肇因於尚未瞭解佛法的全貌，亦未瞭解佛法的修證內容即是第八識心所致。本書對於修學佛法者所應實證的實相境界提出明確解析，並提示趣入佛菩提道的入手處，有心親證實相般若的佛法實修者，宜詳讀之，於佛菩提道之實證即有下手處。平實導師述著，共八輯，已於2016年出版完畢，每輯成本價250元。

真心告訴您（一）——達賴喇嘛在幹什麼？這是一本報導篇章的選集，更是「破邪顯正」的暮鼓晨鐘。「破邪」是戳破假象，說明達賴喇嘛及其所率領的密宗四大派法王、喇嘛們，弘傳的佛法是仿冒的佛法；他們是假藏傳佛教，是坦特羅（譚崔性交）外道法和藏地崇奉鬼神的苯教混合成的「喇嘛教」，推廣的是以所謂「無上瑜伽」的男女雙身法冒充佛法的假佛教，詐財騙色誤導眾生，常常造成信徒家庭破碎、家中兒少失怙的嚴重後果。「顯正」是揭櫫眞相，指出眞正的藏傳佛教只有一個，就是覺囊巴，傳的是 釋迦牟尼佛演繹的第八識如來藏妙法，稱爲他空見大中觀。正覺教育基金會即以此古今輝映的如來藏正法正知見，在眞心新聞網中逐次報導出來，將箇中原委「眞心告訴您」，如今結集成書，與想要知道密宗眞相的您分享。售價250元。

法華經講義：此書爲平實導師始從2009/7/21演述至2014/1/14之講經錄音整理所成。世尊一代時教，總分五時三教，即是華嚴時、聲聞緣覺教、般若教、種智唯識教、法華時；依此五時三教區分爲藏、通、別、圓四教。本經是最後一時的圓教經典，圓滿收攝一切法教於本經中，是故最後的圓教聖訓中，特地指出無有三乘菩提，其實唯有一佛乘；皆因眾生愚迷故，方便區分爲三乘菩提以助眾生證道。世尊於此經中特地說明如來示現於人間的唯一大事因緣，便是爲有緣眾生「開、示、悟、入」諸佛的所知所見——第八識如來藏妙眞如心，並於諸品中隱說「妙法蓮花」如來藏心的密意。然因此經所說甚深難解，眞義隱晦，古來難得有人能窺堂奧；平實導師以知如是密意故，特爲末法佛門四眾演述《妙法蓮華經》中各品蘊含之密意，使古來未曾被古德註解出來的「此經」密意，如實顯示於當代學人眼前。乃至〈藥王菩薩本事品〉、〈妙音菩薩品〉、〈觀世音菩薩普門品〉、〈普賢菩薩勸發品〉中的微細密意，亦皆一併詳述之，開前人所未曾言之密意，示前人所未見之妙法。最後乃至以〈法華大義〉而總其成，全經妙旨貫通始終，而依佛旨圓攝於一心如來藏妙心，厥爲曠古未有之大說也。平實導師述，共有25輯，已於2019/05/31出版完畢。每輯300元。

西藏「活佛轉世」制度—附佛、造神、世俗法：歷來關於喇嘛教活佛轉世的研究，多針對歷史及文化兩部分，於其所以成立的理論基礎，較少系統化的探討。尤其是此制度是否依據「佛法」而施設？是否合乎佛法眞實義？現有的文獻大多含糊其詞，或人云亦云，不曾有明確的闡釋與如實的見解。因此本文先從活佛轉世的由來，探索此制度的起源、背景與功能，並進而從活佛的尋訪與認證之過程，發掘活佛轉世的特徵，以確認「活佛轉世」在佛法中應具足何種果德。定價150元。

真心告訴您(二)—達賴喇嘛是佛教僧侶嗎？補祝達賴喇嘛八十大壽：這是一本針對當今達賴喇嘛所領導的喇嘛教，冒用佛教名相、於師徒間或師兄姊間，實修男女邪淫，而從佛法三乘菩提的現量與聖教量，揭發其謊言與邪術，證明達賴及其喇嘛教是仿冒佛教的外道，是「假藏傳佛教」。藏密四大派教義雖有「八識論」與「六識論」的表面差異，然其實修之內容，皆共許「無上瑜伽」四部灌頂爲究竟「成佛」之法門，也就是共以男女雙修之邪淫法爲「即身成佛」之密要，雖美其名曰「欲貪爲道」之「金剛乘」，並誇稱其成就超越於（應身佛）釋迦牟尼佛所傳之顯教般若乘之上；然詳考其理論，則或以意識離念時之粗細心爲第八識如來藏，或以中脈裡的明點爲第八識如來藏，或如宗喀巴與達賴堅決主張第六意識爲常恆不變之眞心者，分別墮於外道之常見與斷見中；全然違背 佛說能生五蘊之如來藏的實質。售價300元。

涅槃—解說四種涅槃之實證及內涵：眞正學佛之人，首要即是見道，由見道故方有涅槃之實證，證涅槃者方能出生死，但涅槃有四種：二乘聖者的有餘涅槃、無餘涅槃，以及大乘聖者的本來自性清淨涅槃、佛地的無住處涅槃。大乘聖者實證本來自性清淨涅槃，入地前再取證二乘涅槃，然後起惑潤生捨離二乘涅槃，繼續進修而在七地心前斷盡三界愛之習氣種子，依七地無生法忍之具足而證得念念入滅盡定；八地後進斷異熟生死，直至妙覺地下生人間成佛，具足四種涅槃，方是眞正成佛。此理古來少人言，以致誤會涅槃正理者比比皆是，今於此書中廣說四種涅槃、如何實證之理、實證前應有之條件，實屬本世紀佛教界極重要之著作，令人對涅槃有正確無訛之認識，然後可以依之實行而得實證。本書共有上下二冊，每冊各四百餘頁，對涅槃詳加解說，每冊各350元。

佛藏經講義：本經說明爲何佛菩提難以實證之原因，都因往昔無數阿僧祇劫前的邪見，引生此世求證時之業障而難以實證。即以諸法實相詳細解說，繼之以念佛品、念法品、念僧品，說明諸佛與法之實質；然後以淨戒品之說明，期待佛弟子四衆堅持清淨戒而轉化心性，並以往古品的實例說明，教導四衆務必滅除邪見轉入正見中，然後以了戒品的說明和囑累品的付囑，期望末法時代的佛門四衆弟子皆能清淨知見而得以實證。平實導師於此經中有極深入的解說，總共21輯，每輯300元，於2019/07/31開始發行。

修習止觀坐禪法要講記：修學四禪八定之人，往往錯會禪定之修學知見，欲以無止盡之坐禪而證禪定境界，卻不知修除性障之行門才是修證四禪八定不可或缺之要素，故智者大師云「性障初禪」；性障不除，初禪永不現前，云何修證二禪等？又：行者學定，若唯知數息，而不解六妙門之方便善巧者，欲求一心入定，未到地定極難可得，智者大師名之爲「事障未來」：障礙未到地定之修證。又禪定之修證，不可違背二乘菩提及第一義法，否則縱使具足四禪八定，亦不能實證涅槃而出三界。此諸知見，智者大師於《修習止觀坐禪法要》中皆有闡釋。作者平實導師以其第一義之見地及禪定之實證證量，曾加以詳細解析。將俟正覺寺竣工啓用後重講，不限制聽講者資格；講後將以語體文整理出版。欲修習世間定及增上定之學者，宜細讀之。平實導師述著。

解深密經講記：本經係 世尊晚年第三轉法輪，宣說地上菩薩所應熏修之唯識正義經典，經中所說義理乃是大乘一切種智增上慧學，以阿陀那識—如來藏—阿賴耶識爲主體。禪宗之證悟者，若欲修證初地無生法忍乃至八地無生法忍者，必須修學《楞伽經、解深密經》所說之八識心王一切種智；此二經所說正法，方是眞正成佛之道；印順法師否定第八識如來藏之後所說萬法緣起性空之法，是以誤會後之二乘解脫道取代大乘眞正成佛之道，尚且不符二乘解脫道正理，亦已墮於斷滅見中，不可謂爲成佛之道也。平實導師曾於本會郭故理事長往生時，於喪宅中從首七開始宣講，於每一七各宣講三小時，至第十七而快速略講圓滿，作爲郭老之往生佛事功德，迴向郭老早證八地、速返娑婆住持正法。茲爲今時後世學人故，將擇期重講《解深密經》，以淺顯之語句講畢後，將會整理成文，用供證悟者進道；亦令諸方未悟者，據此經中佛語正義，修正邪見，依之速能入道。平實導師述著，全書輯數未定，每輯三百餘頁，將於未來重講完畢後逐輯出版。

阿含經講記—小乘解脫道之修證：數百年來，南傳佛法所說證果之不實，所說解脫道之虛妄，所弘解脫道法義之世俗化，皆已少人知之；從南洋傳入台灣與大陸之後，所說法義虛謬之事，亦復少人知之；今時台灣全島印順系統之法師居士，多不知南傳佛法數百年來所說解脫道之義理已然偏斜、已然世俗化、已非眞正之二乘解脫正道，猶極力推崇與弘揚。彼等南傳佛法近代所謂之證果者皆非眞實證果者，譬如阿迦曼、葛印卡、帕奧禪師、一行禪師……等人，悉皆未斷我見故。近年更有台灣南部大願法師，高抬南傳佛法之二乘修證行門爲「捷徑究竟解脫之道」者，然而南傳佛法縱使眞修實證，得成阿羅漢，至高唯是二乘菩提解脫之道，絕非究竟解脫，無餘涅槃中之實際尚未得證故，法界之實相尚未了知故，習氣種子待除故，一切種智未實證故，焉得謂爲「究竟解脫」？即使南傳佛法近代眞有實證之阿羅漢，尚且不及三賢位中之七住明心菩薩本來自性清淨涅槃智慧境界，則不能知此賢位菩薩所證之無餘涅槃實際，仍非大乘佛法中之見道者，何況普未實證聲聞果乃至未斷我見之人？謬充證果已屬逾越，更何況是誤會二乘菩提之後，以未斷我見之凡夫知見所說之二乘菩提解脫偏斜法道，焉可高抬爲「究竟解脫」？而且自稱「捷徑之道」？又妄言解脫之道即是成佛之道，完全否定般若實智、否定三乘菩提所依之如來藏心體，此理大大不通也！平實導師爲令修學二乘菩提欲證解脫果者，普得迴入二乘菩提正見、正道中，是故選錄四阿含諸經中，對於二乘解脫道法義有具足圓滿說明之經典，預定未來十年內將會加以詳細講解，令學佛人得以了知二乘解脫道之修證理路與行門，庶免被人誤導之後，未證言證，梵行未立，干犯道禁自稱阿羅漢或成佛，成大妄語，欲升反墮。本書首重斷除我見，以助行者斷除我見而實證初果爲著眼之目標，若能根據此書內容，配合平實導師所著《識蘊眞義》《阿含正義》內涵而作實地觀行，實證初果非爲難事，行者可以藉此三書自行確認聲聞初果爲實際可得現觀成就之事。此書中除依二乘經典所說加以宣示外，亦依斷除我見等之證量，及大乘法中道種智之證量，對於意識心之體性加以細述，令諸二乘學人必定得斷我見、常見，免除三縛結之繫縛。次則宣示斷除我執之理，欲令升進而得薄貪瞋痴，乃至斷五下分結…等。平實導師將擇期講述，然後整理成書。共二冊，每冊三百餘頁。每輯300元。

＊喇嘛教修外道雙身法，墮識陰境界，非佛教＊

＊弘揚如來藏他空見的覺囊派才是眞正藏傳佛教＊

總經銷： 聯合發行股份有限公司

231 新北市新店區寶橋路 235 巷 6 弄 6 號 4F

Tel.02－2917-8022（代表號） Fax.02－2915-6275（代表號）

零售：1.**全台連鎖經銷書局：**

三民書局、誠品書局、何嘉仁書店

敦煌書店、紀伊國屋、金石堂書局、建宏書局

諾貝爾圖書城、墊腳石圖書文化廣場

2.**台北市：**佛化人生 **大安區**羅斯福路 3 段 325 號 6 樓之 4　台電大樓對面

3.**新北市：**春大地書店 **蘆洲區**中正路 117 號

4.**桃園市：**御書堂 **龍潭區**中正路 123 號

5.**新竹市：**大學書局 **東區**建功路 10 號

6.**台中市：**瑞成書局 **東區**雙十路 1 段 4 之 33 號

佛教詠春書局 **南屯區**永春東路 884 號

文春書店 **霧峰區**中正路 1087 號

7.**彰化市：**心泉佛教文化中心 南瑤路 286 號

8.**高雄市：**政大書城 **前鎮區**中華五路 789 號 2 樓（高雄夢時代店）

明儀書局 **三民區**明福街 2 號

青年書局 **苓雅區**青年一路 141 號

9.**台東市：**東普佛教文物流通處 博愛路 282 號

10.**其餘鄉鎮市經銷書局：**請電詢總經銷**聯合**公司。

11.**大陸地區請洽：**

香港：樂文書店

旺角店 :香港九龍旺角西洋菜街 62 號 3 樓

電話 :(852) 2390 3723 email: luckwinbooks@gmail.com

銅鑼灣店 :香港銅鑼灣駱克道 506 號 2 樓

電話 :(852) 2881 1150 email: luckwinbs@gmail.com

廈門：廈門外圖臺灣書店有限公司

地址：廈門市思明區湖濱南路809 號 廈門外圖書城3 樓 郵編：361004

電話：0592-5061658（臺灣地區請撥打 86-592-5061658）

E-mail：JKB118＠188.COM

12.**美國：世界日報圖書部：**紐約圖書部　電話 7187468889#6262

洛杉磯圖書部　電話 3232616972#202

13.**國內外地區網路購書：**

正智出版社 書香園地　http://books.enlighten.org.tw/

（書籍簡介、經銷書局可直接聯結下列網路書局購書）

三民 網路書局　http://www.sanmin.com.tw

誠品 網路書局　http://www.eslitebooks.com

博客來 網路書局　http://www.books.com.tw

金石堂 網路書局　http://www.kingstone.com.tw
聯合 網路書局　http:// www.nh.com.tw

附註：1.請儘量向各經銷書局購買：郵政劃撥需要八天才能寄到（本公司在您劃撥後第四天才能接到劃撥單，次日寄出後第二天您才能收到書籍，此六天中可能會遇到週休二日，是故共需八天才能收到書籍）若想要早日收到書籍者，請劃撥完畢後，將劃撥收據貼在紙上，旁邊寫上您的姓名、住址、郵區、電話、買書詳細內容，直接傳眞到本公司 02-28344822，並來電 02-28316727、28327495 確認是否已收到您的傳眞，即可提前收到書籍。 2.因台灣每月皆有五十餘種宗教類書籍上架，書局書架空間有限，故唯有新書方有機會上架，通常每次只能有一本新書上架；本公司出版新書，大多上架不久便已售出，若書局未再叫貨補充者，書架上即無新書陳列，則請直接向書局櫃台訂購。 3.若書局不便代購時，可於晚上共修時間向正覺同修會各共修處請購（共修時間及地點，詳閱**共修現況表**。每年例行年假期間請勿前往請書，年假期間請見共修現況表）。 4.郵購：郵政劃撥帳號 19068241。 5.正覺同修會會員購書都以八折計價（戶籍台北市者爲一般會員，外縣市爲護持會員）都可獲得優待，欲一次購買全部書籍者，可以考慮入會，節省書費。入會費一千元（第一年初加入時才需要繳），年費二千元。**6.尚未出版之書籍，請勿預先郵寄書款與本公司，謝謝您！** 7.若欲一次購齊本公司書籍，或同時取得正覺同修會贈閱之全部書籍者，請於正覺同修會共修時間，親到各共修處請購及索取；**台北市讀者**請洽：103 台北市承德路三段 267 號 10 樓（捷運淡水線 圓山站旁）請書時間：週一至週五爲 18.00~21.00，第一、三、五週週六爲 10.00~21.00，雙週之週六爲 10.00~18.00 請購處專線電話：25957295-分機 14（於請書時間方有人接聽）。

敬告大陸讀者：

大陸讀者購書、索書捷徑（尚未在大陸出版的書籍，以下二個途徑都可以購得，電子書另包括結緣書籍）：

1.廈門外國圖書公司：廈門市思明區湖濱南路 809 號 廈門外圖書城 3F
郵編：361004　電話：0592-5061658　網址：http://www.xibc.com.cn/

2.電子書：正智出版社有限公司及正覺同修會在台灣印行的各種局版書、結緣書，已有『**正覺電子書**』陸續上線中，提供讀者於手機、平板電腦上購書、下載、閱讀正智出版社、正覺同修會及正覺教育基金會所出版之電子書，詳細訊息敬請參閱『正覺電子書』專頁：http://books.enlighten.org.tw/ebook

關於平實導師的書訊，請上網查閱：
成佛之道　http://www.a202.idv.tw
正智出版社 書香園地　http://books.enlighten.org.tw/

中國網採訪佛教正覺同修會、正覺教育基金會訊息：

http://big5.china.com.cn/gate/big5/fangtan.china.com.cn/2014-06/19/content_32714638.htm

http://pinpai.china.com.cn/

★ 正智出版社有限公司售書之稅後盈餘，全部捐助財團法人正覺寺籌備處、佛教正覺同修會、正覺教育基金會，供作弘法及購建道場之用；懇請諸方大德支持，功德無量。

★ 聲　明 ★

本社於 2015/01/01 開始調整本目錄中部分書籍之售價，以因應各項成本的持續增加。

＊ 喇嘛教修外道雙身法、墮識陰境界，非佛教 ＊

＊ 弘揚如來藏他空見的覺囊派才是真正藏傳佛教 ＊

售後服務—換書啓事（免附回郵） 2017/12/05

《楞伽經詳解》第三輯初版免費調換新書啓事：茲因 平實導師弘法早期尚未回復往世全部證量，有些法義接受他人的說法，寫書當時並未察覺而有二處（同一種法義）跟著誤說，如今發現已將之修正。茲爲顧及讀者權益，已開始免費調換新書；敬請所有讀者將以前所購第三輯（不論第幾刷），攜回或寄回本公司免費換新；郵寄者之回郵由本公司負擔，不需寄來郵票。因此而造成讀者閱讀、以及換書的不便，在此向所有讀者致上萬分的歉意，祈請讀者大眾見諒！

《楞嚴經講記》第 14 輯初版首刷本免費調換新書啓事：本講記第 14 輯出版前因 平實導師諸事繁忙，未將之重新閱讀而只改正校對時發現的錯別字，故未能發覺十年前所說法義有部分錯誤，於第 15 輯付印前重閱時才發覺第 14 輯中有部分錯誤尚未改正。今已重新審閱修改並已重印完成，煩請所有讀者將以前所購第 14 輯初版首刷本，寄回本公司免費換新（初版二刷本無錯誤），本公司將於寄回新書時同時附上您寄書來換新時的郵資，並在此向所有讀者致上最誠懇的歉意。

《心經密意》初版書免費調換二版新書啓事：本書係演講錄音整理成書，講時因時間所限，省略部分段落未講。後於再版時補寫增加 13 頁，維持原價流通之。茲爲顧及初版讀者權益，自 2003/9/30 開始免費調換新書，原有初版一刷、二刷書籍，皆可寄來本公司換書。

《宗門法眼》已經增寫改版爲 464 頁新書，2008 年 6 月中旬出版。讀者原有初版之第一刷、第二刷書本，都可以寄回本公司免費調換改版新書。改版後之公案及錯悟事例維持不變，但將內容加以增說，較改版前更具有廣度與深度，將更能助益讀者參究實相。

換書者**免附回郵**，亦無截止期限；舊書請寄：111 台北郵政 73-151 號信箱 或 103 台北市承德路三段 267 號 10 樓 正智出版社有限公司。舊書若有塗鴨、殘缺、破損者，仍可換取新書；但缺頁之舊書至少應仍有五分之三頁數，方可換書。所有讀者不必顧念本公司是否有盈餘之問題，都請踴躍寄來換書；本公司成立之目的不是營利，只要能眞實利益學人，即已達到成立及運作之目的。若以郵寄方式換書者，免附回郵；並於寄回新書時，由本公司附上您寄來書籍時耗用的郵資。造成您不便之處，再次致上萬分的歉意。

正智出版社有限公司 啓

國家圖書館出版品預行編目資料

楞伽經詳解／蕭平實著. 初版
台北市：正智，1999- 〔民 88- 〕
冊； 公分
第六輯後作者改為平實導師
ISBN 957-98597-7-9（第一輯：平裝）
ISBN 957-97840-2-7（第二輯：平裝）
ISBN 957-97840-4-3（第三輯：平裝）
ISBN 957-97840-6-X（第四輯：平裝）
ISBN 957-97840-8-6（第五輯：平裝）
ISBN 957-30019-0-X（第六輯：平裝）
ISBN 957-30019-3-4（第七輯：平裝）
ISBN 957-30019-7-7（第八輯：平裝）
ISBN 957-28743-0-1（第九輯：平裝）
ISBN 957-28743-4-9（第十輯：平裝）
1. 經集部
221.75 88004768

楞伽經詳解

——第九輯

作　　者：平實導師
校　　對：孫淑貞　章乃鈞
出 版 者：正智出版社有限公司
電話：〇二 28327495　28316727（白天）
傳真：〇二 28344822
111台北郵政73-151號信箱
郵政劃撥帳號：一九〇六八二四一
正覺講堂：總機〇二 25957295（夜間）
231新北市新店區寶橋路235巷6弄6號4樓
電話：〇二 29178022（代表號）
傳真：〇二 29156275
總 經 銷：聯合發行股份有限公司
初　　版：公元二〇〇三年五月　二千冊
初版六刷：公元二〇二〇年七月　二千冊
定　　價：二五〇元